Hoyningen-Huene · Formale Logik

Paul Hoyningen-Huene

Formale Logik

Eine philosophische Einführung

Reclam

RECLAMS UNIVERSAL-BIBLIOTHEK Nr. 9692

Satz: Lihs GmbH, Medienhaus, Ludwigsburg
Druck und Bindung: Reclam, Ditzingen. Printed in Germany 2015

ISBN 978-3-15-009692-5

www.reclam.de

Inhalt

Vorwort

Das Verfassen eines Buches mit dem Titel „Formale Logik. Eine philosophische Einführung" bedarf der Rechtfertigung. Gibt es nicht schon genügend Einführungen in die Logik, Einführungen in die mathematische Logik, Einführungen in die Philosophie der Logik oder auch Logiken für bestimmte Studienrichtungen, wie Logik für Philosophen? Wie so häufig verdankt sich die Existenz auch dieses Buches den Frustrationen des Verfassers mit den schon existierenden Büchern. Lehrbücher über Logik sind heute entweder von Logikern (meist Mathematikern) oder von logisch bzw. mathematisch orientierten Philosophen geschrieben. In diesen Büchern geht es primär um die Entwicklung eines formalen Apparats und bestimmter Techniken; sogenannte philosophische Probleme werden allenfalls am Rande gestreift. Für den Anfänger ist, jedenfalls bei manchen Einführungen in die mathematische Logik, fast nicht ersichtlich, was der entwickelte Formalismus mit dem zu tun hat, was man gemeinhin unter Logik versteht. Philosophie der Logik wird vielfach so präsentiert, als würde man hier eben noch ein bißchen herumphilosophieren über Dinge, die in einem technischen Sinne längst geklärt sind und problemlos funktionieren. Philosophie der Logik erscheint dann als ein Luxus, dem viele der eigentlichen Fachleute, die gestandenen Logiker, denn auch mit erheblicher Skepsis begegnen.

Was m.E. fehlt, ist eine Verbindung der Motive, die diesen beiden Gattungen von Büchern zugrunde liegen. Denn einerseits genügt ein philosophischer Umgang mit Logik nicht, der nicht wirklich auch die formale Seite berücksichtigt. Auf der anderen Seite sind die stärker formal orientierten Darstellungen der Logik nicht nur für den Anfänger voller rätselhafter, ja willkürlich erscheinender Schritte, die des weiteren Nachdenkens und Erklärens bedürfen. Natürlich wird die Verbindung der philosophischen mit den formalen Motiven in diesem (kleinen) Buch nicht sonderlich weit geführt werden können, und zwar sowohl in der formalen wie in der philosophischen Richtung. Aber ich möchte doch zeigen, wie eine die philosophischen Probleme der Logik nicht überspringende Einführung in die formale Logik aussehen kann. Ich verknüpfe damit die Hoffnung, daß hier auch einige der Probleme behandelt werden, die erfahrungsgemäß vor allem im Logikunterricht für Nicht-Mathematiker auftreten. Die Verknüpfung der philosophischen mit den formalen Problemen bietet durchaus auch didaktische Vorteile, wie mir scheint. Zudem hoffe ich sowohl kritisch als auch konstruktiv zur sachlichen Klärung von notorischen Problemen der Logik-Einführung beizutragen, die vor allem den Begriff der logischen Form, die materiale Implikation, den Begriff der logischen Folgerung, die sogenannten Paradoxien der materialen Implikation, Zirkularitätsprobleme beim Versuch der Rechtfertigung der Logik und die (In-) Adäquatheit der klassischen Logik betreffen.

Dieses Buch ist aus Vorlesungen hervorgegangen, die ich seit 1976 an den Universitäten Zürich, Bern und Konstanz gehalten habe. Viele Hörerinnen und Hörer dieser Vorlesungen haben mir durch ihr Verständnis und ihr Unverständnis unzählige Anregungen geliefert; ich konnte viele ihrer Verbesserungsvorschläge aufnehmen. Priv.-Doz. Dr. Gertrude Hirsch (früher Universität Zürich, jetzt ETH Zürich und Universität Konstanz) hat auf kreative Weise einen Tonbandmitschnitt der Vorlesung vom Wintersemester 1983/84 an der Universität Zürich zu Papier gebracht und damit den Grundstein für dieses Buch gelegt, das vorher nur in der Form von bruchstückhaften handschriftlichen Notizen existiert hatte. Christopher v. Bülow (Universität Konstanz) hat verschiedene Fassungen des Manuskripts sehr genau gelesen und sie in ungezählten Details stilistisch und sachlich kritisiert; ich habe die meisten seiner Anregungen aufgenommen. Über die Jahre hinweg habe ich eine Vielzahl von anregenden Diskussionen über verschiedene Probleme der Logik geführt, vor allem mit Priv.-Doz. Dr. André Fuhrmann (Universität Konstanz), Prof. Gottfried Gabriel (früher Universität Konstanz, jetzt Universität Jena), Prof. Rolf George (University of Waterloo), Dr. Stephen Read (University of St. Andrews) und Prof. Hans Rott (früher Universität Konstanz, jetzt Freie Universität Amsterdam). Zudem haben mir André Fuhrmann und Prof. Hubert Schleichert (Universität Konstanz) in höchst kollegialer Weise die Vorlesungsmanuskripte ihrer Logik-Vorlesungen zur Verfügung gestellt, aus denen ich aber verhältnismäßig wenig übernommen habe. Bei den Übungen habe ich mich von den Lehrbüchern von Quine und v. Savigny anregen lassen. Die Lösungen der Übungen wurden von Christopher v. Bülow verfaßt, der einige Male die entsprechenden Übungsgruppen zu meiner Vorlesung in Konstanz mitbetreut hat. Dr. Dietrich Klose vom Reclam Verlag hat schließlich auf sehr sorgfältige und außerordentlich effiziente Weise die Transformation des Manuskripts in das vorliegende Buch betreut. Allen Genannten möchte ich herzlich danken. Ohne ihre Anregungen wäre das Buch viel schneller fertig, aber wesentlich schlechter geworden.

Hannover, im Februar 1998 P. H.-H.

und [illegible] Eifer [illegible]
[illegible] einer [illegible] gesammelt.
[illegible]
[illegible] ge-
[illegible] Dr. [illegible]
[illegible] Konstanz), Prof. Gottfried Gabriel (früher [illegible]
[illegible] Konstanz, jetzt Universität Jena), [illegible]
University of Waterloo), Dr. Stephen Read (University of
St Andrews) und Prof. [illegible] (früher [illegible] Kon-
stanz, [illegible] Universität Amsterdam). Zudem habe [illegible]
[illegible] Prof. [illegible]
Konstanz [illegible] Weise [illegible] Vorlesungsmanu-
skript [illegible] Logik-Vorlesungen zur Verfügung gestellt, aus
denen [illegible]
Bei den Übungen [illegible] von
[illegible] und [illegible] Die Lösungen der
Übungen [illegible] der
[illegible] Übungsgruppen zu meiner
Vorlesung in Konstanz [illegible] Dietfried [illegible]
vom [illegible] Verlag [illegible] Sorgfalt und
[illegible] Transformation [illegible] Ma-
nuskripts [illegible] Zusammen-
[illegible] herzlich danken. Ohne [illegible]
das Buch [illegible] schneller [illegible]
geworden.

Hannover, im Februar 1998 [illegible]

I
Einführung

1 Ein Beispiel

Diese Einführung möchte an die formale Logik heranführen. Es scheint für diesen Zweck naheliegen, mit einer Definition zu beginnen, die sagt, was formale Logik ist. Dies ist eine in der Lehre mancher Einzelwissenschaften gebräuchliche Praxis. In der Philosophie dagegen ist der Beginn mit einer Definition meist ein falscher Beginn, jedenfalls, wenn die Definition ernst gemeint ist, d.h. wenn an ihr tatsächlich festgehalten werden soll. In einer Definition wird festgeschrieben, wie das Definierte zu verstehen ist. In der Philosophie geht es aber vielfach darum, das bewußte Verständnis einer bestimmten Sache (in einem weiten Sinn von ‚Sache') erst zu gewinnen, es kritisch zu untersuchen und vielleicht zu verändern. Hierfür ist eine anfängliche Definition, an der festgehalten werden soll, ungeeignet.

In der Philosophie kennt man meistens die zu verstehende Sache schon, wenn auch nicht in der Weise, wie man sie gerne kennen und verstehen würde. Vielfach sind es mehr oder weniger konkrete Sachverhalte oder Beispiele, die die zu verstehende Sache in irgendeiner Weise repräsentieren. Eine Analyse von Beispielen ist daher vielfach nützlich, um an die zu verstehende Sache heranzuführen. Wir wollen uns auf diese Weise einem der zentralen Begriffe der formalen Logik nähern, dem Begriff der *logischen Folgerung*. Warum dieser Begriff ein zentraler Begriff der formalen Logik ist und warum diese Logik *formale* Logik heißt, kann hier noch nicht beantwortet werden; aber wir sind mit der folgenden Analyse von Beispielen auf dem Weg zu einer Antwort auf diese Fragen.

Ich beginne mit einem der ebenso berüchtigten wie trivialen Beispiele, wie sie in der Logik verwendet werden:

Beispiel 1.1: Alle Logiker sind Menschen.
Alle Menschen sind schlafbedürftig.

Also: Alle Logiker sind schlafbedürftig.

Um leichter über dieses und ähnliche Beispiele sprechen zu können, nennt man die Sätze oberhalb des Striches die *Prämissen* und den Satz unterhalb die *Konklusion*. Prämisse bzw. Konklusion zu sein ist natürlich keine Eigenschaft der Sätze selbst, sondern eine Angabe, ob sich ein Satz oberhalb oder unterhalb des waagrechten Striches befindet. Auf irgendeine Weise ist der Übergang von den Prämissen zur Konklusion zwingend, und das Ganze trägt den Namen *korrekter (logischer) Schluß*. Statt ‚korrekt' sagt man auch ‚*gültig*' oder ‚*richtig*', und statt ‚Schluß' sagt man auch ‚*Folgerung*'. Es ist nun außerordentlich wichtig, sich bewußt zu machen, daß wir mit dem Ausdruck ‚korrekter logischer Schluß' über das *System* der drei Sätze, das Ganze, sprechen und *nicht* nur über die Konklusion, den Schlußsatz. Wir sprechen über die Besonderheit der *Beziehung* zwischen Prämissen und Konklusion, und nicht über eine Eigenschaft der Konklusion. Über die Konklusion allein kann man natürlich auch sprechen und beispielsweise sagen, daß sie wahr ist; aber dann spricht man über etwas anderes als den Schluß, also die spezifische Beziehung zwischen Prämissen und Konklusion. Ich werde später auf diesen Unterschied ausführlicher eingehen (siehe Abschnitt II.2.4.b, S. 97 f.); hier ist zunächst einmal nur festzuhalten, daß die folgenden zwei Fragen *verschiedene* Fragen sind:

1. Ist der Schluß korrekt?
2. Ist die Konklusion wahr?

(Allerdings gibt es auch einen gewissen Zusammenhang zwischen der Korrektheit eines Schlusses und der Wahrheit der Konklusion, der die Verwechslung dieser beiden Dinge erleichtert; darauf komme ich später zurück.) Für die Logik ist der Unterschied zwischen diesen beiden Fragen von zentraler Bedeutung, wie sich zeigen wird.

Es ist nun eigenartig, daß man schwerlich jemanden finden wird, der nicht zustimmen kann, daß es sich bei Beispiel 1.1 um einen korrekten logischen Schluß handelt in dem Sinne, daß der Übergang von den Prämissen zur Konklusion irgendwie zwingend ist. Wer der deutschen Sprache mächtig ist, so daß er oder sie die Aussagen verstehen kann, wird, ohne daß irgendwelche Abmachungen getroffen oder Erläuterungen gegeben worden wären, dieses Beispiel als einen korrekten logischen Schluß ansehen. Es findet sich schwerlich jemand, der sich ernsthaft weigern kann, die Konklusion zu akzeptieren, wenn er/sie die Prämissen akzeptiert. Es ist natürlich sehr interessant, sich zu fragen, warum das so ist. Ich kann dieser Frage aber im Moment nicht weiter nachgehen. Vielmehr möchte ich in fünf Schritten fünf Merkmale von korrekten logischen Schlüssen ablesen. Jeder, der Beispiel 1.1 als einen korrekten logischen Schluß akzeptiert, wird auch zugeben müssen, daß dieser Schluß (und verwandte Schlüsse) die folgenden Merkmale hat.

Merkmal 1: Wenn die Prämissen wahr sind, dann ist auch die Konklusion wahr.

Man muß genau beachten, was hiermit gesagt ist. Es wird nicht behauptet, *daß* die Prämissen wahr sind, sondern nur: *Wenn* sie wahr sind, dann ist auch die Konklusion wahr. Dieses Merkmal gilt für alle korrekten logischen Schlüsse und sollte daher einen Namen haben. Der beste Name dafür scheint mir ‚*Wahrheitstransfer*' zu sein. Falls also bei einem korrekten logischen Schluß die Prämissen wahr sind, dann überträgt sich diese Wahrheit auf die Konklusion, sie wird dahin *transferiert.*[1] Man muß den Wahrheitstransfer an unserem Beispiel *selbst* nachvollziehen; wer diesen Nachvollzug nicht leisten kann oder will, kann niemals verstehen, worum es in der Logik eigentlich geht. In gewisser Weise kann Logik daher gar nicht gelehrt werden, was nämlich die Fähigkeit zum Nachvollzug des Wahrheitstransfers anlangt. Ich kann diesen Nachvollzug, diese Erfahrung, die man mit dem Denken machen kann, nur mehr oder weniger deutlich durch Umschreibungen andeuten; aber ich kann diese Denkerfahrung nicht so beschreiben oder aussprechen, daß man, wenn man nur dieser Beschreibung folgt, wissen kann, worum es geht. Die Denkerfahrung selbst ist also nicht durch *Beschreibungen* dieser Erfahrung ersetzbar. Eine solche Denkerfahrung bildet die Grundlage der Logik. Diese Situation ähnelt anderen Situationen, in denen bestimmte Erfahrungen nicht durch Beschreibungen irgendwelcher Art substituierbar sind, beispielsweise das Verliebtsein, die Wirkung des Alkoholkonsums oder das Schwimmen in einer starken Strömung. Auch hier versteht nur eine Person, die die Erfahrung selbst gemacht hat, wovon die Rede ist.

Merkmal 2: Ob die Prämissen wahr sind, spielt für die Beurteilung der Korrektheit des Schlusses keine Rolle.

1 Hier kommt die Metapher vom Wahrheitstransfer auch schon an ihre Grenzen. Bei einem Geldtransfer von Konto A auf Konto B befindet sich das transferierte Geld natürlich nicht mehr auf Konto A; beim Wahrheitstransfer aber bleiben die Prämissen wahr (falls sie es sind), auch wenn die Wahrheit auf die Konklusion „transferiert“ wurde. Außerdem ist z.B. die Aussage „Alle Logiker sind schlafbedürftig“ ohnehin wahr, ganz unabhängig davon, daß sie in Beispiel 1.1 vorkommt, so daß sie, um wahr zu sein, eines Transfers von Wahrheit gar nicht bedarf.

Dieses Merkmal besagt, daß die Korrektheit des Schlusses nicht aufgrund der Wahrheit der Prämissen zu beurteilen ist. Bevor ich diese vielleicht unplausible Behauptung begründe, möchte ich zunächst nur festhalten, daß das zweite Merkmal dem ersten Merkmal nicht widerspricht. Dort wird ja lediglich etwas darüber ausgesagt, was der Fall ist, *wenn* die Prämissen wahr sind, nicht aber, *daß* sie tatsächlich wahr sind. Doch nun zur Begründung der Behauptung von Merkmal 2. Ersetzen wir dazu den Ausdruck ‚sind schlafbedürftig' aus Beispiel 1.1 durch den Ausdruck ‚haben die Eigenschaft S'. Wir erhalten:

Beispiel 1.2: Alle Logiker sind Menschen.
Alle Menschen haben die Eigenschaft S.

Also: Alle Logiker haben die Eigenschaft S.

Wir haben, wie man sich durch eigenen Nachvollzug überzeugt, wieder einen korrekten logischen Schluß vor uns. Nun ist zu beachten, daß es sich bei den Sätzen ‚Alle Menschen haben die Eigenschaft S' und ‚Alle Logiker haben die Eigenschaft S' gar nicht um Behauptungen handelt, die wahr oder falsch sind. Denn der Ausdruck ‚die Eigenschaft S' ist hier unbestimmt, und daher sind auch die beiden genannten Sätze unbestimmt. Trotzdem läßt sich die logische Korrektheit von Beispiel 1.2 mühelos nachvollziehen (eigentlich sogar leichter als die von Beispiel 1.1). An Beispiel 1.2 läßt sich demnach ablesen, daß die Beurteilung der Korrektheit eines Schlusses nicht von der Wahrheit der Prämissen abhängen kann: In diesem Beispiel ist die zweite Prämisse so unbestimmt, daß sie weder wahr noch falsch ist. Ganz entsprechend entsteht bei der Diskussion der Korrektheit von Beispiel 1.1 auch nicht das Bedürfnis, sich an einem Institut für Schlafforschung über die Verbreitung der Schlafbedürftigkeit zu informieren: Die Wahrheit der Prämissen spielt eben keine Rolle.

Ja, die Prämissen können sogar manifest falsch sein und der Schluß dennoch korrekt. Davon kann man sich leicht überzeugen, indem man in Beispiel 1.2 für ‚haben die Eigenschaft S' etwas einsetzt, was die zweite Prämisse falsch macht (z.B. ‚sind Reptilien'). Man kann den Eindruck haben, daß man aus falschen Prämissen gar nicht logisch folgern möchte. Doch dieser Eindruck täuscht. Immer wieder verwendet man Argumente der Form: ‚Nehmen wir einmal an, dies und dies wäre der Fall. Was folgt dann daraus?' Z.B. (aber nicht sonderlich realistisch): ‚Nehmen wir an, alle Menschen wären Reptilien. Was wären dann die Logiker?' In der Mathematik wird das Folgern aus falschen Prämissen bei einer bestimmten Beweisart, nämlich dem indirekten Beweis, systematisch verwendet. Man unterstellt das genaue Gegenteil des zu beweisenden Satzes und folgert daraus etwas Widersprüchliches, woraus folgt, daß dieses Gegenteil falsch und daher der ursprüngliche, also der zu beweisende Satz tatsächlich wahr ist.

Merkmal 3: Aus einem korrekten Schluß lassen sich viele weitere korrekte Schlüsse (mechanisch) erzeugen.

Das Verfahren, das man hier anwenden muß, habe ich eigentlich schon bei Merkmal 2 verwendet. Es besteht darin, daß man etwa die in Beispiel 1.1 vorkommenden Begriffe ‚Logiker', ‚Mensch' und ‚schlafbedürftig' durch andere Begriffe ersetzt, also z.B. ‚Logiker' durch ‚Tier', ‚Mensch' durch ‚Lebewesen' und ‚schlafbedürftig' durch ‚Geschöpf Gottes'. (Wir müssen hier allerdings in dem Sinn konsequent verfahren, daß wir einen Begriff an *allen* Stellen, an denen er vorkommt, durch *ein und denselben* neuen Begriff ersetzen, sonst gelingt i.a. diese Erzeugung weiterer korrekter Schlüsse nicht.) Dann erhalten wir:

Beispiel 1.3: Alle Tiere sind Lebewesen.
Alle Lebewesen sind Geschöpfe Gottes.

Also: Alle Tiere sind Geschöpfe Gottes.

Man sieht sofort (durch Nachvollzug), daß es sich hier wieder um einen korrekten logischen Schluß handelt. Wir haben also durch das Verfahren, gleiche Begriffe durch jeweils andere gleiche Begriffe zu ersetzen, in diesem Fall einen neuen korrekten Schluß erhalten. Damit ist die Behauptung von Merkmal 3 natürlich noch nicht begründet, denn das genannte Verfahren könnte ja bei anderen Beispielen schiefgehen. Aber das folgende Merkmal wird einsichtig machen, daß das genannte Verfahren tatsächlich immer zu neuen korrekten Schlüssen führt.

Merkmal 4: Für die Korrektheit eines Schlusses sind die Bedeutungen der in ihm vorkommenden Begriffe unwesentlich.

Die Formulierung dieses Merkmals ist nicht besonders präzise. Gemeint ist folgendes. Wenn man in Beispiel 1.1 ‚Logiker' durch ‚A', ‚Menschen' durch ‚B' und ‚schlafbedürftig' durch ‚C' ersetzt, erhält man:

Beispiel 1.4: Alle A sind B.
Alle B sind C.

Also: Alle A sind C.

Wieder ist es möglich, ähnlich wie bei Beispiel 1.2, die Korrektheit dieses Schlusses nachzuvollziehen, obwohl A, B und C hier gänzlich unbestimmt sind. Demnach kommt es beim logischen Schließen auf die Wortbedeutungen gar nicht an: denn man kann die Korrektheit eines Schlusses auch feststellen, nachdem man bestimmte Begriffe, z.B. ‚Logiker', ‚Mensch' etc. durch Buchstaben ersetzt hat. Der „Mechanismus“ eines korrekten Schlusses hängt demnach nicht von den in ihm vorkommenden Begriffen wie etwa ‚Logiker‘, ‚Mensch‘ etc. ab; wovon er abhängt, werden wir später diskutieren.

Wenn man den Abstraktionsschritt vollzogen hat, der im Übergang von Beispiel 1.1 zu Beispiel 1.4 gemacht wird, dann kann man verstehen, warum die ersten drei Merkmale korrekter Schlüsse tatsächlich Merkmale korrekter Schlüsse sind. In Merkmal 1 von korrekten Schlüssen wurde behauptet: *Wenn* die Prämissen wahr sind, *dann* ist auch die Konklusion wahr. Wenn man nun die Korrektheit des Schlusses von Beispiel 1.4 nachprüfen will, dann überlegt man doch: *Wenn* alle A auch B sind und *wenn* alle B auch C sind, sind *dann* alle A auch C? Damit fragt man genau nach dem Wahrheitstransfer, nach der Übertragung der Wahrheit der Prämissen auf die Konklusion. Dabei wissen wir aber eigentlich gar nicht, was das inhaltlich heißen soll, daß alle A B sind und alle B C sind, geschweige denn, ob beides zutrifft, ob also die Prämissen tatsächlich wahr sind. Genau dies aber besagt Merkmal 2. Und man sieht nun auch sofort, daß man aus einem korrekten Schluß weitere korrekte Schlüsse erzeugen kann (Merkmal 3), weil es für die Korrektheit des Schlusses auf die Bedeutung der Begriffe gar nicht ankommt und diese daher durch andere Begriffe ersetzt werden können; man muß lediglich darauf achten, daß jeder Begriff nur durch *einen* anderen ersetzt wird. Wir können also festhalten, daß die Merkmale 1 bis 3 in Merkmal 4 enthalten sind, wovon man sich durch eigenen Nachvollzug des Gesagten überzeugen kann. Wenn dieser Nachvollzug gelingt, dann ist man auf dem besten Weg zu verstehen, worauf es in der Logik ankommt.

Wir haben bisher bei unserem Ausgangsbeispiel 1.1 mit verschiedenen der vorkommenden Begriffe herumgespielt, aber nicht mit allen. Beispielsweise haben wir das ‚alle‘ immer unverändert gelassen. Ersetzen wir jetzt einmal in Beispiel 1.4 probeweise das ‚alle' immer durch ‚einige'. Wir erhalten dann:

Beispiel 1.5: Einige A sind B.
Einige B sind C.

Also: Einige A sind C.

Ist dieser Schluß korrekt, d. h. garantiert die Wahrheit der Prämissen auch die Wahrheit der Konklusion? Um uns das Leben einfacher zu machen, wollen wir für A, B und C bestimmte Begriffe einsetzen; das dürfen wir gemäß Merkmal 4, denn wenn der Schluß korrekt ist, dann bleibt er es auch nach einer solchen Einsetzung. Wählen wir für A: ‚Pflanzen', für B: ‚Fleischfresser' und für C: ‚Katzen', dann erhalten wir:

Beispiel 1.6: Einige Pflanzen sind Fleischfresser.
Einige Fleischfresser sind Katzen.

Also: Einige Pflanzen sind Katzen.

Offensichtlich ist die Konklusion falsch. Da die Prämissen aber wahr sind, überträgt sich ihre Wahrheit demnach nicht auf die Konklusion; der Schluß ist somit nicht korrekt.

Übung 1.1 Suchen Sie analog zu Beispiel 1.6 andere Begriffe, die zeigen, daß Beispiel 1.5 kein korrekter Schluß ist.

Übung 1.2 Suchen Sie Begriffe, die, in Beispiel 1.5 eingesetzt, wahre Prämissen *und* eine wahre Konklusion ergeben. Wie verträgt sich diese Möglichkeit mit der Unkorrektheit des Schlusses?

Übung 1.3 Symbolisieren Sie ‚Einige A sind B' durch das Mengendiagramm

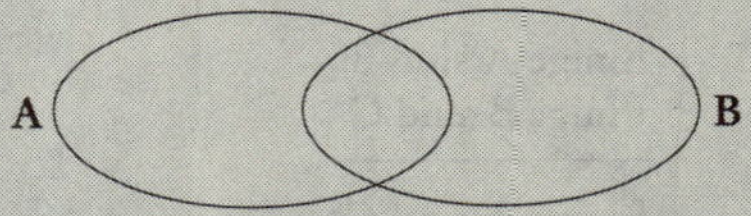

sowie ‚Alle A sind B' durch das Mengendiagramm

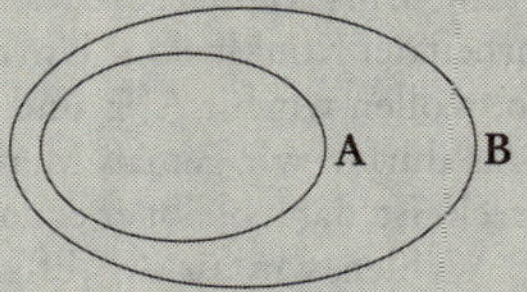

Machen Sie sich damit klar, warum Beispiel 1.4 ein korrekter und Beispiel 1.5 ein unkorrekter Schluß ist. Diskutieren Sie Übung 1.2 mittels der Mengendiagramme.

Man kann also feststellen, daß in einem korrekten Schluß (wie Beispiel 1.1) Wörter wie ‚Mensch', ‚schlafbedürftig' etc. eine andere Rolle spielen als ‚alle' (und z. B. ‚einige'). Wörter der ersten Sorte kann man durch andere Wörter ersetzen (gleiche für gleiche), *ohne* daß sich die Korrektheit des Schlusses ändert; die Korrektheit des Schlusses hängt nicht von der Bedeutung dieser Wörter ab. Dagegen können Wörter der zweiten Sorte nicht beliebig ersetzt werden; die Korrektheit des Schlusses hängt von ihnen ab. Ich formuliere diesen Sachverhalt als Merkmal 5, wobei die Formulierung selbst, wie die von Merkmal 4, vorläufig ist.

Merkmal 5: Die Gültigkeit von korrekten Schlüssen hängt von Wörtern wie ‚alle' und ‚einige' ab.

Übung 1.4 Formulieren Sie einen korrekten Schluß, in dem ‚einige' und drei Begriffe (oder Buchstaben) vorkommen.

2 Vorläufiges zum Begriff der logischen Form

Der Begriff der logischen Form, dem wir uns jetzt zuwenden wollen, ist ein Zentralbegriff der Logik. Zuallererst möchte ich erläutern, was mit der Einführung dieses Begriffs beabsichtigt ist. Wir haben soeben gesehen, daß bei einem korrekten Schluß seine Korrektheit nicht von allen Bestandteilen der in ihm vorkommenden Aussagen abhängt. Vielmehr sind gewisse Bestandteile dieser Aussagen für seine Korrektheit irrelevant; in Beispiel 1.1 beispielsweise der Sinn der Begriffe ‚Logiker', ‚Mensch' und ‚schlafbedürftig'. Alle Bestandteile einer Aussage, die für die Korrektheit von Schlüssen, die diese Aussage enthalten, relevant sind, sollen nun zur *logischen Form der Aussage* gehören; alle Bestandteile, die für die Korrektheit von Schlüssen irrelevant sind, gehören korrespondierend zum *(logischen) Inhalt der Aussage*. Auf vorläufige Weise läßt sich dies leicht an unserem Beispiel 1.1 erläutern. Bei der ersten Prämisse ‚Alle Logiker sind Menschen' kam es für den Schluß auf die Bedeutung der Begriffe ‚Logiker' und ‚Menschen' nicht an, wohl aber auf die Bedeutung von ‚alle'. Eine logische Form der Aussage könnte daher mit ‚Alle A sind B' wiedergegeben werden. Ähnlich wäre ‚Einige A sind B' eine logische Form von ‚Einige Lehrbücher sind spannend'. Man sieht, daß der Übergang von Beispiel 1.1 zu Beispiel 1.4 gerade der Übergang zu einer logischen Form der Aussagen ist: Alles für die Korrektheit des Schlusses Irrelevante ist bei Beispiel 1.4 weggelassen.

Die Absicht der Einführung des Begriffs der logischen

Form ist es also, genau diejenigen Elemente einer Aussage zu isolieren, die für die Korrektheit von Schlüssen, in denen die Aussage vorkommt, relevant sind. Das hat zur Konsequenz, daß zur Analyse der Korrektheit eines Schlusses nicht die in ihm vorkommenden Aussagen als Ganze betrachtet werden müssen, sondern nur ihre logische Form. Wie gesagt, dies ist nur eine Erläuterung der Absicht, warum und wie der Begriff der logischen Form eingeführt werden soll, nicht die Einführung selbst. Konkret wird der Begriff in den Abschnitten II.1.2, S. 57 ff., und III.1.2, S. 196 ff., eingeführt. Doch zunächst möchte ich vier Bemerkungen zum Begriff der logischen Form machen.

1. Die logische Form eines Satzes erhält man durch *Abstraktion vom Inhalt* des Satzes. Dies ist eine offensichtliche Konsequenz des gerade Gesagten. ‚Abstraktion' kommt vom lateinischen ‚abstrahere', das ‚abziehen' oder ‚wegnehmen' bedeutet. Weggenommen wird vom Satz sein Inhalt, übrig bleibt die logische Form. Es wird an einem Satz gewissermaßen eine Grenzlinie angebracht: Die Bestandteile auf der einen Seite gehören zur logischen Form, die auf der anderen Seite zum Inhalt. Wenn man den Begriff der logischen Form allein durch diese Angabe kennzeichnen wollte, dann täte man allerdings viel zu wenig. Denn es ist ja anzugeben, *wo genau* diese Grenzlinie an den Sätzen zu ziehen ist: Die Angabe, die Grenzlinie verlaufe gerade zwischen Inhalt und Form, erklärt hierzu gerade nichts. Warum, so könnte man nach dieser Angabe fragen, gehört denn das ‚Alle' in ‚Alle Menschen sind schlafbedürftig' zur logischen Form und nicht zum Inhalt? Tatsächlich läßt sich die Grenzlinie zwischen Form und Inhalt von Sätzen auch anders ziehen, und das geschieht beispielsweise in der Grammatik. Hier kann man verschiedene *grammatische Formen* des Satzes ‚Alle Menschen sind schlafbedürftig' durch Abstraktion erzeugen. Man kann beispielsweise nach Satzteilen abstrahieren und

erhält dann als eine grammatische Form: *Attribut* (‚alle'), *Subjekt* (‚Menschen'), *Prädikat* (‚sind'), *adverbiale Bestimmung* (‚schlafbedürftig'). Man kann nach Wortarten abstrahieren und angeben, daß der Satz aus einem Pronominaladjektiv (‚alle'), einem Substantiv (‚Menschen'), einem Hilfsverb (‚sind') und einem Adjektiv (‚schlafbedürftig') besteht. Man kann von allen Wortbedeutungen abstrahieren und erhielte dann die Länge des Satzes, ausgedrückt in der Zahl seiner Wörter. Oder man kann nach der Satzart abstrahieren und erhielte hier, daß es sich um einen einfachen, d. h. nicht zusammengesetzten Hauptsatz handelt, der eine Satzerweiterung, das Attribut enthält.

Was diese Beispiele erläutern sollen, ist, daß es viele unterschiedliche Weisen gibt, wie man von bestimmten Bestandteilen eines Satzes abstrahieren kann; das, wovon abstrahiert wurde, nennt man vielfach den Inhalt, das was übrig bleibt, die Form des Satzes. Damit eine *bestimmte* Form/Inhalt-Unterscheidung tatsächlich fixiert ist, muß man daher angeben, *wo genau die Grenzlinie zwischen Form und Inhalt gezogen wird.* Dies hängt von der spezifischen Absicht ab, die man mit der jeweiligen Form/Inhalt-Unterscheidung verfolgt. Die bloße Angabe, man mache eine Unterscheidung zwischen Form und Inhalt, ist nahezu nichtssagend. Es scheint mir für ein Verständnis der formalen Logik unumgänglich, daß man die Grundlage für die Einführung des Begriffs der logischen Form klar sieht: Geleitet vom Interesse an der Analyse der Korrektheit von logischen Schlüssen isoliert der Begriff der logischen Form dasjenige an Sätzen, was für die Korrektheit der Schlüsse, in denen diese Sätze vorkommen, relevant ist. Der Rest erhält den (nicht sehr gebräuchlichen) Namen ‚(logischer) Inhalt'.

2. Selbst wenn es nur um die logische Form eines Satzes geht, gibt es nicht nur *eine* mögliche Trennungslinie zwischen Form und Inhalt. Die Gründe dafür werden wir später

genauer sehen. Zunächst ist nur festzuhalten, daß die Rede von *der* logischen Form eines Satzes illegitim ist, weil es mehrere logische Formen eines Satzes gibt. Es gibt verschiedene Teilgebiete der Logik, die sich dadurch unterscheiden, daß sie eine jeweils für sie spezifische Unterscheidung von logischer Form und logischem Inhalt treffen. Man findet im Inhaltsverzeichnis unter ‚II Aussagenlogik' den Abschnitt ‚1.2 Aussagenlogische Form' und unter ‚III Prädikatenlogik' den Abschnitt ‚1.2 Prädikatenlogische Form'. Die Aussagenlogik ist durch den Begriff der aussagenlogischen Form, die Prädikatenlogik durch den Begriff der prädikatenlogischen Form charakterisiert. Man sollte daher nicht von *der* logischen Form eines Satzes sprechen. Denn selbst wenn aus dem Kontext klar ist, welche logische Form gemeint ist, suggeriert die Rede von *der* logischen Form, diese sei eindeutig bestimmt. Tatsächlich ist vielfach nicht einmal innerhalb dieser Teilgebiete der Logik die logische Form einer Aussage eindeutig bestimmt (vgl. später Abschnitt II.1.2.b, S. 63 f., und III.1.2.b, S. 200 f.).

3. Wenn wir uns mit logischen Formen befassen und daher alles an Sätzen, was nicht zur logischen Form gehört, weglassen wollen, dann müssen wir ein Verfahren finden, logische Formen darzustellen. Aristoteles (384–322), der Begründer der formalen Logik, hat für eine bestimmte Klasse von logischen Formen ein *Zeichensystem* erfunden, mit dem man logische Formen darstellen kann. Darstellungen logischer Formen mittels bestimmter Zeichensysteme heißen *Formeln*. Ich habe das Zeichensystem des Aristoteles übrigens schon stillschweigend benutzt, und zwar in Beispiel 1.4 und 1.5, wo Begriffe durch Buchstaben ersetzt worden sind, z. B. ‚Logiker' durch ‚A' etc. Es liegt an unserer kulturellen Situation, daß für uns ein solches Verfahren fast selbstverständlich ist. Wir haben in der Schule mit mehr oder weniger Freude Algebra-Unterricht genossen und dabei geübt, wie

man statt mit Zahlen mit Buchstaben operieren kann; wie in der Logik stellen in der Algebra die Formeln bestimmte Formen von Aussagen dar, nämlich von mathematischen Aussagen (vgl. später Abschnitt II.1.2.b, Ziffer 9, S. 66 f.). Trotz der relativen Leichtigkeit, mit der wir mit Formeln operieren, sollte man die gewaltige geistige Leistung nicht unterschätzen, die in der Einführung der entsprechenden Form-Inhalt-Unterscheidung und der Erfindung eines dazu passenden Zeichensystems für die logischen Formen besteht.

4. Die Rede von der *formalen* Logik ist nun, zumindest ihrer Absicht nach, klar. Die Logik interessiert sich zentral für das logische Folgern (und andere verwandte Begriffe und Verfahren). Sie muß dazu nicht die involvierten Aussagen in ihrer Ganzheit betrachten, sondern nur ihre logischen Formen. Der *Terminus* ‚formale Logik' wurde übrigens nicht von Aristoteles eingeführt, sondern erst 1781 von Immanuel Kant in seiner *Kritik der reinen Vernunft* (1. Auflage: S. 131; 2. Auflage, 1787: S. 170). Vor Kant war, wenn die formale Logik gemeint war, einfach von ‚Logik' (bisweilen auch von ‚Dialektik') die Rede. Kant konzipierte in Ergänzung der bisherigen Logik eine neue Art der Logik, die sich mit Aspekten von Aussagen beschäftigt, die vom Standpunkt der formalen Logik aus dem *Inhalt* der Aussagen angehören. Kant nannte diese Logik (aus Gründen, die uns hier nicht zu interessieren brauchen) *transzendentale* Logik. Um die traditionelle Logik von dieser neuen Logik zu unterscheiden, führte er für erstere den Namen ‚formale Logik' ein.

3 Aussagen und Aussageverknüpfungen

Wir haben gesehen, daß eine zentrale Eigenschaft der logischen Folgerung der Wahrheitstransfer ist (Abschnitt I.1, Merkmal 1, S. 15 f.): Wenn die Prämissen wahr sind, dann ist auch die Konklusion wahr. Dies setzt voraus, daß die Sätze, aus denen Prämissen und Konklusion bestehen, tatsächlich wahr sein *können*; sonst ist die Rede vom Wahrheitstransfer sinnlos. Wir werden daher zunächst Sätze, die wahr (oder falsch) sein können, von solchen unterscheiden müssen, denen diese Eigenschaft abgeht. Dies ist die erste von drei Unterscheidungen, die uns zum Gegenstand der Aussagen- und Prädikatenlogik führen werden.

3.1 Sätze und Aussagen

Gibt es Sätze, die weder wahr noch falsch sind? Diese Frage richtet sich nicht darauf, ob wir tatsächlich wissen, ob ein bestimmter Satz wahr oder falsch ist, sondern darauf, ob es überhaupt *sinnvoll* ist, dem Satz Wahrheit oder Falschheit zuzusprechen. Schon der erste Satz dieses Abschnitts ist ein Beispiel für einen Satz, dem man nicht sinnvoll Wahrheit oder Falschheit zusprechen kann, denn es handelt sich um die Frage „Gibt es Sätze, die weder wahr noch falsch sind?". Neben den Fragen gehören auch Normen (z. B.: „Rechts fahren!"), Wünsche (z. B.: „Ich hätte so gerne schönes Wetter für morgen!"), Aufforderungen (z. B.: „Komm doch heute abend noch vorbei!"), Befehle (z. B.: „Stillgestanden!"), Ausrufe (z. B.: „Ach, wäre es doch schon Weihnachten!") zu den Sätzen, die weder wahr noch falsch sind. Es gibt viele andere Polaritäten, mit denen wir solche Sätze beurteilen, etwa als angemessen vs. unverschämt, maßvoll vs. maßlos, gut gestellt vs. falsch gestellt etc., aber man kann sie eben nicht als wahr oder falsch beurteilen. In einer ersten Annäherung kann man sagen, daß nur diejenigen Sätze wahr oder falsch sein können, die man verwenden kann, um *etwas zu behaupten*, und das ist bei Fragen, Befehlen, Ausrufen etc. eben nicht der Fall. (Dies ist in dem Sinne nur in einer ersten Annäherung richtig, als es zwei Klassen von etwas merkwürdigen Aussagen gibt, die zwar wahr bzw. falsch sind, mit denen man aber dennoch nichts behaupten kann; siehe später die Abschnitte II.2.2.a, S. 83 ff., und II.2.3, S. 91.) In dem Teil der Logik, in dem es um Wahrheitstransfer geht (wozu auch Aussagen- und Prädikatenlogik gehören), müssen wir als erstes Sätze ausscheiden, die *nicht* wahr oder falsch sein können. Es gibt für diese Sätze durchaus auch Logiken, etwa die Logik der Fragen, die Logik der Normen und die Logik der Befehle; an dieser Stelle werden diese Sätze lediglich deshalb ausgeschieden, weil wir sie nicht behandeln. Wir legen jetzt mit einer Definition diejenige Klasse von Sätzen fest, die den Gegenstandsbereich von Aussagen- und Prädikatenlogik bildet.

Definition 1.1: Eine *Aussage* (oder ein *wahrheitsdefiniter Satz*) ist ein Satz, der entweder wahr oder falsch ist.

Zu dieser Definition sind einige Bemerkungen zu machen.

1. Die erste Bemerkung betrifft eine in der Logik übliche und praktische Redeweise. Fassen wir sie gleich in einer weiteren Definition:

Definition 1.2: ‚Wahr' und ‚falsch' heißen in der Logik *Wahrheitswerte*.

Als Abkürzungen werden wir ‚w' für ‚wahr' und ‚f' für ‚falsch' verwenden; andere in der Literatur verwendete Abkürzungen sind ‚t' und ‚f' (true, false), ‚⊤' (true) und ‚⊥' (umgekehrtes ‚T') sowie ‚1' für ‚wahr' und ‚0' für ‚falsch'. Die letztere Bezeichnung ist besonders praktisch, wenn man mit dem Computer logisch operiert. Der Ausdruck ‚Wahrheitswert' wurde übrigens von Gottlob Frege (1848-1925) eingeführt, einem der Begründer der modernen formalen Logik, weil man ‚wahr' und ‚falsch' als Werte bestimmter Funktionen auffassen kann (siehe später Kap. IV).

2. In Definition 1.1 ist die Rede von einem Satz, der entweder wahr oder falsch *ist*, und nicht davon, daß die Wahrheit des Satzes *für uns feststellbar* sein muß. Dies ist ein für die Logik, aber auch für andere Gebiete wichtiger Unterschied. Es ist eine Sache, einem Satz die Eigenschaft zuzusprechen, wahr oder falsch zu sein. Eine andere Sache ist es, die Wahrheit oder Falschheit einer bestimmten Aussage *festzustellen*. Für letzteres ist ersteres eine notwendige (wenn auch nicht hinreichende) *Voraussetzung*: Der Wahrheitswert einer Aussage kann nur dann festgestellt werden, wenn die Aussage selbst einen Wahrheitswert hat. Es gibt sogar Sätze, bei denen wir uns überhaupt kein realisierbares Verfahren zur Feststellung ihres Wahrheitswertes ausdenken können, denen wir aber dennoch unterstellen, daß sie einen Wahrheitswert haben. Man denke nur an die Naturgesetze: Sie haben den Anspruch, für alle Fälle einer bestimmten Art zu gelten, und wir können niemals alle diese Fälle überprüfen. Dennoch unterstellt man, daß Aussagen über Naturgesetze eindeutig wahr oder falsch *sind*, auch wenn es hinsichtlich der Feststellung ihres Wahrheitswertes grundsätzliche Schwierigkeiten gibt.

3. Die Definition 1.1 des Aussagebegriffs sollte unbedingt nur als eine *Festlegung unseres Sprachgebrauchs* für das Folgende aufgefaßt werden und nicht als eine generelle sachhaltige Behauptung über Sätze, die etwas behaupten. Der Grund ist, daß wir im täglichen Leben den Wahrheitswert mancher Aussagen als unbestimmt einschätzen würden, während Definition 1.1 diese Möglichkeit ausschließt: Aus-

sagen sind gemäß dieser Definition entweder wahr oder falsch und nichts Drittes. Diese Festlegung wird traditionell als die „Zweiwertigkeit der Logik" bezeichnet oder als das Prinzip „tertium non datur" („ein Drittes wird nicht gegeben"). Tatsächlich aber scheinen viele Sätze, die wir im Alltag durchaus als Aussagen bezeichnen, keinen der Wahrheitswerte ‚wahr' und ‚falsch' zu haben. Hierfür gibt es hauptsächlich zwei Gründe. Einmal können Aussagen so vage formuliert sein, daß eine Entscheidung hinsichtlich ihrer Wahrheit unmöglich oder zumindest sehr problematisch ist. Betrachten wir die folgende Aussage:

Beispiel 1.7: Hans ist groß.

Wenn Hans über 2 Meter groß ist, ist die Aussage natürlich wahr, wie aber, wenn er 1,85 m, 1,80 m, 1,75 m, 1,70 m etc. groß ist? Hier handelt es sich nicht darum, daß man Schwierigkeiten hat, den Wahrheitswert von ‚Hans ist groß' *festzustellen*, sondern darum, ob die Aussage tatsächlich wahr oder falsch *ist* (vgl. die vorangegangene Bemerkung). Auch für solche Sätze wie ‚Hans ist groß', die je nach Sachlage wahr, falsch *oder* unbestimmt sind, ist eine eigene Logik entwickelt worden, die in gewissem Sinn eine Erweiterung der hier zu entwickelnden Logik ist.

Ein zweiter Grund für den Zweifel daran, daß alle Aussagen entweder wahr oder falsch sind, also am ‚tertium non datur', leitet sich von Aussagen über zukünftige Ereignisse her. Betrachten wir dazu die folgende Aussage:

Beispiel 1.8: Die nächste Ziehung der Lottozahlen wird die Zahlen 2, 9, 11, 18, 21 und 35 ergeben.

Wer behauptet, daß diese Aussage *jetzt* wahr oder falsch sei (tertium non datur), behauptet demgemäß, daß jetzt bereits feststeht, ob diese bestimmte Zahlenkombination gezogen bzw. nicht gezogen werden wird. Mit anderen Worten: Er behauptet die *Determination zukünftiger Ereignisse.* Also liegt in einer unbedingten Annahme des Prinzips der Zweiwertigkeit der Logik die Annahme des Determinismus, gemäß dem alle zukünftigen Ereignisse schon jetzt bestimmt sind. Wie immer man zu dieser Annahme steht: Es ist nicht sinnvoll, sie durch eine Definition in der Logik implizit als gültig festzuschreiben. Infolgedessen empfiehlt es sich, Definition 1.1 nur als eine Festlegung des Sprachgebrauchs innerhalb desjenigen Teilgebiets der Logik anzusehen, mit dem wir uns hier beschäftigen, nämlich der klassischen Aussagen- und Prädikatenlogik. ‚Aussage' ist in dieser Definition demnach ein terminus technicus, ein speziell für die Aussagen- und Prädikatenlogik eingeführter Fachausdruck, der hier anders als im Alltag verwendet wird (analog beispielsweise dem Begriff der Kraft in der Physik, der ebenfalls vom alltäglichen Kraftbegriff abweicht).

4. So betrachtet, scheint Definition 1.1 nur unseren Gebrauch des Wortes ‚Aussage' in der Aussagen- und Prädikatenlogik festzuhalten und dementsprechend unproblematisch zu sein. Tatsächlich aber enthält sie ein philosophisches Grundproblem der Logik. Die Frage ist nämlich, was hier mit ‚Aussage' als dem, das wahr oder falsch ist, genau gemeint ist. Es gibt hier mindestens fünf z.T. weiter untergliederbare Möglichkeiten:

a) Ist die *Äußerung* der Aussage als ein rein physisches Geschehen bzw. Objekt gemeint, als ein bestimmtes akustisches Ereignis, nämlich der Sprechakt, oder als eine bestimmte konkrete Inschrift? Die Aussage wäre dann unwiederholbar, ein einmaliges Ereignis bzw. Objekt in Raum und Zeit (im Englischen: „token").
b) Oder ist das *Schema der Äußerung* gemeint, also ein Lautschema oder Inschriftenschema, das abstrakt, aber in

Einzelfälle konkretisierbar („instantiierbar") ist (im Englischen: „type")?

c) Oder ist ein *Urteilsakt* gemeint, das Denken der Aussage als ein psychisches Geschehen, das eine bestimmte Person als Träger hat (die Aussage wäre dann, vornehm formuliert, das Akzidens eines Bewußtseins)? Wieder wäre die Aussage dann ein einmaliges, unwiederholbares Ereignis in Raum und Zeit (token).
d) Oder ist das *Schema des Urteilsaktes* gemeint, das durch den Nachvollzug des Urteils realisierbar ist (type)?
e) Oder ist der *Aussagesinn* gemeint? Verwandte Termini wären vielleicht: das Ausgesagte, der (von der Aussage) gemeinte Sachverhalt, der Urteilssinn, der Gedanke, das Gedachte, die Proposition. Wenn nun der Begriff ‚Aussage' in der Logik im Sinn von ‚Aussagesinn' zu verstehen wäre: Auf welche Weise *gibt* es diesen Aussagesinn in Abhebung von den vier vorher genannten Möglichkeiten?

Mit der Aufzählung dieser Möglichkeiten ist das Problem aber nur angedeutet. Denn selbst wenn man in der Lage ist, mit Argumenten eine Entscheidung zu fällen, welche dieser Alternativen nun gemeint sein soll, treten bei der genaueren Charakterisierung der jeweiligen Alternative Folgeprobleme auf.

Das Problem, was man in der Logik eigentlich unter einer Aussage verstehen soll, ist nicht etwa durch den Wortlaut von Definition 1.1 entstanden, und entsprechend können wir es nicht dadurch beseitigen, daß wir die Definition anders formulieren oder sie einfach weglassen; dadurch können wir das Problem allenfalls verdecken. Denn das Problem steckt in der Sache: Es geht um die Frage, was das eigentlich ist, das wahr oder falsch ist, um den sogenannten „Träger" von Wahrheit und Falschheit. Weil sich der hier zu behandelnde Teil der Logik mit Aussagen und ihren Zusammenhängen beschäftigt, besteht das Problem letzten Endes darin zu klären, *was eigentlich genau der Gegenstand der Logik ist.* Dieses Problem hat sich als ziemlich schwierig und vielschichtig herausgestellt; daher bewegen wir uns in der Logik von Anfang an in gewissem Sinne auf schwankendem Boden. Dieses Schwanken des Bodens behindert allerdings nicht den praktischen Umgang mit den entsprechenden Dingen, wie das auch sonst in der Philosophie und den Wissenschaften vielfach (aber nicht immer!) der Fall ist. In der Logik ist es so, daß man trotz des grundlegenden Problems, was man unter einer Aussage eigentlich verstehen soll, z. B. sehr präzise den Begriff der logischen Form einführen oder Techniken zur Überprüfung der Korrektheit von Schlüssen entwickeln kann, ohne daß dieses Problem hinderlich ist. Insbesondere wird der mathematische Zugang zur Logik zeigen, wie man in einer bestimmten Perspektive von diesem Problem vollkommen abstrahieren kann (vgl. später Abschnitt IV.2, S. 244 ff.). Deshalb kann man für die Behandlung des formalen Aspekts der Logik auch offenlassen, wie der Gegenstand der Logik genau zu bestimmen ist. Wenn man aber mehr als ein gewissermaßen technisches Interesse an der Logik hat, dann bleibt das Problem bestehen; ich komme darauf in Abschnitt II.3.2, S. 153 f., noch einmal zurück.

5. Wenn im folgenden nun Beispiele für Aussagen gebraucht werden, so müßten diese Beispiele natürlich eindeutig als Aussagen im Sinne der Definition 1.1 identifizierbar sein, trotz der genannten Schwierigkeiten. Wenn man dieser Forderung auch nur annähernd gerecht werden wollte, dann würde auch der einfachste Beispielsatz unerträglich lang und kompliziert. So wird nachher der Beispielsatz ‚Die Wohnung ist schön' auftauchen und als eine Aussage im Sinne der Definition 1.1 behandelt. Streng genommen ist dieser Satz, so wie er dasteht, außerordentlich vage: Nicht nur ist nicht gesagt, um welche Wohnung es sich handelt, es ist ebenfalls

kein Zeitraum spezifiziert, auf den sich die Aussage beziehen soll und außerdem sind keinerlei Kriterien für Schönheit (von Wohnungen) angegeben. Es wird also viele Situationen geben, in denen der Wahrheitswert des Satzes unbestimmt ist. Wir werden aber so tun, als sei sein Wahrheitswert bestimmt, indem wir beispielsweise unterstellen, er würde geeignet präzisiert oder nur in Situationen verwendet, in denen er tatsächlich einen Wahrheitswert besitzt.

Übung 1.5 Welche der folgenden Sätze sind Aussagen gemäß Definition 1.1?

1. Himmeldonnerwetter!
2. Auf dieses unverschämte Angebot gehe ich nicht ein.
3. Und wenn sie nicht gestorben sind, dann leben sie noch heute.
4. Sei eine beliebige natürliche Zahl n gegeben.
5. Rücken Sie vor auf die Parkstraße.
6. Wegen falschen Parkens: Strafe DM 500,–.
7. Glauben Sie bloß nicht, wer Sie sind.
8. Wenn das so weiter geht, werde ich noch verrückt.
9. Welche der vorangegangenen Sätze sind Aussagen?

3.2 „Unzusammengesetzte“ vs. zusammengesetzte Aussagen

Jetzt unterteilen wir den Gesamtbereich der Aussagen in Aussagen, die *aus separierbaren Teilaussagen zusammengesetzt* sind, und solche, die *nicht aus separierbaren Teilaussagen zusammengesetzt* sind. Warum diese Unterscheidung gemacht wird, kann hier noch nicht verständlich sein. Wir werden später sehen, daß man für die Analyse bestimmter Schlüsse gerade diese (und die nächste) Unterscheidung benötigt. Die Aussage

Beispiel 1.9: Die Wohnung ist schön und sie (die Wohnung) ist ziemlich teuer.

besteht aus den zwei separierbaren Teilaussagen ‚Die Wohnung ist schön' und ‚Die Wohnung ist ziemlich teuer'. Diese beiden Teilaussagen sind durch das ‚und' zu einer einzigen Aussage verknüpft. Ähnlich ist

Beispiel 1.10: Anton liest ein Buch über Logik, weil er (Anton) die Logik unglaublich spannend findet.

aus den beiden separierbaren Teilaussagen ‚Anton liest ein Buch über Logik' und ‚Anton findet die Logik unglaublich spannend' zusammengesetzt. Die Verknüpfung zu *einer* Aussage leistet das ‚weil'.

Übung 1.6 Welche der folgenden zusammengesetzten Sätze sind Aussagen?

1. Wenn Du wiederkommst, dann gnade Dir Gott.
2. Hoffentlich geht es Dir gut, wenn wir uns wiedersehen.
3. Wenn Hans sich mit Renate trifft, dann, glaube ich, wird Hulda sauer sein.
4. Es ist durchaus wahr, daß eine Weltmeisterschaft gewonnen und das geteilte Land vereinigt wurde.
5. Jemand fragte mich neulich, ob ich eigentlich in Konstanz oder in Zürich lebe.
6. Verdammt noch mal, das stimmt doch nicht – oder etwa doch?

Die Aussagen, die im Titel des Abschnitts „unzusammengesetzte“ Aussagen genannt und damit den zusammengesetzten gegenübergestellt werden, sind natürlich nur in einem sehr spezifischen Sinn nicht zusammengesetzt: Sie sind nicht *aus Aussagen* zusammengesetzt. In einem *anderen* Sinn sind sie natürlich zusammengesetzt wie (fast) alle anderen Aussagen auch: aus Wörtern. Sie tragen in der Logik folgenden Namen:

Definition 1.3: Aussagen, die nicht aus Teilaussagen zusammengesetzt sind, heißen *atomare* Aussagen oder *Aussagenatome*.

Man sollte aber nicht meinen, daß Aussagenatome ebenso wie die Atome der Physiker klitzeklein sind; das griechische ‚atomos‘ wird in beiden Wörtern verwendet, weil es ‚unteilbar‘ bedeutet (auch wenn die Atome der Physiker durchaus teilbar sind, worüber wir uns aber nicht auch noch Sorgen machen werden).

3.3 Extensionale vs. intensionale Aussageverknüpfungen

Jetzt werden die Aussageverknüpfungen in zwei Klassen unterteilt. Die erste Klasse umfaßt alle Aussageverknüpfungen, für die gilt, daß der Wahrheitswert der zusammengesetzten Aussage *nur von den Wahrheitswerten der Teilaussagen* abhängt. Das bedeutet, daß der Wahrheitswert der zusammengesetzten Aussage insbesondere *nicht* vom *Sinn* der Teilaussagen abhängt. Betrachten wir dazu Beispiel 1.9: ‚Die Wohnung ist schön und sie (die Wohnung) ist ziemlich teuer.‘ Es genügt völlig, wenn man die Wahrheitswerte der beiden Teilaussagen kennt, um den Wahrheitswert der Gesamtaussage angeben zu können. Sind beide Teilaussagen wahr, so ist auch die Gesamtaussage wahr; ist eine oder beide Teilaussagen falsch, so ist auch die Gesamtaussage falsch, weil in ihr ja *beide* Teilaussagen behauptet werden. Bei der Aussageverknüpfung ‚und' ist es also anscheinend möglich, den Wahrheitswert der Gesamtaussage aus der Kenntnis bloß der Wahrheitswerte der Teilaussagen anzugeben; den Sinn der Teilaussagen oder sonstige Umstände muß man dazu nicht kennen.

Anders ist das bei der zweiten Klasse von Aussageverknüpfungen. Bei ihnen hängt der Wahrheitswert der Gesamtaussage nicht nur vom Wahrheitswert der Teilaussagen ab. Betrachten wir dazu Beispiel 1.10: ‚Anton liest ein Buch über Logik, weil er (Anton) die Logik unglaublich spannend findet.' Nehmen wir an, Anton liest tatsächlich ein Buch über Logik, und nehmen wir weiter an, daß Anton die Logik tatsächlich unglaublich spannend findet; wir nehmen also an, die beiden Teilaussagen seien wahr. Kann man daraus die Wahrheit (oder Falschheit) der Gesamtaussage ableiten? Natürlich kann die Gesamtaussage wahr sein, nämlich genau dann, wenn in ihr Antons Motiv für seine Lektüre korrekt angegeben ist. Aber die Gesamtaussage kann unter denselben Bedingungen auch falsch sein, z. B. wenn Anton das Logik-Buch am 24. Dezember liest, es zwar unglaublich spannend findet, es aber nicht aus diesem Grunde liest, sondern weil er die Zeit überbrücken möchte, bis das Christkind kommt. Bei der Aussageverknüpfung ‚weil' ist es also im allgemeinen nicht möglich, den Wahrheitswert der Gesamtaussage aus der bloßen Kenntnis der Wahrheitswerte der Teilaussagen anzugeben; man muß dazu mehr wissen.

Wir halten den Unterschied der beiden Arten von Aussageverknüpfungen in der folgenden Definition fest:

Definition 1.4: 1. *Extensionale* (oder *wahrheitsfunktionale*) Aussageverknüpfungen (oder *Junktoren*) verknüpfen zwei Teilaussagen so zu einer Gesamtaussage, daß der Wahrheitswert der Gesamtaussage von den Wahrheitswerten der Teilaussagen eindeutig bestimmt wird.

2. *Intensionale* Aussageverknüpfungen verknüpfen zwei Teilaussagen so zu einer Gesamtaussage, daß der Wahrheitswert der Gesamtaussage von den Wahrheitswerten der Teilaussagen allein nicht eindeutig bestimmt wird.

Übung 1.7 Sind die Aussageverknüpfungen ‚… oder …', ‚… dadurch, daß …' und ‚wenn …, dann …' wahrheitsfunktional?

Hier eine terminologische Bemerkung: Die Bezeichnung ‚wahrheitsfunktional' für die extensionalen Verknüpfungen rührt daher, daß bei ihnen der Wahrheitswert der Gesamtaussage eine *Funktion* der Wahrheitswerte der Teilaussagen ist; ‚y ist eine Funktion von x' heißt ja gerade, daß die Werte einer Variablen y durch die Werte einer Variablen x eindeutig bestimmt sind. Die Bezeichnung ‚intensional' leitet sich vom Wort ‚Intension' her, das hier ‚Satzsinn' bedeutet. ‚Extensional' bedeutet entsprechend: ‚vom Satzsinn unabhängig'.

Der Sinn der jetzt getroffenen Unterscheidungen kann hier noch nicht einsichtig sein; dies wird erst der Fall sein, wenn wir etwas tiefer in die Aussagenlogik eingedrungen sind.

4 Zusammenfassung

Als ein vorläufiges Fazit dieser Einführung, mit der an die zentrale Fragestellung der formalen Logik herangeführt werden sollte, können wir folgendes festhalten. Die formale Logik beschäftigt sich primär mit Schlüssen, also mit Übergängen von Prämissen zu einer Konklusion, die aufgrund von logischen Formen der in ihnen vorkommenden Aussagen korrekt sind. Allgemeiner gesagt beschäftigt sich die formale Logik mit Eigenschaften von Aussagen und Relationen zwischen Aussagen, die *aufgrund von logischen Formen* der Aussagen gelten. Ein Beispiel für eine solche Eigenschaft – wir werden sie noch näher kennenlernen – ist die logische Wahrheit; ein Beispiel für eine solche Relation ist die logische Folgerung. Ich bin bei diesem Heranführen an die Logik von einem gemeinsamen Vorverständnis ausgegangen, das wir hinsichtlich elementarer Beispiele logischer Schlüsse haben. Ich habe dann in einigen Schritten die Motivation für die Einführung des Begriffs der logischen Form angegeben. Wir haben anschließend auf dem Weg zur eigentlichen Behandlung der Aussagen- und Prädikatenlogik folgende Unterscheidungen getroffen:

- Aussagen vs. andere Sätze,
- zusammengesetzte vs. unzusammengesetzte Aussagen und
- extensionale vs. intensionale Aussageverknüpfungen.

Jetzt werden wir uns genauer mit den extensionalen Aussageverknüpfungen beschäftigen.

II
Aussagenlogik

Die jetzt zu behandelnde Aussagenlogik trägt auch die Namen *Satzlogik* oder *Junktorenlogik*; ‚Junktorenlogik' heißt sie deshalb, weil in ihr die Junktoren die wesentliche Rolle spielen. Ich erinnere nochmals an die Absicht, die für unsere Darstellung der Aussagenlogik leitend ist: Unser Thema ist vor allem die logische Folgerung. Anhand von Beispielen hatten wir uns davon überzeugt, daß für die Korrektheit von Schlüssen nicht alle Aspekte der beteiligten Aussagen relevant sind. Die für die Korrektheit von Schlüssen relevanten Aspekte wollen wir isolieren und mit dem Begriff der logischen Form fassen. Ein solcher Begriff von logischer Form soll nun für eine bestimmte Klasse von logischen Folgerungen eingeführt werden, nämlich die sogenannten aussagenlogischen Folgerungen. Zugleich soll ein Zeichensystem entwickelt werden, das eine Darstellung von aussagenlogischen Formen mittels Formeln ermöglicht.

1 Das Zeichensystem der Aussagenlogik

1.1 Wahrheitsfunktionale Verknüpfungen

In der Aussagenlogik spielen die wahrheitsfunktionalen Verknüpfungen eine besondere Rolle. Bevor wir auf diese Rolle genauer eingehen können, müssen wir einige wahrheitsfunktionale Verknüpfungen näher betrachten. Die wahrheitsfunktionalen Verknüpfungen beschäftigten bereits die Philosophen der Antike. Ludwig Wittgenstein (1889–1951) erfand die sogenannten *Wahrheitstafeln* oder *Wahrheitstabellen*, mit denen wahrheitsfunktionale Verknüpfungen einfach dargestellt werden können. Eine Wahrheitstafel ist eine Übersicht über alle möglichen Wahrheitswerte der Teilaussagen und der davon abhängigen (eindeutig bestimmten) Wahrheitswerte der Gesamtaussage. Wie sieht das konkret aus?

a) *Konjunktion*

Knüpfen wir nochmals an Beispiel 1.9 an: ‚Die Wohnung ist schön und sie (die Wohnung) ist ziemlich teuer.' Wenn beide mit ‚und' verknüpften Teilaussagen wahr sind, dann ist auch die Gesamtaussage wahr; ist dagegen eine oder sogar beide Teilaussagen falsch, dann ist auch die Gesamtaussage falsch; das ‚und' in Beispiel 1.9 ist eine wahrheitsfunktionale Aussageverknüpfung. Wir wählen folgende Abkürzungen: für ‚Die Wohnung ist schön': A_1; für ‚Die Wohnung ist ziemlich teuer': A_2; für das wahrheitsfunktionale ‚und': ‚$\wedge$' (in der Literatur findet man auch die Zeichen ‚·' und ‚&' für das wahrheitsfunktionale ‚und'). Dann läßt sich die Aussage schreiben als $A_1 \wedge A_2$ (bzw. als $A_1 \cdot A_2$, wobei der Punkt auch manchmal weggelassen wird: A_1A_2, oder als A_1 & A_2).

Die genannte Abhängigkeit des Wahrheitswerts der Gesamtaussage von den Wahrheitswerten der Teilaussagen läßt sich tabellarisch folgendermaßen festhalten:

A_1	A_2	$A_1 \wedge A_2$
w	w	w
w	f	f
f	w	f
f	f	f

Diese Tabelle ist zeilenweise zu lesen und gibt für alle Möglichkeiten von Wahrheitswertverteilungen der Teilaussagen den Wahrheitswert der Gesamtaussage an. Dieses in der Tabelle dargestellte wahrheitsfunktionale ‚und' heißt *Konjunktion*, die jeweiligen Teilaussagen heißen *Konjunktionsglieder*. Die Tabelle ist die *Wahrheitstafel* oder *Wahrheitstabelle* der Konjunktion.

Man kann jetzt sehen, daß die Darstellung von Aussageverknüpfungen mittels Wahrheitstafeln nur für wahrheitsfunktionale Verknüpfungen möglich ist. Bei einer intensionalen Verknüpfung wüßte man gar nicht, was man in die Spalte ganz rechts eintragen sollte: denn die Information über die Wahrheitswerte der Teilaussagen ist ja per Definition nicht ausreichend, um den Wahrheitswert der Gesamtaussage zu bestimmen. Bei den wahrheitsfunktionalen Verknüpfungen dagegen ist der Wahrheitswert der Gesamtaussage eine Funktion der Wahrheitswerte der Teilaussagen; er wird von den Wahrheitswerten der Teilaussagen eindeutig bestimmt.

Ich habe oben immer vom *wahrheitsfunktionalen* ‚und' gesprochen. Der Grund ist, daß das deutsche Wort ‚und' umgangssprachlich auch in einem nicht ausschließlich wahrheitsfunktionalen Sinn verwendet wird. Betrachten wir dazu das folgende Beispiel:

Beispiel 2.1: Die Ärztin gab Hans ein Medikament, und Hans wurde gesund.

Hier bedeutet das ‚und' so etwas wie ‚und deshalb'; zumindest ist diese Bedeutung suggeriert. Daher ist der Satz wohl im Sinne von ‚*Weil* die Ärztin Hans ein Medikament gab, wurde Hans gesund' zu verstehen. Das ‚weil' ist aber keine wahrheitsfunktionale Verknüpfung, wie wir früher gesehen haben (Abschnitt I.3.3, S. 38); infolgedessen ist das ‚und' in Beispiel 2.1 ebenfalls nicht extensional. Man muß also vorsichtig sein, wenn man die Verknüpfungen umgangssprachlicher Sätze mittels Junktoren wiedergibt; keinesfalls kann man beispielsweise jedes ‚und' mechanisch durch das wahrheitsfunktionale ‚$\wedge$' wiedergeben.

b) *Adjunktion*

Für die nächste extensionale Verknüpfung benötigen wir ein neues Beispiel:

Beispiel 2.2: Hans unterhält sich mit seiner Mutter oder er häkelt.

Diese Aussage ist nicht ganz eindeutig. Denn es ist nicht klar, ob behauptet wird, daß Hans *entweder* sich mit seiner Mutter unterhält *oder* häkelt, oder ob mit dieser Aussage auch zugelassen ist, daß er häkelt und sich *zugleich* mit seiner Mutter unterhält. Das umgangssprachliche ‚oder' ist also doppeldeutig: Es kann das *ausschließende* ‚oder', die Alternative (lateinisch ‚aut'), oder das *einschließende* ‚oder' (lateinisch ‚vel') bedeuten. Beide ‚oder' sind wahrheitsfunktionale Verknüpfungen, wie man sich leicht überlegt. Das einschließende ‚oder' heißt in der Logik *Adjunktion* (bisweilen auch *Disjunktion*, was aber mißverständlich ist, da dieses Wort seinem ursprünglichen Sinn nach das ausschließende ‚oder' bezeichnet); die jeweiligen Teilaussagen heißen *Adjunktionsglieder*. Das abkürzende Zeichen für die Adjunktion ist ‚$\vee$', an das ‚v' von ‚vel' erinnernd. Für das ausschließende ‚oder' gibt es in der Logik kein allgemein eingebürgertes Zeichen.

Betrachten wir das ‚oder' in Beispiel 2.2 als das einschließende ‚oder'. Mit den Abkürzungen ‚A_1' für ‚Hans unterhält sich mit seiner Mutter', ‚A_2' für ‚Hans häkelt' und dem Adjunktionszeichen ‚$\vee$' erhält man folgende Wahrheitstafel für die Adjunktion:

A_1	A_2	$A_1 \vee A_2$
w	w	w
w	f	w
f	w	w
f	f	f

Übung 2.1 Stellen Sie die Wahrheitstafel für die Alternative ‚Entweder A_1, oder A_2' auf.

c) *Negation*

Betrachten wir folgendes Beispiel:

Beispiel 2.3: Es ist nicht der Fall, daß die formale Logik eine rein mathematische Disziplin ist.

Diese Aussage ist das genaue (oder *kontradiktorische*) Gegenteil von ‚Die formale Logik ist eine rein mathematische Disziplin'. Die Wendung ‚Es ist nicht der Fall, daß …' macht aus einer Aussage eine neue Aussage, deren Wahrheitswert offenbar gerade der zum Wahrheitswert der ursprünglichen Aussage entgegengesetzte Wahrheitswert ist. Das ‚Es ist nicht der Fall, daß …' heißt *Negation*, und das abkürzende Zeichen hierfür ist ‚¬', so daß ‚Es ist nicht der Fall, daß A' als ‚¬ A' geschrieben werden kann. Gesprochen wird ‚¬ A' auch als ‚non A'. In der Literatur findet man statt des hier verwendeten Negationszeichens ‚¬' auch die Tilde (also ‚~A') oder einen über das zu Negierende gesetzten Strich (also ‚$\bar{A}$'). Die Negation verknüpft demnach keine Aussagen, sie ist infolgedessen auch keine wahrheitsfunktionale Aussage*verknüpfung*; vielmehr bildet sie aus *einer* Aussage auf wahrheitsfunktionale Weise eine neue Aussage. Daher gibt es auch eine Wahrheitstafel für die Negation, die aber nur zwei Spalten enthält:

A	¬ A
w	f
f	w

Mit der sprachlichen Formulierung der Negation muß man vorsichtig sein. Manchmal läßt sie sich einfach durch das Wort ‚nicht' ausdrücken, z. B. bei ‚Es regnet': ‚Es regnet nicht' bedeutet das gleiche wie ‚Es ist nicht der Fall, daß es regnet'. Aber bei dem folgenden Beispiel

Beispiel 2.4: Olga verließ schweigend die Bar.

kann man das ‚nicht' an verschiedene Stellen setzen, und jedesmal ergibt sich ein anderer Sinn:

Beispiel 2.4a: Nicht Olga verließ schweigend die Bar.

Beispiel 2.4b: Olga verließ nicht die Bar schweigend.

Beispiel 2.4c: Olga verließ die Bar nicht schweigend.

In diesen Fällen wird durch das ‚nicht' etwas Bestimmtes innerhalb des Satzes verneint. Die logische Negation aber ist gewissermaßen unbetont. Die Negation von Beispiel 2.4 ist tatsächlich nur durch

Beispiel 2.4d: Es ist nicht der Fall, daß Olga schweigend die Bar verließ.

wiederzugeben.

Übung 2.2 Schreiben Sie mittels der Abkürzungen S für ‚Die Sonne scheint' und H für ‚Der Himmel lacht':

1. Die Sonne scheint, und der Himmel lacht.

2. Die Sonne scheint, aber der Himmel lacht nicht.
3. Der Himmel lacht, und die Sonne scheint nicht.
4. Die Sonne scheint nicht, und der Himmel lacht nicht.
5. Die Sonne scheint nicht.

Übung 2.3 Welche Aussagen bzw. Teilaussagen werden in den folgenden Aussagen negiert?

1. $A_1 \vee (\neg A_2)$
2. $(\neg A_1) \vee A_2$
3. $\neg (A_1 \wedge A_2)$
4. $(\neg A_1) \wedge \neg (A_2 \wedge A_3)$
5. $\neg \{A_1 \vee [A_2 \vee (\neg A_3)]\}$
6. $\neg \{A_1 \wedge \neg [(\neg A_2) \vee A_3]\}$.

Übung 2.4 Die deutschen Formulierungen für die Junktoren sind nicht eindeutig, insbesondere wenn mehrere Junktoren zusammen vorkommen. Schreiben Sie die folgenden Sätze mittels Junktoren und den Abkürzungen H für ‚Hans weint' und F für ‚Fritz weint':

1. Hans und Fritz weinen beide.
2. Hans weint, aber Fritz nicht.
3. Weder Fritz noch Hans weinen.
4. Sowohl Fritz als auch Hans weinen.
5. Nicht Hans weint, sondern Fritz.
6. Es ist nicht der Fall, daß Hans weint und Fritz nicht.
7. Hans und Fritz weinen nicht beide.
8. Es ist nicht der Fall, daß Hans und Fritz beide weinen.

Übung 2.5 Drücken Sie die Alternative ‚Entweder A_1 oder A_2' mittels der Junktoren $\wedge$, $\vee$ und $\neg$ aus.

d) *Konditional*

Beginnen wir die Diskussion der nächsten extensionalen Verknüpfung wieder mit einem Beispiel.

Beispiel 2.5: Wenn ich am Ende dieses Buches die Logik beherrsche, dann verschenke ich das Buch.

Mit dem ‚Wenn ..., dann ...' werden offenbar wieder zwei Aussagen zu einer Gesamtaussage verknüpft. Untersuchen wir, ob diese Verknüpfung wahrheitsfunktional ist. Dazu müssen wir sehen, ob durch die Wahrheitswerte der Teilaussagen auch der Wahrheitswert der Gesamtaussage fixiert ist. Kürzen wir dazu ‚Am Ende dieses Buches beherrsche ich die Logik' durch ‚A_1' und ‚Ich verschenke dieses Buch' durch ‚A_2' ab. Beispiel 2.5 lautet dann: ‚Wenn A_1, dann A_2'. Nehmen wir an, am Ende dieses Buches beherrschen Sie die Logik (A_1 wahr) und verschenken es (A_2 wahr): Dann ist allem Anschein nach die Gesamtaussage aufgrund der Wahrheit der Teilaussagen wahr. Nehmen wir an, am Ende dieses Buches beherrschen Sie die Logik (A_1 wahr) und sperren es in Ihren Tresor, damit niemand es Ihnen wegnehmen kann (A_2 falsch): Dann ist aufgrund der Wahrheit von A_1 und der Falschheit von A_2 die Gesamtaussage falsch. So weit scheint das ‚Wenn ..., dann ...' eine wahrheitsfunktionale Verknüpfung zu sein.

Was aber, wenn der Fall eintritt (den ein gütiges Schicksal verhüten möge), daß Sie am Ende dieses Buches die Logik nicht beherrschen (A_1 falsch)? Kann man dann etwas über den Wahrheitswert der Gesamtaussage sagen, sei es, daß Sie dieses Buch behalten (A_2 falsch), sei es, daß Sie es schleunigst verschenken (A_2 wahr)? Das kann man wohl nicht, denn wenn die Bedingung ‚Wenn ich am Ende dieses Buches die Logik beherrsche' nicht eintritt, dann verpflichten Sie sich mit der Aussage von Beispiel 2.5 zu gar nichts. Das ‚Wenn ..., dann ...‘ ist demnach keine wahrheitsfunktionale Verknüpfung, weil für den Fall, daß A_1 falsch ist, der Wahrheitswert des ganzen Satzes unbestimmt ist.

Halten wir dieses Zwischenergebnis in einer Tabelle fest:

A_1	A_2	Wenn A_1, dann A_2
w	w	w
w	f	f
f	w	unbestimmt
f	f	unbestimmt

Anscheinend verhält sich das ‚Wenn ..., dann ...‘ für die Fälle, in denen A_1 wahr ist, wie eine wahrheitsfunktionale Verknüpfung. Aber auch das stimmt nicht. Betrachten wir den Fall, daß Sie am Ende dieses Buches die Logik beherrschen und es dann verschenken. Dann klingt im Beispielsatz eine inhaltliche Verbindung zwischen Logik-Beherrschung und Buch-Verschenken an, weil man eine Begründung mithört: ‚*Weil* ich am Ende dieses Buches die Logik beherrsche, verschenke ich es‘. Die Aussageverknüpfung ‚weil‘ ist aber intensional, wie wir wissen (Abschnitt I.3.3, S. 38). Diese intensionale Bedeutungskomponente des ‚Wenn ..., dann ...‘ kommt besonders klar zum Vorschein, wenn man aus zwei wahren, aber inhaltlich unzusammenhängenden Aussagen mittels ‚Wenn ..., dann ...‘ eine Gesamtaussage bildet. Z. B.:

Beispiel 2.6: Wenn Güterzüge langsamer fahren als Personenzüge, dann laufen Panther schneller als Dackel.

Das stimmt doch nicht, werden Sie sagen, und zwar zu Recht. Denn die Verknüpfung ‚Wenn ..., dann ...‘ verlangt einen gewissen inhaltlichen Zusammenhang zwischen den Teilaussagen, soll die Gesamtaussage ‚Wenn A_1, dann A_2‘

wahr sein; dieser Zusammenhang ist in Beispiel 2.6 nicht gegeben. Wir müssen die oben angegebene Tabelle für das ‚Wenn ..., dann ...' also korrigieren. In der ersten Zeile kann der Wahrheitswert ‚wahr' *oder* der Wahrheitswert ‚falsch' stehen:

A_1	A_2	Wenn A_1, dann A_2
w	w	w oder f
w	f	f
f	w	unbestimmt
f	f	unbestimmt

Nun gibt es aber eine isolierbare extensionale Bedeutungs*komponente* des ‚Wenn ..., dann ...', die in der zweiten Zeile der Tabelle zum Ausdruck kommt. Wenn jemand ‚Wenn A_1, dann A_2' behauptet, dann wird diese Person in jedem Fall dementieren, daß A_1 wahr ist und zugleich A_2 falsch: Unter der Bedingung A_1 soll auch A_2 erfüllt sein. Ob dabei ein inhaltlicher Zusammenhang zwischen A_1 und A_2 besteht, muß uns im Moment nicht interessieren. Dieses *Dementieren* von ‚A_1 ist wahr und A_2 ist falsch' läßt sich nun als eine extensionale Verknüpfung von A_1 und A_2 formulieren, nämlich durch die Behauptung, daß $A_1 \wedge \neg A_2$ *falsch* sein soll. Anders, mit Hilfe der Negation ausgedrückt: $\neg (A_1 \wedge \neg A_2)$ soll *wahr* sein. Die Behauptung $\neg (A_1 \wedge \neg A_2)$ isoliert also gerade den extensionalen Anteil, der in der Aussage ‚Wenn A_1, dann A_2' enthalten ist. Da wir die Verknüpfung $\neg (A_1 \wedge \neg A_2)$ später häufig benutzen werden, führen wir dafür ein eigenes Zeichen ein, nämlich $A_1 \rightarrow A_2$. Diese Verknüpfung heißt *Konditional* oder *(materiale) Implikation* (bisweilen auch *Subjunktion*). A_1 heißt das *Vorderglied* oder (vornehmer) das *Antecedens*, A_2 das *Hinterglied* oder das *Konsequens*. Ein vor allem in der englischsprachigen Literatur für das Konditional viel verwendetes Zeichen ist das Hufeisen ‚⊃', also $A_1 \supset A_2$.

Wie sieht nun die Wahrheitstafel für $A_1 \rightarrow A_2$ aus? Natürlich können wir sie nicht der obigen Tabelle für das ‚Wenn ..., dann ...' entnehmen, da sich das Konditional nicht mit dem ‚Wenn ..., dann ...' deckt. Vielmehr müssen wir überlegen, wie die Wahrheitstafel von $\neg (A_1 \wedge \neg A_2)$ aussieht.

- Wenn A_1 und A_2 wahr sind, ist $\neg A_2$ falsch, damit ist auch $A_1 \wedge \neg A_2$ falsch, und daher ist $\neg (A_1 \wedge \neg A_2)$ wahr.
- Wenn A_1 wahr und A_2 falsch ist, ist $\neg A_2$ wahr, damit ist auch $A_1 \wedge \neg A_2$ wahr, und daher ist $\neg (A_1 \wedge \neg A_2)$ falsch.
- Wenn A_1 falsch ist, ist $A_1 \wedge \neg A_2$ falsch (was immer A_2 ist), und damit ist $\neg (A_1 \wedge \neg A_2)$ wahr.

Das ergibt als Wahrheitstafel:

A_1	A_2	$\neg (A_1 \wedge \neg A_2)$
w	w	w
w	f	f
f	w	w
f	f	w

Oder, wenn wir das abkürzende Zeichen ‚→' benutzen:

A_1	A_2	$A_1 \rightarrow A_2$
w	w	w
w	f	f
f	w	w
f	f	w

Und dies ist die Wahrheitstafel für das Konditional.

Daß sich das Konditional tatsächlich nicht mit der umgangssprachlichen Verknüpfung ‚Wenn ..., dann ...' deckt, sieht man, wenn man seine Wahrheitstafel mit der Tabelle für das ‚Wenn ..., dann ...' vergleicht.

1. Zeile: Konditionale mit wahrem Vorderglied und wahrem Hinterglied sind wahr, die entsprechenden ‚Wenn ..., dann ...'-Aussagen wahr oder falsch. Also:

Beispiel 2.6a: Güterzüge fahren langsamer als Personenzüge → Panther laufen schneller als Dackel.

ist wahr, während das gleiche mit ‚Wenn ..., dann ...' formuliert (Beispiel 2.6) falsch ist.

2. Zeile: Konditionale mit wahrem Vorderglied und falschem Hinterglied sind ebenso wie das entsprechende ‚Wenn ..., dann ...' falsch: So haben wir das Konditional konstruiert.

3. und 4. Zeile: Konditionale mit falschem Vorderglied sind wahr, unabhängig vom Wahrheitswert des Hinterglieds:

Beispiel 2.7: Ich bin einmal reich → ich schenke jedem Leser/jeder Leserin dieses Buches einen Sonnenkollektor.

Dieses Konditional ist z. B. wahr, wenn ich niemals reich werden sollte, und zwar unabhängig davon, ob ich Ihnen nun einen Sonnenkollektor schenke oder nicht. Der *umgangssprachliche* Satz

Beispiel 2.7a: Wenn ich einmal reich bin, schenke ich jedem von Ihnen einen Sonnenkollektor.

ist jedoch im Falle des Ausbleibens meines Reichtums weder wahr noch falsch, sondern in seinem Wahrheitswert unbestimmt; wegen der im Wenn-Satz ausgesprochenen Bedingung kommt es gar nicht zum Test, ob ich mein Versprechen tatsächlich halte.

Damit können wir folgendes Fazit ziehen. Das Konditional gibt das umgangssprachliche ‚Wenn ..., dann ...' *im allgemeinen* nicht angemessen wieder, weil von der intensionalen Komponente des ‚Wenn ..., dann ...' abstrahiert worden ist. Nur ein ‚Wenn A_1, dann A_2', das tatsächlich $\neg (A_1 \wedge \neg A_2)$ bedeutet, kann durch das Konditional angemessen wiedergegeben werden. Das Konditional haben wir mit dem Blick auf die Explikation des Begriffs der logischen Folgerung konstruiert, was man hier natürlich noch nicht sehen kann.

Übung 2.6 Schreiben Sie die folgenden Sätze unter Vernachlässigung der intensionalen Bedeutungskomponente mit den Abkürzungen A für ‚Adam kommt' und E für ‚Eva kommt':

1. Wenn Adam kommt, kommt auch Eva.
2. Adam kommt nur, wenn auch Eva kommt.
3. Für den Fall, daß Eva kommt, kommt auch Adam.
4. Adam kommt nicht ohne Eva.
5. Adam kommt genau dann, wenn Eva kommt.
6. Nur wenn Adam kommt, kommt Eva.
7. Wenn Adam kommt, dann kommt Eva.
8. Eva kommt nicht, ohne daß Adam kommt.
9. Eva kommt dann und nur dann, wenn Adam kommt.

e) *Bikonditional*

Beginnen wir wieder mit einem Beispiel.

Beispiel 2.8: Ich bin dann und nur dann zufrieden, wenn Sie dieses Buch mit Hingabe lesen.

Anstatt des ‚… dann und nur dann, wenn …‘ läßt sich mit gleichem Sinn im Deutschen auch sagen ‚… genau dann, wenn …‘:

Beispiel 2.8a: Ich bin genau dann zufrieden, wenn Sie dieses Buch mit Hingabe lesen.

Dieses ‚… dann und nur dann, wenn …‘ ist offenbar eine gewisse Verstärkung oder Verschärfung des ‚wenn …, dann …‘ des vorigen Abschnitts. Denn in Beispiel 2.8 und 2.8a ist ja nicht nur gesagt, daß ich zufrieden bin, *wenn* Sie dieses Buch mit Hingabe lesen, sondern es ist auch etwas über meinen Gefühlszustand gesagt, wenn Sie diese Bedingung *nicht* erfüllen. Die ‚… dann und nur dann, wenn …‘-Aussage ist demnach gerade dann wahr, wenn beide Teilaussagen wahr oder beide falsch sind. Falsch ist sie, wenn eine Teilaussage wahr und die andere falsch ist. Wenn man nun von der bisweilen vorhandenen intensionalen Bedeutungskomponente abstrahiert (in Beispiel 2.8 ist ja ein inhaltlich-kausaler Zusammenhang der beiden Sachverhalte mitgemeint), dann erhält man die extensionale Verknüpfung des *Bikonditionals*, auch (*materiale*) *Äquivalenz* genannt; ihr hier verwendetes Verknüpfungszeichen ist ‚$\leftrightarrow$‘. (In der Literatur ist auch das Zeichen ‚$\equiv$‘ üblich; es ist allerdings Vorsicht geboten, weil dieses Zeichen auch in einer anderen Bedeutung verwendet wird, siehe Abschnitt II.2.5, S. 131.) Die Wahrheitstafel des Bikonditionals ist

A_1	A_2	$A_1 \leftrightarrow A_2$
w	w	w
w	f	f
f	w	f
f	f	w

Übung 2.7 Wie viele verschiedene extensionale Verknüpfungen zweier Aussagen gibt es? Wie viele verschiedene intensionale Verknüpfungen zweier Aussagen gibt es?

Übung 2.8 Schreiben Sie mit geeignet gewählten Abkürzungen für Teilaussagen und Junktoren, wobei Sie wieder die intensionale Bedeutungskomponente vernachlässigen:

1. Wenn ein Einbruch geschehen oder ein Brand ausgebrochen ist, dann zahlt die Versicherung.
2. Nur wenn Egon ins Kino geht und das Fernsehprogramm langweilig ist, geht Hans ins Kino, und wenn Hans nicht ins Kino geht, dann spült er entweder ab und gießt die Blumen oder er telephoniert mit seiner Liebsten.
3. Wenn Franziska nicht kommt, dann ist Sarah wütend, und Franziska kommt nicht, ohne daß Alexander kommt, und wenn Alexander kommt, dann ist Sarah wütend.
4. Wenn Herr Müller krank ist und Frau Maier abwesend, dann wird weder der Vertrag abgeschlossen noch tritt das Präsidium zusammen und legt die Dividende fest.
5. Es ist nicht wahr, daß nur dann, wenn es sowohl regnet oder neblig ist als auch die Temperatur unter dem Gefrierpunkt liegt, die Straßen vereist sind.

f) *Nachbemerkung zur Einführung der Junktoren*

Damit haben wir die wichtigsten wahrheitsfunktionalen Verknüpfungen behandelt; die wichtigsten sind sie im Hinblick auf die Explikation des Begriffs der logischen Folgerung und verwandter Begriffe.

Ich möchte noch eine allgemeine Bemerkung zu den Junktoren machen. Man liest in der Literatur bisweilen, die Wahrheitstafeln würden die Junktoren *definieren*, d.h. eindeutig festlegen. Das ist richtig, wenn man die Junktoren in einem ganz bestimmten *mathematischen* Sinn auffaßt (nämlich als Abbildungen von zwei Aussagen [bzw. einer Aussage im Falle der Negation] in die Menge {w, f}). Wenn man die Junktoren dagegen als extensionale Aussage*verknüpfungen* auffaßt, d.h. als Operatoren, die aus zwei Aussagen eine neue Aussage bilden, dann definieren die Wahrheitstafeln die Junktoren nicht. Ich begründe diese Behauptung in sechs kleinen Schritten (zum Mitschreiben, gewissermaßen).

1. Schritt. Zunächst vergleichen wir eine beliebige Aussage A mit der Aussage ‚Es ist wahr, daß A', z.B. also ‚Das Haus ist schön' und ‚Es ist wahr, daß das Haus schön ist'. Die erste Aussage handelt offenbar von einem bestimmten Haus und sagt über es, daß es schön ist. Die zweite Aussage handelt dagegen *nicht* von diesem Haus, sondern von der Aussage ‚das Haus ist schön' und sagt über sie, daß sie wahr ist. Weil die beiden Aussagen unterschiedliche Dinge zum Thema haben, sind sie verschieden. Es gilt also: Die Aussagen A und ‚Es ist wahr, daß A' sind voneinander verschieden.

2. Schritt. Wir betrachten die beiden Aussagen $A_1 \wedge A_2$ und ‚$A_1 \wedge$ es ist wahr, daß A_2'. Gemäß dem 1. Schritt sind diese beiden Aussagen voneinander verschieden, weil sie sich bezüglich des zweiten Konjunktionsglieds unterscheiden.

3. Schritt. Man kann sich die Aussage ‚$A_1 \wedge$ es ist wahr, daß A_2' aber auch anders zusammengesetzt denken, nämlich aus der Aussage A_1, der Aussageverknüpfung ‚… $\wedge$ es ist wahr, daß …' und der Aussage A_2.

4. Schritt. Gemäß dem 2. Schritt sind die Aussagen $A_1 \wedge A_2$ und ‚$A_1 \wedge$ es ist wahr, daß A_2' voneinander verschieden. Gemäß dem 3. Schritt unterscheiden sie sich lediglich durch die in ihnen vorkommenden Aussageverknüpfungen, nämlich $\wedge$ und ‚… $\wedge$ es ist wahr, daß …'. Also müssen die-

se beiden Aussageverknüpfungen voneinander verschieden sein.

5. Schritt. Die Aussageverknüpfung ‚... ∧ es ist wahr, daß ...‘ hat die gleiche Wahrheitstafel wie die Konjunktion ∧; das liegt daran, daß die Aussagen A_2 und ‚es ist wahr, daß A_2‘ immer den gleichen Wahrheitswert haben, wie man leicht sieht.

6. Schritt. Gemäß dem 4. Schritt sind die beiden Aussageverknüpfungen ∧ und ‚... ∧ es ist wahr, daß ...‘ voneinander verschieden, gemäß dem 5. Schritt haben sie die gleichen Wahrheitstafeln. Also gibt es hier zwei verschiedene Aussageverknüpfungen mit den gleichen Wahrheitstafeln. Das zeigt, daß die Wahrheitstafeln die Junktoren nicht eindeutig festlegen und damit auch nicht definieren, womit unsere Behauptung bewiesen ist.

Natürlich ist der Unterschied zwischen A und ‚Es ist wahr, daß A‘, der für den Beweis wesentlich ist (1. Schritt), nicht sonderlich groß, aber es kann Untersuchungskontexte geben, wo er wichtig ist. Es wird sich aber zeigen, daß man innerhalb der formalen Logik diesen Unterschied tatsächlich vernachlässigen darf; allerdings muß man hierfür ein Argument geben. Dies wird in Abschnitt II.2.5.b, S. 134, geschehen.

1.2 Aussagenlogische Form

a) *Definition*

Wie ich schon wiederholt bemerkt habe, ist die Absicht bei der Einführung des Begriffs der logischen Form, von Aussagen gerade diejenige Komponente zu isolieren, die für die Korrektheit von logischen Folgerungen relevant ist. Wir werden jetzt den Begriff der aussagenlogischen Form einführen, der auf eine bestimmte Klasse von logischen Folgerungen zugeschnitten ist. Ob diese Definition tatsächlich das leistet, was sie leisten soll, können wir natürlich erst etwas später sehen, nämlich dann, wenn wir den Begriff der (aussagen-)logischen Folgerung einführen (Abschnitt II.2.4, S. 105 f.). Ich falle also gleich mit der Definition ins Haus.

Definition 2.1: Eine *aussagenlogische (a.l.) Form* einer Aussage entsteht durch Abstraktion vom Sinn von Teilaussagen, die wahrheitsfunktional verknüpft sind, oder vom Sinn der ganzen Aussage; jedoch gehören Gleichheit und Verschiedenheit der betrachteten Teilaussagen mit zur a.l. Form.

Diese Definition gibt an, wie eine a.l. Form einer Aussage entsteht: durch Abstraktion vom Sinn wahrheitsfunktional verknüpfter Teilaussagen oder vom Sinn der gesamten Aussage. Die Definition enthält eine einschränkende Bedingung für die Abstraktion: Die Gleichheit oder Verschiedenheit von Teilaussagen, von deren Sinn abstrahiert wurde, dürfen nicht wegabstrahiert werden; sie gehören mit zur a.l. Form. Implizit ist in der Abstraktionsanweisung gesagt, daß *Junktoren*, die Teilaussagen verknüpfen, von deren Sinn abstrahiert wird, zur entsprechenden *a.l. Form* gehören.

Machen wir uns die Sache, die bislang reichlich abstrakt ist, an einem Beispiel klar, und zwar an Beispiel 1.7: ‚Die Wohnung ist schön und sie (die Wohnung) ist ziemlich teuer.' Wir sind, um zu einer a.l. Form zu gelangen, etwa aufgefordert, vom Sinn extensional verknüpfter Teilaussagen zu abstrahieren, also von der Schönheit der Wohnung und von ihrem hohen Preis. Wir sind aufgefordert, lediglich zu denken, daß es sich um eine Aussage handelt, in der eine Teilaussage und eine andere Teilaussage durch die Konjunktion miteinander verknüpft sind; davon, daß es sich um verschiedene Teilaussagen handelt, dürfen wir nicht abstrahieren.

Aussagenlogische Formen von Aussagen, die wir uns auf diese Weise *denken*, können nun mittels bestimmter Zeichen ziemlich einfach *dargestellt* werden. Die Darstellung einer a.l. Form verwendet Buchstaben, meist p, q, r, ..., für wegabstrahierte Teilaussagen, und die schon bekannten Zeichen für wahrheitsfunktionale Verknüpfungen. Die Buchstaben werden (*schematische*) *Satzbuchstaben* genannt; die ebenfalls übliche Bezeichnung „Aussagenvariable" ist ziemlich irreführend, denn es gibt hier nichts, was variiert. Beim gerade genannten Beispiel 1.7 funktioniert die Darstellung so: Da, wo *vor* der Abstraktion die erste Teilaussage war (‚die Wohnung ist schön') und nach der Abstraktion eine Leerstelle ist, schreibt man einen Satzbuchstaben, z. B. p. Er hält die Stelle frei, die durch die Abstraktion entstanden ist, und darum nennt man die Satzbuchstaben auch *Platzhalter*. Dann kommt die Konjunktion, von der nicht abstrahiert werden sollte, und dann eine zweite Leerstelle, die aber eine von der ersten Leerstelle verschiedene Leerstelle sein soll, gemäß der einschränkenden Bedingung in Definition 2.1. Wir benötigen also einen vom ersten verschiedenen Platzhalter, der durch seinen Unterschied vom ersten Platzhalter gerade die Verschiedenheit der zweiten Leerstelle von der ersten kennzeichnet, z. B. q. Damit erhalten wir als Darstellung dieser a.l. Form: $p \wedge q$.

b) *Bemerkungen und Ergänzungen zum Begriff der aussagenlogischen Form*

1. Man beachte den Unterschied der Darstellung z. B. der a.l. Form $p \wedge q$ von dem sehr ähnlich aussehenden $A_1 \wedge A_2$. Der Ausdruck $A_1 \wedge A_2$ ist, wie er eingeführt wurde, eine *Abkürzung*, oben war er die Abkürzung von ‚Die Wohnung ist schön und sie (die Wohnung) ist ziemlich teuer'. Bei einer Abkürzung werden Zeichen durch andere, kürzere er-

setzt, ohne daß irgendeine Veränderung der Bedeutung der Zeichen angestrebt ist. Die Bedeutung etwa der Abkürzung ‚GmbH' soll genau die gleiche sein wie die von ‚Gesellschaft mit beschränkter Haftung'. Dagegen ist $p \wedge q$ die Darstellung des Ergebnisses einer ganz bestimmten Abstraktion, die fast den ganzen Sinn der ursprünglichen Aussage wegabstrahiert; übrig bleibt bloß eine a.l. Form, die nichts mehr über Wohnungen besagt. Man darf sich also von der typographischen Ähnlichkeit zwischen $A_1 \wedge A_2$ und $p \wedge q$ nicht täuschen lassen.

2. Eine Konsequenz des gerade genannten Unterschieds zwischen $A_1 \wedge A_2$ und $p \wedge q$ ist, daß $A_1 \wedge A_2$ einen Wahrheitswert hat (es ist ja eine Aussage), während $p \wedge q$ keinen Wahrheitswert hat. Bei $p \wedge q$ ist ja vom Sinn der Teilaussagen abstrahiert, und die Existenz eines Satzsinnes ist eine Voraussetzung für das Wahr- oder Falschsein. Allgemein gilt also, daß a.l. Formen keine Wahrheitswerte haben; insbesondere sind sie keine Aussagen.

3. Die Unterscheidungen, die in Abschnitt I.3 getroffen wurden, waren auf die Einführung des Begriffs der a.l. Form zugeschnitten. Von Sätzen waren wir zu Aussagen, dann zu zusammengesetzten Aussagen und schließlich zu extensionalen Verknüpfungen übergegangen. Auf die letzteren bezieht sich die Aussagenlogik primär, in dem Sinne, daß aussagenlogisch korrekte Schlüsse im wesentlichen auf extensionalen Verknüpfungen beruhen. Doch mehr dazu später.

4. Bei der Darstellung einer a.l. Form einer Aussage sind für *gleiche* Teilaussagen *gleiche* Satzbuchstaben und für *verschiedene* Teilaussagen *verschiedene* Satzbuchstaben zu verwenden. Gleichheit und Verschiedenheit von extensional verknüpften Teilaussagen gehören ja zur logischen Form und nicht zum Inhalt – das besagt die einschränkende Bedingung in Definition 2.1. Warum das so ist, wird sich ebenfalls erst beim Begriff der aussagenlogischen Folgerung zeigen.

In den meisten Fällen macht es keinerlei Schwierigkeiten zu entscheiden, ob bestimmte Teilaussagen gleich oder verschieden sind. Es kann aber auch problematische Fälle geben, und für diese wäre es günstig, ein explizites Kriterium für Gleichheit und Verschiedenheit von Aussagen zu haben. Die Frage nach einem solchen Kriterium hängt nun aber mit der Frage nach dem, was eine Aussage eigentlich ist, eng zusammen (vergleiche Abschnitt I.3.1, S. 32 ff.). Wenn man beispielsweise die Aussage als eine materiell vorliegende Inschrift oder als physisch auftretende Schallwellen auffaßt, dann gibt es *nur* verschiedene Aussagen. ‚Es regnet' ist dann verschieden von ‚Es regnet', da in den beiden Fällen die verwendeten Teilchen von Druckerschwärze verschieden sind. Wenn man Aussagen typographisch identifiziert, dann sind wohl die beiden genannten ‚Es regnet' gleich, aber diese sind verschieden von ‚ES REGNET' und ‚*Es regnet*'. Wenn man nun von der spezifischen Buchstabenformung absieht, sind wohl diese Aussagen wieder gleich, aber wie steht es dann mit ‚It's raining' und ‚Il pleut'? An diesen Beispielen wird deutlich, daß ein Kriterium für Gleichheit und Verschiedenheit von Aussagen wesentlich davon abhängt, was man unter einer Aussage versteht.

In der formalen Logik operiert man über weite Strecken ohne Schwierigkeiten mit der Unterscheidung zwischen gleichen und verschiedenen Aussagen. Die Unterscheidung selbst ist aber unaufgeklärt, auch wenn das beim logischen Operieren nicht stört. Wenn man Logik nicht nur sozusagen technisch betreiben will, sondern genau verstehen will, welche Voraussetzungen in dieses Betreiben der Logik eingehen, dann stößt man auf die Frage nach einem Kriterium für Gleichheit und Verschiedenheit von Aussagen, und die weist zurück auf die Frage nach dem, was eine Aussage eigentlich ist. Wie in vielen anderen Situationen brechen hier innerhalb einer bestimmten Praxis philosophische Probleme auf, die ansonsten meist so lange unbemerkt bleiben, wie diese Praxis funktioniert. Es gehört mit zur Philosophie, solche Probleme aufzuspüren, auch wenn die entsprechende Praxis (noch) völlig unproblematisch ist. Es ist einsichtig, daß vom Standpunkt der funktionierenden *Praxis* her solche Philosophie ein ziemlich nutzloses Unternehmen ist. Aber auch Praktiker, die dem Theoretischen ganz abhold sind, müssen etwas theoretischer werden, wenn ihre Praxis in Schwierigkeiten gerät.

5. Wenn in einer Aussage mehrere Junktoren vorkommen, dann muß man, bevor man zur a.l. Form übergehen kann, *Klammern* setzen, so daß klar ist, welche Teilaussagen ein bestimmter Junktor verknüpft. Betrachten wir dazu

Beispiel 2.9: Patrizia ging in den Buchladen und kaufte ein Logik-Buch oder entwendete einen Roman.

Dieser Satz enthält die zwei Aussageverknüpfungen ‚und' und ‚oder'. Er läßt zwei Lesarten zu, die je nach Kontext nahegelegt sein können, und die man – unschön, aber effizient – mittels Klammern unterscheiden kann.

Beispiel 2.9a: Patrizia ging in den Buchladen und (kaufte ein Logik-Buch oder entwendete einen Roman).

Hier wird auf jeden Fall behauptet, daß Patrizia in den Buchladen ging; ob sie dort Löbliches oder Strafbares tat, bleibt unentschieden.

Beispiel 2.9b: (Patrizia ging in den Buchladen und kaufte ein Logik-Buch) oder entwendete einen Roman.

Im Unterschied zu Beispiel 2.9a ist hier etwa offen, ob Patrizia überhaupt in den Buchladen ging. Vielleicht entwendete sie ja einen Roman bei ihrer Großmutter.

Bevor man hier zu einer logischen Form übergeht, *muß* man sich entscheiden, was die Aussage eigentlich besagen soll, d.h. wie man die Klammerung vornehmen soll. Der Grund hierfür ist, daß sich die Beispiele 2.9a und 2.9b hinsichtlich dessen unterscheiden, was aus ihnen gefolgert werden kann. Aus 2.9a folgt, daß Patrizia im Buchladen war, während dies aus 2.9b nicht folgt. Und warum ist es wichtig, daß aus 2.9a und 2.9b verschiedene Dinge gefolgert werden können? Nun, weil die Logik u. a. das korrekte logische Folgern untersucht, und man die Korrektheit von Folgerungen offenbar nur dann untersuchen kann, wenn hinreichend bestimmt ist, aus *welchen* Aussagen gefolgert wird. Aus Beispiel 2.9a zu folgern, daß Patrizia im Buchladen war, ist korrekt, dies aus 2.9b zu folgern ist unkorrekt.

Als Konsequenz ergibt sich, daß in der Darstellung von a.l. Formen Klammern vorkommen können (und sogar müssen, wenn sie verschiedene Junktoren enthalten). Wenn man das ‚und' als wahrheitsfunktional und das ‚oder' im einschließenden Sinn versteht, ist für Beispiel 2.9a $p \wedge (q \vee r)$ eine naheliegende logische Form, für Beispiel 2.9b ist es $(p \wedge q) \vee r$.

6. Jetzt kann man leicht sehen, daß und warum eine Aussage *mehrere* verschiedene a.l. Formen haben kann; dies drückt in Definition 2.1 gerade der Beginn mit dem unbestimmten Artikel aus: „*Eine* a.l. Form einer Aussage ...". Für Beispiel 2.9a erhielten wir als eine a.l. Form $p \wedge (q \vee r)$. Aber wir können den Abstraktionsschritt zur a.l. Form auch anders, etwas ‚gröber' vornehmen, indem wir bei Beispiel 2.9 vom Buchladenbesuch und der Tätigkeit dort, *was immer sie sei*, abstrahieren. Dann erhalten wir als a.l. Form $p \wedge s$. In Definition 2.1 der a.l. Form war nicht verboten, daß man als Teilaussage, von deren Sinn abstrahiert wird, auch eine extensional zusammengesetzte Teilaussage nimmt. Und eine noch gröbere a.l. Form erhält man, wenn man vom *gesam-*

ten Sinn der Aussage abstrahiert. Als Darstellung der a.l. Form erhält man dann bloß t. Die eine Aussage ‚Patrizia ging in den Buchladen und (kaufte ein Logik-Buch oder entwendete einen Roman)' hat also drei verschiedene a.l. Formen: $p \wedge (q \vee r)$, $p \wedge s$ und t. Lediglich Aussagen, die nicht wahrheitsfunktional zusammengesetzt sind, also atomare Aussagen, haben nur eine einzige a.l. Form.

Übung 2.9 Seien A, B und C Aussagen. Geben Sie alle a.l. Formen der Aussage $((\neg A) \leftrightarrow B) \rightarrow \neg ((\neg B) \wedge C)$ an.

7. Hier die Definitionen dreier in der Aussagenlogik häufig verwendeter, weil praktischer Begriffe:

Definition 2.2: Eine Darstellung einer a.l. Form mittels Satzbuchstaben, evtl. Junktorzeichen und evtl. Klammern heißt eine *aussagenlogische (a.l.) Formel.*

Ein Beispiel für eine a.l. Formel:

Beispiel 2.10: $[(p \wedge r) \vee (q \wedge r)] \rightarrow [p \leftrightarrow (\neg r)]$.

Das, was eine a.l. Formel darstellt oder bezeichnet, ist eine bestimmte a.l. Form, etwas Gedachtes, das aus einer Aussage durch einen bestimmten Abstraktionsschritt hervorgeht.

Definition 2.3: Der Übergang von einer Aussage zu einer ihrer a.l. Formen und weiter zu einer entsprechenden a.l. Formel heißt *aussagenlogische (a.l.) Formalisierung* der Aussage.

Die Formalisierung einer Aussage besteht demnach in einem Abstraktionsschritt (zur a.l. Form) und einem Darstellungsschritt (zur a.l. Formel).

Definition 2.4: Das Junktorzeichen zwischen den beiden größten Teilformeln einer a.l. Formel heißt das *Hauptzeichen (der Formel)*; besteht die a.l. Formel aus einer Negation und einer nachfolgenden Teilformel in Klammern, so ist diese Negation das Hauptzeichen.

A.l. Formeln werden nach ihrem Hauptzeichen benannt. So ist beispielsweise $p \wedge (q \vee r)$ eine *Konjunktion*, $(p \wedge q) \rightarrow (r \vee s)$ ein *Konditional* (oder eine *Implikation*) und $\neg (p \wedge q)$ eine *Negation*. In korrekt gebildeten a.l. Formeln, die Junktoren enthalten, ist es nie zweifelhaft, welches das Hauptzeichen ist.

Übung 2.10 Um welchen Formeltyp (Konjunktion, Adjunktion etc.) handelt es sich bei den folgenden Formeln?

1. $(p \wedge q) \vee (p \rightarrow s)$
2. $p \leftrightarrow (q \leftrightarrow s)$
3. $[(p \rightarrow q) \wedge r] \rightarrow q$
4. $[\neg (p \vee r)] \vee \neg q$
5. $[\neg (p \rightarrow r)] \rightarrow \neg (p \vee r)$
6. $\neg [(p \rightarrow r) \rightarrow s]$
7. $q \vee \neg (p \vee r)$.

8. Bei längeren a.l. Formeln kann es eine Vielzahl von Klammern geben. Um hier Schreibarbeit zu sparen, hat man in der Logik *Klammerkonventionen* eingeführt. Solche Klammerkonventionen sind auch aus der Arithmetik (und der Algebra) bekannt. Beispielsweise bedeutet $3 + 2 \cdot 5$ ja $3 + (2 \cdot 5)$ und nicht $(3 + 2) \cdot 5$; um $2 \cdot 5$ sind hier gewisser-

maßen unsichtbare Klammern gesetzt (nach der Regel „Punkt geht vor Strich"). Man kann das auch so formulieren: Die *Bindungsstärke* der Multiplikation ist größer als die der Addition. Das heißt: Das ‚·' bindet in unserem Beispiel die 2 stärker an die 5 als das ‚+' die 2 an die 3, in dem Sinn, daß die Multiplikation zuerst ausgeführt werden muß. Analog führt man verschiedene Bindungsstärken für die Junktoren ein. Bei vielen Autoren, allerdings nicht bei allen, gilt die Konvention, daß die Bindungsstärke der Junktoren in folgender Reihenfolge zunimmt: $\leftrightarrow$, $\rightarrow$, $\vee$, $\wedge$, $\neg$. Demnach läßt sich z.B. $p \rightarrow q \leftrightarrow r$ schreiben statt $(p \rightarrow q) \leftrightarrow r$ und $\neg p \vee q$ statt $(\neg p) \vee q$. Statt $(p \wedge q) \vee r$ könnte man gemäß der genannten Konvention auch schreiben: $p \wedge q \vee r$. Jedoch ist hier Vorsicht geboten, weil andere Autoren hinsichtlich der Bindungsstärke der Konjunktion und der Adjunktion gerade die umgekehrte Konvention wählen (oder sie gleich stark binden lassen)! Deshalb werde ich für $\wedge$ und $\vee$ keine unterschiedlichen Bindungsstärken annehmen und immer Klammern setzen.

Übung 2.11 Lassen Sie in den folgenden Formeln gemäß den Klammerkonventionen Klammern weg:

1. $(p \wedge q) \rightarrow (q \rightarrow r)$
2. $(p \wedge q) \rightarrow (q \vee r)$
3. $(p \wedge q) \leftrightarrow (q \rightarrow r)$
4. $(p \wedge q) \wedge (q \rightarrow r)$
5. $[\neg (p \vee q)] \rightarrow (p \wedge q)$.

9. Die Formalisierung von Aussagen steht in engster Analogie zum Übergang von numerischen Gleichungen zu algebraischen Formeln. So hat beispielsweise $2 + 3 = 3 + 2$ die (al-

gebraische) Form a + b = b + a. Die Buchstaben a und b sind hier ebenfalls Platzhalter, und zwar z. B. für ganze oder für reelle Zahlen.

1.3 Interpretation von aussagenlogischen Formeln

Der Abstraktionsschritt von Aussagen zu a.l. Formen hat dazu geführt, daß die letzteren nicht mehr wahr oder falsch sind (vgl. Abschnitt II.1.2.b, Ziffer 2, S. 60). Aus Gründen, die erst später klar werden können, wollen wir uns jetzt fragen, auf welche Weise wir diesen Abstraktionsschritt wieder rückgängig machen können.

a) *Intensionale Interpretation*

Wie kann man den Abstraktionsschritt rückgängig machen, der von der Aussage zu einer a.l. Form führt? Nun, offenbar ist das ganz einfach, jedenfalls wenn man sich den Sinn der Teilaussagen, von denen abstrahiert wurde, gemerkt hat! Dann setzt man, nehmen wir Beispiel 2.9a, in die Formel p ∧ (q ∨ r) für p: ‚Patrizia ging in den Buchladen', für q: ‚Patrizia kaufte ein Logik-Buch' und für r: ‚Patrizia entwendete einen Roman' ein. Das geht problemlos, weil die Satzbuchstaben ja gerade den Platz für Aussagen freihalten. Sollten Sie aber die Teilaussagen, von denen abstrahiert wurde, in der Zwischenzeit vergessen haben, so können Sie aus p ∧ (q ∨ r) auch anders wieder eine Aussage herstellen, indem Sie für p, q und r irgendwelche Aussagen einsetzen. Dann entsteht wieder eine Aussage, die natürlich wahr oder falsch ist, je nachdem, welche Wahrheitswerte die Teilaussagen haben. Geben wir der gerade vorgenommenen Prozedur einen Namen:

Definition 2.5: Eine *intensionale Interpretation einer a.l. Formel* besteht aus der Zuordnung von Aussagen zu den Satzbuchstaben der Formel; dabei müssen gleichen Satzbuchstaben gleiche Aussagen zugeordnet werden.

Offenbar handelt es sich bei der intensionalen Interpretation um eine *vollständige* Umkehrung des Abstraktionsschritts, der von der Aussage zu einer a.l. Form geführt hat. Dieser in der Logik gebräuchliche Begriff der Interpretation kann irreführend sein, denn es handelt sich um einen terminus technicus (wie ‚Aussage', vgl. Abschnitt I.3.1, 3., S. 30 ff.), der beträchtlich vom alltäglichen Interpretationsbegriff oder dem anderer Wissenschaften abweicht. Üblicherweise bedeutet ‚Interpretation', daß man aus dem zu Interpretierenden etwas herausholt, was wirklich – mehr oder weniger deutlich – in ihm *enthalten* ist, nämlich seinen Sinn. Hier dagegen ist eine Interpretation eine *Zuordnung*: denn die Satzbuchstaben enthalten ja gerade keinerlei Aussagesinn. ‚Intensional' heißt die obige Interpretation, weil wir hier den Satzbuchstaben Intensionen, also Aussagesinne, zuordnen. Intensionale Interpretationen sind vollkommen unproblematisch, und darum gehen wir gleich weiter.

b) *Extensionale Interpretation*

Nehmen wir an, wir wollten den Abstraktionsschritt zur a.l. Form umkehren, weil wir interessiert sind, welche Wahrheitswerte einer Formel bei verschiedenen Interpretationen zugeordnet werden (das wird uns später *sehr* interessieren). Betrachten wir z. B. $p \wedge q$. Wenn wir interessiert sind, bei welchen Interpretationen diese Formel wahr wird, dann müssen wir nicht alle nur denkbaren Aussagen durchprobieren. Vielmehr können wir der Wahrheitstafel der Konjunktion entnehmen, daß der Formel p ∧ q gerade dann der Wahrheitswert ‚wahr' zugeordnet ist, wenn die beiden für p und q eingesetzten Aussagen wahr sind; dies ist ganz unabhängig vom Sinn der für p und q eingesetzten Aussagen. Also genügt es, den Satzbuchstaben einer Formel *Wahrheitswerte* zuzuordnen, damit der Formel als ganzer ein Wahrheitswert zugeordnet ist; auf die Zuordnung von Aussagesinn zu den Satzbuchstaben kann verzichtet werden. Ordnet man also p und q jeweils den Wahrheitswert w zu, so erhält die Formel p ∧ q ebenfalls den Wahrheitswert w; bei w für p und f für q erhält die Formel den Wahrheitswert f. Diese Prozedur trägt nun ebenfalls einen Namen:

Definition 2.6: Eine *extensionale Interpretation* (oder *Belegung*) einer a.l. Formel besteht aus der Zuordnung von Wahrheitswerten zu den Satzbuchstaben der Formel; dabei müssen gleichen Satzbuchstaben gleiche Wahrheitswerte zugeordnet werden.

Offenbar handelt es sich bei der extensionalen Interpretation um eine *teilweise* Umkehrung des Abstraktionsschritts, der von der Aussage zu einer a.l. Form geführt hat. Diese Minimalangabe, die Zuordnung von Wahrheitswerten zu den Satzbuchstaben, genügt für die Wiederherstellung der beim Abstraktionsschritt verlorengegangenen Eigenschaft der Wahrheitsdefinitheit (d.h. der Eigenschaft, wahr oder falsch zu sein). Offensichtlich ist die extensionale Interpretation gerade auf extensionale Aussageverknüpfungen und a.l. Formen abgestimmt; für intensionale Verknüpfungen, z.B. ‚p weil q', stellt die extensionale Interpretation die Wahrheitsdefinitheit nicht wieder her. Die Begriffe der extensionalen Aussageverknüpfung, der a.l. Form und der extensionalen Interpretation werden sich später in ihrem Zusammenspiel als wesentlich für die Explikation des Begriffs der logischen

Folgerung erweisen. Weil im folgenden praktisch ausschließlich von extensionalen Interpretationen die Rede sein wird, werde ich diese manchmal auch einfach als ‚Interpretationen' bezeichnen.

c) *Wahrheitswertanalyse*

Ich beginne gleich mit einer Definition:

Definition 2.7: Die Ermittlung des Wahrheitswerts einer extensional interpretierten a.l. Formel heißt *Wahrheitswertanalyse*.

Beispiel: Die Formel sei p ∧ (q ∨ r); den Satzbuchstaben p und q sei willkürlich der Wahrheitswert w, dem Satzbuchstaben r der Wahrheitswert f zugeordnet. Man schreibt zunächst die Wahrheitswerte unter die Satzbuchstaben:

```
p ∧ (q ∨ r)
w    w   f
```

Dann kann man denjenigen Verknüpfungen Wahrheitswerte zuordnen, die individuelle Satzbuchstaben verknüpfen:

```
p ∧ (q ∨ r)
w    w   f
       w
```

Jetzt kann man fortfahren und Verknüpfungen jeweils dort Wahrheitswerte zuordnen, wo es bereits möglich ist; in unserem Beispiel sind wir damit bereits am Ende:

```
p ∧ (q ∨ r)
w    w   f
       w
  w
```

Der bei dieser Interpretation der a.l. Formel zugeordnete Wahrheitswert ist also w.

Machen wir zur Übung noch ein weiteres Beispiel. Die Formel sei Beispiel 2.10, die Interpretation sei w für p und für q, und f für r; unter jedes p der Formel muß also w geschrieben werden wie auch unter jedes q, und unter jedes r muß f geschrieben werden. Die Auswertung geschieht in vier Schritten und ergibt:

[(p	∧	r)	∨	(q	∧	r)]	→	(p	↔	¬	r)	
w		f		w		f		w			f	1. Schritt,
	f				f					w		2. Schritt,
			f						w			3. Schritt,
							w					4. und letzter Schritt.

Was wir später vor allem brauchen werden, ist die *Wahrheitswertanalyse einer Formel für alle möglichen extensionalen Interpretationen*. Dies kann übersichtlich mit einem Schema durchgeführt werden. Wir müssen am bisherigen Verfahren lediglich die Modifikation anbringen, daß wir die Wahrheitswerte, die sich in den verschiedenen Schritten ergeben, alle in die gleiche Zeile schreiben; dann ergibt sich pro Interpretation eine Zeile Wahrheitswerte unter der Formel. Zunächst aber muß man den Satzbuchstaben alle möglichen Kombinationen von Wahrheitswerten zuordnen. Es sind dies, wie die Kombinatorik lehrt, 2^n Möglichkeiten, wobei n die Anzahl der verschiedenen Satzbuchstaben der Formel ist. Ich erläutere das Verfahren an der Formel p ∧ (q → r). Zunächst müssen den Satzbuchstaben alle möglichen Kombinationen von Wahrheitswerten zugeordnet werden; das sind hier $2^3 = 8$ Möglichkeiten. Man geht so vor, daß man zunächst unter den ersten Satzbuchstaben viermal w und viermal f schreibt. Beim nächsten Satzbuchstaben schreibt man zweimal w, zweimal f, zweimal w und zweimal f. Beim letzten Satzbuchstaben schließlich wechseln w und f einander ab. (Sollte ein Satzbuchstabe in der Formel mehrmals vorkommen, so muß die gleiche Verteilung von w und f darunter geschrieben werden wie bei seinem ersten Vorkommen.) Für unsere Formel ergibt sich:

p	∧	(q	→	r)
w		w		w
w		w		f
w		f		w
w		f		f
f		w		w
f		w		f
f		f		w
f		f		f

Jetzt wird die Wahrheitswertanalyse für jede einzelne Interpretation gemacht und das Ergebnis jeweils in die entsprechende Zeile eingetragen:

p	∧	(q	→	r)
w	**w**	w	w	w
w	f	w	f	f
w	**w**	f	w	w
w	**w**	f	w	f
f	f	w	w	w
f	f	w	f	f
f	f	f	w	w
f	f	f	w	f

Dieses Schema hat einen Namen:

Definition 2.8: Das Schema, in dem die Wahrheitswertanalyse einer Formel für alle Interpretationen dargestellt wird, heißt die *Wahrheitstafel der Formel*. Die unter dem Hauptzeichen der Formel stehende Spalte heißt *Hauptspalte*.

In der Hauptspalte, die hier fett gedruckt ist, findet man das, was uns eigentlich interessiert: Wie sich die Formel bei den verschiedenen Interpretationen verhält. Das Aufstellen von Wahrheitstafeln von Formeln, d.h. die Analyse aller extensionalen Interpretationen einer Formel, werden wir bei der Explikation des Begriffs der logischen Folgerung benötigen. Hier erscheint es eher wie ein Spiel.

Übung 2.12 Erstellen Sie für die folgenden Formeln Wahrheitstafeln:

1. $p \leftrightarrow \neg\neg p$
2. $p \leftrightarrow p \wedge p$
3. $p \leftrightarrow p \vee p$
4. $p \wedge q \leftrightarrow q \wedge p$
5. $p \vee q \leftrightarrow q \vee p$
6. $(p \wedge q) \wedge r \leftrightarrow p \wedge (q \wedge r)$
7. $(p \vee q) \vee r \leftrightarrow p \vee (q \vee r)$
8. $(p \rightarrow q) \rightarrow r \leftrightarrow p \rightarrow (q \rightarrow r)$
9. $(p \rightarrow q) \wedge (q \rightarrow p)$
10. $p \vee \neg p$
11. $p \wedge \neg p$.

1.4 Zusammenfassung

Damit haben wir den Abschnitt über das Zeichensystem der Aussagenlogik abgeschlossen. Im wesentlichen waren es vier Schritte, die gemacht worden sind. Zunächst haben wir extensionale Verknüpfungen identifiziert. Dann kam der Abstraktionsschritt zur aussagenlogischen Form. Anschließend kam der Darstellungsschritt zum Zeichensystem der Aussagenlogik. Schließlich haben wir den Abstraktionsschritt mittels der extensionalen Interpretation wieder partiell rückgängig gemacht.

2 Metalogik der Aussagenlogik

2.1 Objektebene vs. Metaebene

Die Unterscheidung Metalogik vs. Logik, die im Titel dieses Abschnitts vorkommt, ist ein Spezialfall einer allgemeineren Unterscheidung zwischen einer Objektebene und einer Metaebene. Allgemein und etwas vereinfacht gesagt hat die Metaebene die Objektebene auf irgendeine Weise zum Gegenstand. Besonders häufig kommt diese Unterscheidung mit Bezug auf Sprachen vor; man spricht dann von einer *Objektsprache* und einer (zugehörigen) *Metasprache*. Mit der Metasprache wird über die Objektsprache gesprochen; diese ist das Objekt der Metasprache. Betrachten wir beispielsweise ein französisches Lehrbuch der deutschen Sprache. In diesem Lehrbuch findet man französische Sätze und deutsche Sätze. Die deutschen Sätze der Übungstexte, in denen beispielsweise erzählt wird, was Fritz beim Einkaufen tut, sind objektsprachliche Sätze. Französische Sätze dagegen, die die Grammatik der deutschen Sprache erklären, z.B. wo das Verb in zusammengesetzten Hauptsätzen steht, sind metasprachliche Sätze, die die deutsche Sprache zum Gegenstand haben. Es ist üblich, die Unterscheidung von Objektsprache und Metasprache als eine Unterscheidung von *Sprachstufen* zu bezeichnen:

Metasprache	2. Stufe
↓	
Objektsprache	1. Stufe
↓	
Objekte	0. Stufe

Dabei steht der Pfeil ‚↓' für die Bezugnahme mittels sprachlicher Ausdrücke.

Innerhalb ein und derselben Sprache können verschiedene Sprachstufen vorkommen, weshalb die Identifikation der jeweiligen Sprachstufe manchmal nicht so einfach ist wie beim Beispiel des französischen Lehrbuchs der deutschen Sprache. Betrachten wir zunächst

Beispiel 2.11: Wien ist eine Stadt.

Hier handelt es sich ganz offenbar um einen objektsprachlichen deutschen Satz: Die Rede ist von Wien, einem nichtsprachlichen Objekt. (‚Objekt' oder ‚Gegenstand' ist hier in weitem Sinn zu verstehen: das, wovon die Rede ist.) Dagegen ist in

Beispiel 2.12: ‚Wien' ist ein Name.

die Rede nicht von der Stadt selbst, sondern von dem Namen, den sie trägt. Demnach gehört dieser Satz der Metasprache an. Die (einfachen) Anführungszeichen bei ‚Wien' sollen deutlich machen, daß nicht von der Sache, also der Stadt, sondern von dem Wort, dem *Namen* der Stadt, die Rede ist. Wenn es wichtig ist, explizit zu kennzeichnen, daß man sich auf der metasprachlichen Ebene befindet, sollte man die Ausdrücke der Objektsprache in Anführungszeichen setzen. Es gibt sogar in der alltäglichen Sprache Beispiele (wenn auch etwas an den Haaren herbeigezogene), wo die Verwendung von Anführungszeichen einen vorhandenen Doppelsinn ausschließen würde:

Beispiel 2.13: Wien ist einsilbig.

Auf den ersten Blick ist das natürlich eine Aussage der metasprachlichen Ebene. Aber vielleicht ist auch die Rede von dem Physiker Wilhelm Wien (1864–1928), und in diesem Fall handelt es sich um eine objektsprachliche Aussage.

Bevor wir jetzt zur uns eigentlich interessierenden Unterscheidung von Logik und Metalogik kommen, noch vier Bemerkungen zur Unterscheidung von Sprachstufen.

1. Bereits in der mittelalterlichen Logik wurden Sprachstufen unterschieden, und zwar in der sogenannten Suppositionslehre; dies wurde später aber wieder vergessen. Im 20. Jahrhundert wurde die Unterscheidung von neuem eingeführt, und zwar in der formalen Logik.

2. Der Grund für die Einführung von Sprachstufen im 20. Jahrhundert war der Versuch, auf diese Weise bestimmte Paradoxien zu vermeiden, auf die man in der Grundlagendiskussion von Mathematik und Logik gestoßen war. Ein Beispiel für eine solche Paradoxie wäre der Satz: ‚Dieser Satz ist falsch.' Überlegen Sie, wie die Paradoxie entsteht!

3. Die Bezeichnung der verschiedenen Sprachstufen als *Sprachen*, nämlich als Objekt- bzw. Metasprache, kann Verwirrung stiften. Wenn man beispielsweise in der deutschen Sprache die Objektebene von der Metaebene unterscheidet, so ist damit natürlich nicht wirklich gemeint, daß das Deutsche in zwei verschiedene Sprachen zerfällt. Vielmehr handelt es sich um *eine* Sprache, mit der man *über* Verschiedenes sprechen kann, z.B. über (nichtsprachliche) Objekte oder über Ausdrücke dieser Sprache. Daher lassen sich deutsche Aussagen wohl verschiedenen Sprach*stufen* zuordnen (wiewohl dies in Einzelfällen problematisch sein kann), ohne daß es sich dabei tatsächlich um verschiedene Sprachen handelt. Die Rede von Objekt- und Metasprache als verschiedenen Sprachen ist im wörtlichen Sinn nur für bestimmte Kunst-

sprachen korrekt. Diese sind so konstruiert, daß mit der einen Sprache tatsächlich nur über nichtsprachliche Objekte, und mit der anderen Sprache aber auch über die Ausdrücke der Objektsprache gesprochen werden kann.

4. Die Unterscheidung von objektsprachlicher und metasprachlicher Sprachstufe läßt sich iterieren: Man kann auch die Metametaebene einführen. Sobald man *über* die Metaebene spricht, befindet man sich auf der Metametaebene; sobald man *über* die Metametaebene spricht, befindet man sich auf der Metametametaebene usf. Tatsächlich befindet man sich bei der Einführung der Logik vielfach auf höheren Sprachstufen als der Metaebene.

Unser Programm für die nächsten Abschnitte ist es nun, den Begriff der (aussagen-)logischen Folgerung und andere verwandte Begriffe zu klären. Der Begriff der logischen Folgerung kennzeichnet ein bestimmtes Verhältnis von Aussagen (den Prämissen und der Konklusion). Damit aber gehört der Begriff der logischen Folgerung der Metaebene an: denn es wird mit ihm *über bestimmte Aussagen* gesprochen. Da wir aber nicht beliebige Eigenschaften und Beziehungen von Aussagen behandeln werden, sondern nur solche, die – wie wir sehen werden – aufgrund von logischen Formen gelten, nennt man diesen Teil der Metasprache die *Metalogik*, hier genauer die *Metalogik der Aussagenlogik*. Wir analysieren nun verschiedene metalogische Begriffe mit derselben Vorgehensweise wie in Abschnitt II.1: Wir betrachten ein Beispiel, lesen von ihm Merkmale ab und kommen so zu einer genauen Explikation des entsprechenden Begriffs. Allerdings werden wir nicht mit dem Begriff der logischen Folgerung selbst beginnen, sondern mit dem der logischen Wahrheit. Der Grund ist, daß wir den Begriff der logischen Wahrheit bei der Einführung des Begriffs der logischen Folgerung verwenden werden.

2.2 Logische Wahrheit

a) *Definition*

Wir werden als Beispiel eine alte Bauernregel untersuchen, die uns – wie so häufig bei Bauernregeln – an das Wesentliche heranführen wird.

Beispiel 2.14: Wenn der Hahn kräht auf dem Mist, dann ändert sich das Wetter oder es bleibt, wie es ist.

Betrachten wir diese alte Bauernregel auf ihre etwas eigenartigen Merkmale hin.

1. Die Aussage ist sicherlich wahr, aber auf eine etwas merkwürdige Weise. Wenn der Hahn auf dem Mist kräht, dann kann das Wetter sich verhalten, wie es will – es kann sich ändern oder bleiben, wie es gerade ist –, und die Aussage ist wahr. Wenn der Hahn nicht kräht oder nicht auf dem Mist kräht, wird die Aussage ebenfalls nicht falsch. In gewissem Sinne ist die Aussage daher nichtssagend: Sie ist immer wahr, egal was geschieht; sie ist daher hinsichtlich eintretender oder nicht eintretender Tatsachen nicht informativ. Das ändert aber nichts daran, daß sie tatsächlich wahr ist.

2. Um festzustellen, daß diese Aussage wahr ist, müssen wir nichts über das Krähen von Hähnen (allgemeiner: über die Ethologie der Vögel), über Misthaufen (allgemeiner: über Agronomie), über Meteorologie und über die wechselseitigen Zusammenhänge dieser Disziplinen wissen. Es genügt, wenn wir die Aussage verstehen und uns dann überlegen, daß sie unter allen Umständen wahr ist. Wir brauchen keinerlei Wissen über die Gegenstände, über die die Aussage spricht, um uns von ihrer Wahrheit zu überzeugen. Auf irgendeine Weise scheint es sogar ganz gleichgültig zu sein, wovon die Aussage eigentlich handelt. Dies bestätigt sich mit dem folgenden Merkmal.

3. Wir können Teilaussagen von Beispiel 2.14 durch beliebige andere Aussagen ersetzen, ohne daß die Wahrheit der Gesamtaussage berührt wird. Natürlich verändern wir die Aussage dabei, aber darauf kommt es hier nicht an; worauf es hier ankommt, ist, daß die eigenartige Wahrheit der Aussage sich bei der Ersetzung von bestimmten Teilaussagen durch irgendwelche andere Aussagen nicht verändert.

Beispiel 2.15: Wenn die Schlange das Kaninchen frißt, dann ändert sich das Wetter oder es bleibt, wie es ist.

Beispiel 2.16: Wenn der Hahn kräht auf dem Mist, dann ändert sich die Politik oder sie bleibt, wie sie ist.

4. Worauf es bei der eigenartigen Wahrheit von Beispiel 2.14 dagegen ankommt, ist die Struktur der Aussage: *Wenn* das und das passiert, *dann* passiert dies und jenes *oder sein Gegenteil*. Was da genau passiert, ist völlig gleichgültig.

Nun sieht das, was ich soeben ‚die Struktur der Aussage' genannt habe, einer bestimmten logischen Form von Beispiel 2.14 sehr ähnlich. Betrachten wir deshalb einmal eine logische Form der Aussage. Zunächst wählen wir die Abkürzungen A_1 für ‚Der Hahn kräht auf dem Mist' und A_2 für ‚Das Wetter ändert sich'. Offensichtlich kann dann ‚Das Wetter bleibt, wie es ist' durch $\neg A_2$ abgekürzt werden. Demnach ist ‚Wenn A_1, dann A_2 oder $\neg A_2$' eine Abkürzung von Beispiel 2.14. Wenn wir jetzt zu einer aussagenlogischen Form übergehen wollen, müssen wir entscheiden, wie wir das ‚Wenn …, dann …' behandeln wollen. Ist es hier eine extensionale Verknüpfung oder nicht? Da ein tatsächlicher inhaltlicher Zusammenhang zwischen Hahn-Krähen und Wetter nicht besteht, können wir versuchen, das ‚Wenn …, dann …' ganz extensional aufzufassen und durch das Konditional wiederzugeben. Für den Fall, daß die Wenn …-Aussage falsch ist, d. h. wenn der Hahn einfach nicht auf dem Mist kräht, ist der Wahrheitswert von Beispiel 2.14 sicher nicht ‚falsch'; er ist wohl unbestimmt. Die Ersetzung des ‚Wenn ..., dann ...' durch das Konditional verändert die Aussage dann insofern, als sie auch bei Falschheit der Wenn-Klausel einen Wahrheitswert hat, nämlich ‚wahr'. Wir erhalten aus Beispiel 2.14 so

Beispiel 2.17: $A_1 \rightarrow (A_2 \vee \neg A_2)$.

Wie gesagt, Beispiel 2.17 ist eine Modifikation von Beispiel 2.14, aber eine, die hier nicht ins Gewicht fällt. Wir können jetzt ganz einfach zu einer naheliegenden aussagenlogischen Form übergehen, indem wir vom Sinn von A_1 und A_2 abstrahieren und sie durch Satzbuchstaben ersetzen. Wir erhalten $p \rightarrow (q \vee \neg q)$. Betrachten wir nun die Wahrheitstafel dieser Formel:

p	→	(q	∨	¬	q)
w	**w**	w	w	f	w
w	**w**	f	w	w	f
f	**w**	w	w	f	w
f	**w**	f	w	w	f

An der Hauptspalte dieser Wahrheitstafel sieht man, daß die Formel für *alle* extensionalen Interpretationen wahr ist. Weil die Formel für alle extensionalen Interpretationen wahr ist, ist sie auch für alle intensionalen Interpretationen wahr: Der *Sinn* der Teilaussagen ist für den Wahrheitswert der Gesamtaussage irrelevant, eben weil diese Teilaussagen mittels extensionaler Verknüpfungen die Gesamtaussage bilden. Mit anderen Worten: *Alle* Aussagen, die die obige Formel als eine a.l. Form haben, sind wahr.

Damit aber wird der Grund für die sonderbare Art der Wahrheit der ursprünglichen Aussage klar. Ihre Wahrheit beruht ausschließlich auf einer a.l. Form der Aussage, d. h. ihre

Wahrheit ist unabhängig von den konkreten Interpretationen der Formel, also dem Sinn und den Wahrheitswerten der Teilaussagen. Dies erklärt die obengenannten vier Merkmale von Beispiel 2.14. Die hier sichtbar werdende merkwürdige Art der Wahrheit ist die (aussagen-)logische Wahrheit. Wir können sie nun in einer Definition fassen.

Definition 2.9: 1. Eine a.l. Form(el) heißt *(aussagen-)logisch wahr* (oder *allgemeingültig, gültig* oder *tautologisch*) genau dann, wenn sie für alle extensionalen Interpretationen wahr ist.

2. Eine Aussage heißt *aussagenlogisch wahr* (und damit auch *logisch wahr*) genau dann, wenn sie (mindestens) eine logisch wahre a.l. Form hat.

Als Zeichen für die logische Wahrheit wird ‚$\models$' verwendet: Für ‚(Die Aussage oder Formel) A ist logisch wahr' wird dann ‚$\models$ A' geschrieben.

Zu Definition 2.9 sind drei Bemerkungen zu machen.

1. Die Definition geht in zwei Schritten vor. Zuerst wird die logische Wahrheit für a.l. *Formen* bzw. *Formeln* definiert und dann *mittels* dieser Definition die a.l. Wahrheit von Aussagen. Wenn man also wissen will, ob eine bestimmte Aussage a.l. wahr ist, dann muß man ihre a.l. Formen auf ihre logische Wahrheit hin untersuchen.

2. Beispiel 2.14, von dem wir ausgegangen sind, hat auch a.l. Formen, die nicht a.l. wahr sind. Beispielsweise sind auch $p \rightarrow r$ oder auch nur s a.l. Formen dieser Aussage, aber offenbar keineswegs a.l. wahre Formeln. Das heißt: Man kann bei einer aussagenlogisch wahren Aussage auch so vom Sinn von Teilaussagen abstrahieren, daß diejenigen Eigenschaften, die sie zu einer aussagenlogisch wahren Aussage machen, mit wegabstrahiert werden. Daher ist im zweiten Teil von Defi-

nition 2.9 auch nur verlangt, daß sie „(mindestens) *eine* logisch wahre a.l. Form hat", nicht aber, daß *ihre* a.l. Form (was hieße, es gäbe nur eine einzige) oder *alle* ihre a.l. Formen logisch wahr sein müssen.

3. Mit der Definition 2.9 erhalten wir zum ersten Mal eine Begründung dafür, warum der Begriff der a.l. Form so eingeführt wurde, wie es in Definition 2.1 geschehen ist, und warum der Begriff der extensionalen Interpretation definiert wurde. Wir benötigen gerade den Begriff der a.l. Form zur Definition der aussagenlogischen Wahrheit. Es sind ja die Junktoren und die Gleichheit bzw. Verschiedenheit von Teilaussagen, die den „Mechanismus" der aussagenlogischen Wahrheit ausmachen, während der Inhalt der Teilaussagen irrelevant ist. Daß die Junktoren und die Wiederholung von Teilaussagen hier die entscheidende Rolle spielen, sieht man sofort, wenn man den Prototyp der aussagenlogischen Wahrheit betrachtet: $A \vee \neg A$. Läßt man beispielsweise die Negation weg oder ersetzt die Adjunktion durch eine Konjunktion oder ersetzt das zweite A durch B, so büßt die Aussage ihren Status als logische Wahrheit ein.

Übung 2.13 Erstellen Sie die Wahrheitstafeln von

1. $p \rightarrow p \vee q$
2. $p \wedge q \rightarrow p$
3. $p \wedge (q \vee r) \leftrightarrow (p \wedge q) \vee (p \wedge r)$
4. $p \vee (q \wedge r) \leftrightarrow (p \vee q) \wedge (p \vee r)$
5. $\neg (p \wedge q) \leftrightarrow \neg p \vee \neg q$
6. $\neg (p \vee q) \leftrightarrow \neg p \wedge \neg q$
7. $p \rightarrow q \leftrightarrow \neg q \rightarrow \neg p$.

Wir können unser Verständnis der aussagenlogischen Wahrheit nun noch etwas vertiefen. Normalerweise muß man zur Feststellung der Wahrheit einer Aussage *etwas von der Aussage selbst Verschiedenes* beiziehen, seien es bestimmte Tatsachen oder andere Aussagen. So muß man, wenn man es nicht einfach glauben möchte, zur Feststellung der Wahrheit der Aussage ‚Der Eiffelturm ist 300 m hoch' nach Paris fahren und die Höhe des stählernen Riesen nachmessen. Man erfaßt dabei eine bestimmte Tatsache, hier also, wie hoch der Turm denn nun ist, und vergleicht diese Tatsache mit dem Sachverhalt, den die Aussage behauptet. Oder man vergleicht die Behauptung mit anderen, autoritativen Aussagen z.B. in einem Lexikon; ein vom praktischen Gesichtspunkt her etwas einfacheres Verfahren als die Fahrt nach Paris mit anschließender Messung. Ähnlich muß man, wenn man in der Mathematik einen Satz beweisen will, andere Aussagen beiziehen, im wesentlichen die in dem entsprechenden Gebiet vorausgesetzten Axiome (oder andere schon bewiesene Theoreme). Diesen Fällen ist gemeinsam, daß man sich zur Feststellung der Wahrheit der Aussage auf etwas von der Aussage selbst Verschiedenes beziehen muß. Wie das im einzelnen zu geschehen hat, ist weitgehend kontrovers und bildet den Untersuchungsgegenstand der sogenannten Wahrheitstheorien, die wir hier aber nicht weiter verfolgen müssen. Dies ist deshalb unnötig, weil bei logischen Wahrheiten dieser Beizug von etwas außerhalb ihrer selbst Liegendem, sei es irgendwelcher Tatsachen oder anderer Aussagen, entfallen kann: Aussagenlogische Wahrheiten sind aufgrund der spezifischen Kombination ihrer Teilaussagen wahr, ohne daß es auf deren Sinn ankommt.

Aber wie ist es möglich, daß man zur Überprüfung von logischen Wahrheiten nichts außerhalb ihrer selbst beiziehen muß? Der Grund ist, daß logische Wahrheiten *nichtssagend* sind, oder genauer gesagt, daß man mit ihnen *nichts behaupten* kann. Das sieht man durch einen Vergleich von logischen Wahrheiten mit einer „normalen“ Aussage wie ‚Der Eiffelturm ist 300 m hoch‘. Bei der letzteren Aussage wird eine Behauptung gemacht, nämlich ‚So und so ist es‘, oder etwas ausführlicher und genauer: ‚So und so ist es, und nicht anders‘. Durch dieses ‚... und nicht anders‘ gewinnt die Behauptung ihre Bestimmtheit, ihre Kontur: Es wird etwas ausgeschlossen. Konkret schließt eine bestimmte Aussage B gerade ihr Gegenteil ¬ B aus. Wenn man sich von der Wahrheit einer solchen Aussage überzeugen will, so muß man sich vergewissern, daß der als bestehend behauptete Sachverhalt tatsächlich besteht, oder anders herum, daß das Ausgeschlossene tatsächlich nicht besteht. Bei den logischen Wahrheiten dagegen fehlt dieses ‚ ... und nicht anders‘: Wer beispielsweise A ∨ ¬ A sagt, schließt *nichts* aus, denn entweder gilt A oder es gilt ¬ A; es gibt keine weiteren Möglichkeiten (A ist eine Aussage im Sinne von Definition 1.1).[1] Insofern behaupten logische Wahrheiten also nichts. Man versteht dann auch, wieso es auf den Sinn der Teilaussagen, aus denen eine aussagenlogische Wahrheit besteht, nicht ankommt: Die spezifische Kombination der Teilaussagen sorgt dafür, daß mit der Gesamtaussage nichts behauptet werden kann, die einzelnen Teilaussagen mögen behaupten, was sie wollen.

Daß man mit logischen Wahrheiten nichts behaupten kann, sieht man auch an folgendem Umstand. Behauptungen haben die Eigenschaft, daß man ihnen widersprechen kann. Jemand behauptet: ‚So und so ist es‘ und dem kann widersprochen werden mit ‚Nein, so und so ist es nicht‘ oder mit ‚Nein, es ist anders‘. Mit dem Widerspruch behauptet man etwas, das die ursprüngliche Aussage ausschließt. Logische Wahrheiten

1 Weil eine Aussage B gerade ¬ B ausschließt, wird – formal betrachtet – von ‚A ∨ ¬ A‘ natürlich ‚¬ (A ∨ ¬ A)‘ ausgeschlossen. Inwiefern dadurch doch nichts ausgeschlossen wird, wird am Ende von Abschnitt 2.3, S. 90 f., erklärt.

aber schließen nichts aus, infolgedessen kann man ihnen auch nicht widersprechen: Wie wollte man Beispiel 2.14 ,Wenn der Hahn kräht auf dem Mist, dann ändert sich das Wetter oder es bleibt, wie es ist' widersprechen? In der fehlenden Möglichkeit des Widerspruchs zu ihnen kommt der Status von logischen Wahrheiten als Aussagen, mit denen nichts behauptet werden kann, zum Ausdruck.

b) *Das Substitutionstheorem*

Theoreme nennt man in der Mathematik und der Logik Lehrsätze, deren Geltung durch einen Beweis gesichert ist. Am Ende des Beweises schreibt man ,q.e.d.' oder ,qed', was vornehm und eine Abkürzung des lateinischen ,quod erat demonstrandum' ist, und das bedeutet: ,was zu beweisen war'; damit drückt man aus, daß der Beweis nun zu Ende ist. In der Literatur findet man statt der Abkürzung ,qed' auch das Zeichen ,■'. Das folgende Theorem ermöglicht die Charakterisierung von Klassen allgemeingültiger Formeln; zudem vereinfacht es bisweilen den Nachweis der Allgemeingültigkeit von Formeln.

Substitutionstheorem: Sei F eine a.l. Formel, die n voneinander verschiedene Satzbuchstaben $p_1, \ldots, p_n$ enthält. Seien $G_1, \ldots, G_n$ beliebige a.l. Formeln (ebenso viele wie verschiedene Satzbuchstaben in F). Sei F′ diejenige Formel, die man erhält, wenn man in F jedes p_i durch G_i ersetzt („substituiert": daher der Name des Theorems). Dann gilt: Wenn $\models$ F, dann auch $\models$ F′.

Beispiel für das Substitutionstheorem: $p \vee \neg p$ ist allgemeingültig. Dann sind nach dem Substitutionstheorem z. B. auch $(q \wedge r) \vee \neg (q \wedge r)$ und $(q \rightarrow r) \vee \neg (q \rightarrow r)$ allgemeingültig, die man durch Ersetzung von p durch $q \wedge r$ bzw. durch $q \rightarrow r$ erhält. Allgemein: $G \vee \neg G$ ist für jede a.l. Formel G allgemeingültig.

Beweis des Substitutionstheorems: Zu zeigen ist, daß jede Interpretation der Formel F′ unter den gegebenen Voraussetzungen den Wahrheitswert w ergibt. Sei eine beliebige Interpretation von F′ gegeben. Dann werte man zunächst nur die Formelteile G_i aus. Das Ergebnis ist identisch mit einer bestimmten Interpretation von F, nämlich derjenigen, bei welcher der sich für G_i ergebende Wahrheitswert dem Satzbuchstaben p_i zugeordnet ist. Diese Interpretation von F ergibt den Wahrheitswert w, da F *allgemeingültig* ist. Also ergibt jede Interpretation von F′ den Wahrheitswert w. qed.

Wenn man aus einem Theorem einen weiteren Lehrsatz auf relativ einfache Weise ableiten kann, so nennt man diesen Lehrsatz ein *Korollar* (zu dem entsprechenden Theorem). Hier ein Korollar zum Substitutionstheorem:

Korollar zum Substitutionstheorem: Die a.l. Formel F′ stelle diejenige a.l. Form einer Aussage A dar, bei der von keinem Junktor abstrahiert wurde, d.h. bei der für jede extensional verknüpfte atomare Teilaussage von A ein Satzbuchstabe steht. Diese a.l. Form kann die *feinkörnigste* oder die *differenzierteste* a.l. Form von A genannt werden. Dann gilt: A ist genau dann a.l. wahr, wenn F′ allgemeingültig ist.

Bemerkung zum Nutzen dieses Korollars: Dieses Korollar ermöglicht es, daß bei der Überprüfung einer Aussage auf logische Wahrheit nur eine einzige logische Form dieser Aussage untersucht werden muß, nämlich die feinkörnigste. In der Definition des Begriffs der aussagenlogisch wahren Aussage war ja einfach nur von *einer* logisch wahren a.l. Form die Rede, nicht aber davon, bei *welcher* a.l. Form die Erfolgsaussichten für die Entdeckung von logischer Wahrheit am größten sind.

Beweis des Korollars: Wegen der ‚genau dann, wenn'-Behauptung des Korollars hat der Beweis zwei Teile.

1. Sei A a.l. wahr. Zu zeigen: F′ ist allgemeingültig. Aus der Voraussetzung folgt, daß A eine allgemeingültige a.l. Form F

hat. Wenn F = F′, dann gilt die Behauptung und wir sind bereits fertig. Wenn aber F ≠ F′, dann enthält F an bestimmten Stellen Satzbuchstaben p_i, wo bei F′ bestimmte Formeln G_i stehen (beide gehen ja durch Abstraktion vom Sinn von Teilaussagen aus derselben Aussage A hervor). Dann folgt wegen des Substitutionstheorems aus der Allgemeingültigkeit von F die von F′.

2. Sei F′ allgemeingültig. Zu zeigen: A ist a.l. wahr. Diese Behauptung folgt sofort aus der Definition der logischen Wahrheit mit F′ als einer allgemeingültigen Form von A. qed.

2.3 Logische Falschheit

Zur Definition der aussagenlogischen Falschheit gelangt man auf einem Weg, der dem zur logischen Wahrheit ganz analog ist. Ich gebe gleich die Definition an:

Definition 2.10: 1. Eine a.l. Form(el) heißt *(aussagen-)logisch falsch* (oder *kontradiktorisch*, *ungültig* oder *inkonsistent*) genau dann, wenn sie für alle extensionalen Interpretationen falsch ist.

2. Eine Aussage heißt *aussagenlogisch falsch* (und damit auch *logisch falsch*) genau dann, wenn sie (mindestens) eine logisch falsche a.l. Form hat.

Ein Beispiel für eine logisch falsche Formel ist

Beispiel 2.18: p ∧ ¬ p.

Dies sieht man sofort aus der Wahrheitstafel:

p	∧	¬	p
w	f	f	w
f	f	w	f

denn die Hauptspalte enthält nur f's. Demnach sind z.B. alle Aussagen logisch falsch, die p ∧ ¬ p als eine ihrer logischen Formen haben. Nun, das sind Aussagen der Art ‚Dies Brot ist hart und es ist nicht hart' oder ‚Das Konzert ist schön und es ist nicht schön', und solche Aussagen sind schon auf eine ziemlich provozierende Weise falsch.

Die Möglichkeit, die logische Falschheit einer Aussage ohne Rekurs auf etwas außerhalb ihrer selbst Liegendes nachzuweisen, ergibt sich wie bei der logischen Wahrheit daraus, daß man mit einer logisch falschen Aussage nichts behaupten kann. Allerdings ist die Art der Nicht-Behauptung bei der logischen Falschheit eine andere. Bei der aussagenlogischen Wahrheit A ∨ ¬ A etwa wird die behauptende Kraft von A durch das adjunktiv angehängte ¬ A neutralisiert: A ∨ ¬ A schließt nichts mehr aus und behauptet damit nichts mehr. Beim Prototyp der logischen Falschheit, A ∧ ¬ A, ist dagegen ein anderer Mechanismus am Werk, der die Nicht-Behauptung erzeugt: A wird behauptet und auch sein Gegenteil, oder: A wird behauptet und zugleich wieder zurückgenommen. Bei A ∨ ¬ A weicht man der Entscheidung, ob man A behaupten will oder nicht, dadurch aus, daß man offen läßt, ob A oder ¬ A gilt; bei A ∧ ¬ A weicht man der Entscheidung aus, indem man der Behauptung von A sogleich die Behauptung von ¬ A hinzufügt. Allerdings verwickelt man sich dadurch in einen Widerspruch; das Ergebnis ist unter allen Umständen falsch. Wer ernsthaft A ∧ ¬ A behauptet (wobei A eine Aussage im Sinne der Definition 1.1 ist), zeigt, daß er auf irgendeine Weise nicht verstanden hat, was es bedeutet, mit Aussagen Behauptungen zu machen. Die Aussage A schließt ¬ A aus, und das heißt gerade, daß man ¬ A nicht zusammen mit A behaupten kann.

Es besteht also ein Unterschied hinsichtlich des Grundes, warum mit einer logischen Wahrheit und warum mit einer logischen Falschheit nichts behauptet werden kann. Dieser Unterschied zeigt sich auch deutlich in der älteren Logik, in der der „Satz vom Widerspruch", genauer formuliert, der „Satz vom *zu vermeidenden* Widerspruch" eine große Rolle gespielt hat, insbesondere bei Kant. Kant glaubte, daß der Satz vom Widerspruch die Basis der formalen Logik bilde. Es gibt in der älteren Logik aber keinen zu diesem Satz analogen „Satz von der zu vermeidenden logischen Wahrheit". Der Grund ist, daß die bei logischen Wahrheiten gemachte „Nicht-Behauptung" nicht durch einen Fehler zustande kommt, sondern durch das Offenlassen aller Möglichkeiten. Bei der logischen Falschheit kommt dagegen die Nicht-Behauptung durch einen Fehler zustande, nämlich durch die innere Zerstörung der behauptenden Kraft einer Aussage.

Die drei Bemerkungen nach der Definition der logischen Wahrheit gelten sinngemäß auch für die Definition der logischen Falschheit, und ebenso eine entsprechende Fassung des Substitutionstheorems und seines Korollars. Hier nun noch vier Bemerkungen, die sowohl logische Wahrheit als auch logische Falschheit betreffen.

1. Es mag merkwürdig erscheinen, daß a.l. Forme(l)n nicht *wahr* oder *falsch* sind – diese Eigenschaft war ja beim Abstraktionsschritt zur a.l. Form verloren gegangen (vgl. Abschnitt II.1.2.b, 2. Bemerkung, S. 60) –, daß aber dennoch manche der a.l. Formeln *aussagenlogisch* wahr oder falsch sind. Hier liegt aber kein Paradox vor. Uninterpretierte a.l. Forme(l)n sind weder wahr noch falsch; die *a.l.* Wahrheit (bzw. Falschheit) besagt, daß sie, *wenn* sie interpretiert werden, bei jeder Interpretation den Wahrheitswert ‚wahr' (bzw. ‚falsch') ergeben werden. Der Begriff der *Wahrheit* einer *Aussage* ist also streng vom Begriff der *aussagenlogischen Wahrheit* einer *Form(el)* zu unterscheiden.

2. Wenn man aussagenlogisch nachweisen will, daß eine bestimmte Aussage logisch wahr bzw. logisch falsch ist,

dann muß man *eine* logische Form finden, die ihrerseits a.l. wahr bzw. falsch ist. Man kann daher die Behauptung, daß eine bestimmte Aussage a.l. wahr (bzw. falsch) sei, nicht dadurch widerlegen, daß man *eine* a.l. Form dieser Aussage produziert, die *nicht* a.l. wahr (bzw. falsch) ist; eine solche a.l. Form ist ja stets zu finden, z.B. p. Vielmehr muß man zur Widerlegung der Behauptung im Prinzip *alle* a.l. Formen der Aussage durchlaufen und zeigen, daß *keine* von ihnen logisch wahr (bzw. falsch) ist. Allerdings erleichtert hier das Korollar zum Substitutionstheorem das Leben erheblich: Es genügt, wenn man die feinkörnigste a.l. Form überprüft.

3. Intuitiv ist der Begriff der logischen Wahrheit dem der logischen Falschheit entgegengesetzt: Was logisch wahr ist, kann nicht zugleich logisch falsch sein (und umgekehrt). Für a.l. Forme(l)n folgt dies auch tatsächlich aus den Definitionen 2.9 und 2.10: Denn wenn die Wahrheitswertanalyse einer Formel den Wahrheitswert ‚wahr' für alle Interpretationen ergibt, dann ergibt sie eben *nicht* den Wahrheitswert ‚falsch' (und umgekehrt). So weit, so trivial. Aber für *Aussagen* ist das Entgegengesetztsein von logischer Wahrheit und logischer Falschheit nicht so offensichtlich, jedenfalls im Hinblick auf die Definitionen 2.9 und 2.10. Denn es könnte ja sein, daß *eine* a.l. Form einer bestimmten Aussage logisch wahr ist, während eine *andere* a.l. Form der gleichen Aussage logisch falsch ist. Man muß also zeigen, daß dieser Fall tatsächlich nicht auftreten kann. Dieser Beweis ergibt sich leicht aus dem Korollar zum Substitutionstheorem: Die feinkörnigste logische Form ist *entweder* logisch wahr *oder* logisch falsch (oder keines von beiden), und damit ist auch die Aussage selbst *entweder* logisch wahr *oder* logisch falsch (oder keines von beiden).

4. Man kann nun noch die Frage stellen, was denn logische Wahrheiten bzw. Falschheiten eigentlich ausschließen, wenn

man ganz mechanisch die Regel anwendet, daß eine Aussage A gerade ihr Gegenteil, ¬ A, ausschließt (vergleiche Abschnitt II.2.2.a, S. 84 f.). Betrachtet man beispielsweise die logische Wahrheit A ∨ ¬ A, so schließt diese gemäß der genannten Regel ¬ (A ∨ ¬ A) aus. ¬ (A ∨ ¬ A) ist aber eine logische Falschheit, wie man sich durch Wahrheitswertanalyse von ¬ (p ∨ ¬ p) leicht überzeugt. Die Behauptung einer logischen Wahrheit besteht also im Ausschluß (oder der Leugnung) einer logischen Falschheit, also von etwas in sich Widersprüchlichem. Weil das in sich Widersprüchliche sich aber gewissermaßen selbst ausschließt, hat man mit der Behauptung einer logischen Wahrheit nichts ausgeschlossen. Mit der Behauptung einer logischen Wahrheit kann man also nirgends „anecken", man kann durch nichts widerlegt werden. Wer eine logische Wahrheit behauptet, behauptet also nichts: Die Behauptung ist leer, bzw. es handelt sich eigentlich gar nicht um eine Behauptung.

Umgekehrt schließt gemäß der genannten Regel die Behauptung einer logischen Falschheit, beispielsweise von A ∧ ¬ A, eine logische Wahrheit aus, im Beispiel: ¬ (A ∧ ¬ A). Logische Wahrheiten kann man aber gar nicht ausschließen oder leugnen, weil sie gewissermaßen von selbst wahr sind. Demnach versucht man mit der Behauptung einer logischen Falschheit etwas zu tun, was unmöglich ist: eine logische Wahrheit zu leugnen. Dementsprechend lassen sich mit logischen Falschheiten überhaupt keine Behauptungen aufstellen; wenn man es dennoch versucht, scheitert man gewissermaßen an sich selbst. Dies ist am Prototyp der logisch falschen Aussage A ∧ ¬ A ganz offensichtlich: Zugleich A und ¬ A behaupten zu wollen zeigt, daß man nicht verstanden hat, was es heißt, überhaupt etwas zu behaupten.

Übung 2.14 Erstellen Sie die Wahrheitstafeln von

1. $(p \rightarrow q) \wedge p \rightarrow q$
2. $(p \rightarrow q) \wedge \neg q \rightarrow \neg p$
3. $p \wedge \neg p \rightarrow q$
4. $p \rightarrow q \vee \neg q$
5. $(p \wedge q) \wedge \neg q$.

2.4 Logische Folgerung

Nun sind wir gerüstet, um uns dem zentralen Begriff der Logik zuzuwenden, dem Begriff der logischen Folgerung. Im Prinzip werden wir vorgehen wie bisher: Betrachtung eines Beispiels, Ablesen von Merkmalen, Übergang zur Definition des Begriffs. Allerdings müssen wir hier noch einige Vorüberlegungen anstellen, damit wir wirklich wissen, was wir tun, denn die Situation ist beim Begriff der logischen Folgerung etwas komplizierter als bisher. Diese Vorüberlegungen sind aber wegen ihrer Allgemeinheit auch außerhalb der Logik nützlich.

a) *Synthetische Definition, analytische Definition, Explikation*

Unter einer Definition wird in den Wissenschaften (und z.T. auch im Alltag) recht Verschiedenes verstanden. Für das Folgende muß ich allerdings nicht in die Tiefen der Definitionslehre eintauchen, in der auf systematische Weise verschiedene Arten von Definitionen unterschieden und diskutiert werden. Hier genügt es, kurz zwei einander diametral entgegengesetzte Definitionsarten zu skizzieren, die man „synthetische" und „analytische" Definition nennen kann, um dann den Begriff der Explikation zu erläutern.

Synthetische Definition

Mit einer *synthetischen* (oder *stipulativen*) Definition wird ein Begriff geschaffen („synthetisiert"), den es vorher nicht gegeben hat. Die Definitionen 2.4: „Hauptzeichen (der Formel)", 2.6: „extensionale Interpretation" und 2.8: „Wahrheitstafel der Formel" sind Beispiele synthetischer Definitionen. Den Begriff der Hauptspalte hat es nicht gegeben, bis jemand diesen Ausdruck für diese spezielle Spalte der Wahrheitstafel einer a.l. Formel eingeführt hat. Synthetische Definitionen haben demnach vor allem eine Abkürzungsfunktion. Es ist zweifellos bequemer, „Hauptspalte" zu sagen, als: „diejenige Spalte der Wahrheitstafel, die unter dem Hauptzeichen steht"; aber man *könnte* natürlich auch ohne die Definition von „Hauptspalte" auskommen und immer die lange Formulierung verwenden. Synthetische Definitionen sind demnach zunächst einmal zweckmäßige Festsetzungen (oder „Konventionen"). Solche Festsetzungen können offenbar nicht wahr oder falsch sein; vielmehr sind sie primär zweckmäßig oder unzweckmäßig. Wenn ihr Zweck die Abkürzung ist, dann werden sie danach beurteilt, ob sie diesen Zweck erfüllen oder nicht, ob also die Abkürzung in einem bestimmten Kontext nützlich ist oder nicht.

Analytische Definition

In einer *analytischen* (oder *beschreibenden* oder *lexikalischen*) Definition wird ein schon vorhandener Begriff analysiert, und zwar durch Angabe seiner Merkmale. Die analytische Definition gibt explizit an, was der bereits in Gebrauch befindliche Begriff bedeutet. Beispielsweise könnte man den Begriff ‚Junggeselle' analysieren und feststellen, daß er

Merkmale wie ‚unverheiratet', ‚nicht verwitwet', ‚volljährig' etc. enthält. Faßt man diese Merkmale in eine Definition des Begriffs ‚Junggeselle' zusammen, so erhält man eine analytische Definition dieses Begriffs. (Ob das immer möglich ist, ist allerdings eine andere Frage, deren Diskussion uns zu weit in das Gebiet der Sprachphilosophie führen würde.) Analytische Definitionen haben demnach primär eine Klärungsfunktion: Ein schon verwendeter, aber vielleicht undeutlicher Begriff wird durch die explizite Angabe seiner wesentlichen Merkmale klar und eindeutig. Die analytische Definition ist dementsprechend angemessen oder unangemessen (bzw. adäquat oder inadäquat), nämlich relativ zu einem bestimmten Sprachgebrauch. Auch hier kann man nicht so recht von Wahrheit oder Falschheit der Definition sprechen; die Definition gibt den Sprachgebrauch mehr oder weniger angemessen wieder, aber sie ist nicht eigentlich wahr oder falsch.

Synthetische und analytische Definitionen unterscheiden sich also zum einen hinsichtlich ihrer primären Funktion – Abkürzungs- bzw. Klärungsfunktion –, zum anderen hinsichtlich des Beurteilungskriteriums – Zweckmäßigkeit bzw. Adäquatheit –, dem die Definition genügen muß.

Explikation

Welche Art von Definitionen suchen wir nun in der Logik? Für die hauptsächlich interessierenden Begriffe wie logische Folgerung, logische Wahrheit etc. suchen wir etwas, was *zwischen* analytischer und synthetischer Definition liegt. Auf der einen Seite können wir am alltäglichen Sprachgebrauch anknüpfen: Es geht ja darum, eine Sache, die wir schon irgendwie kennen, auf den Begriff zu bringen. Beispielsweise wissen wir schon vage, was logische Folgerungen sind, können aber vielleicht nicht ohne weiteres explizit sagen, was wir damit meinen; dieses Vorverständnis soll explizit gemacht werden. Dies ist der analytische Anteil an den gesuchten Definitionen. Auf der anderen Seite ist aber unser Vorverständnis nicht einfach sakrosankt: Es kann sich ja herausstellen, daß in unserem vagen Vorverständnis einige Sachen durcheinandergehen und eine Definition mit Klärungsabsicht dann eine Korrektur dieses Vorverständnisses enthalten muß. Beispielsweise steht die Verwendung des Wortes ‚logisch' in dem folgenden Dialog nur in einer sehr lockeren Beziehung zu dem, was in der formalen Logik mit ‚logisch' gemeint ist: „Frage: Nimmst du noch ein Bier? Antwort: Logisch!" Daher kann die Definition etwa des Begriffs der logischen Folgerung keine rein analytische Definition sein, die bloß das Vorverständnis explizieren würde; sie muß vielmehr auch einen synthetischen Anteil enthalten, eine gewisse Festsetzung oder Übereinkunft. Wie aber soll dieser synthetische Anteil ausgewählt werden? Er soll so ausgewählt werden, daß die entstehende Definition oder, wie man dann auch sagt, die *Explikation* des Begriffs vor allem *genauer* und für den entsprechenden Wissenschaftszweig *fruchtbarer* ist als der ursprüngliche Begriff, dennoch aber mit ihm eine gewisse *Ähnlichkeit* aufweist. Dies ist eine zugegebenermaßen ziemlich vage Charakterisierung der Forderungen an eine gute Explikation, aber sie kann hier genügen. Man muß sich wegen dieser Vagheit allerdings darauf gefaßt machen, daß es möglicherweise mehr als ein Explikat für einen bestimmten Begriff gibt. Verschiedene Verschärfungen eines umgangssprachlich verwendeten Begriffs können durchaus hinsichtlich ihrer Fruchtbarkeit und hinsichtlich ihrer Ähnlichkeit mit dem ursprünglichen Begriff einander ebenbürtig sein; ja, die Existenz verschiedener Explikationsmöglichkeiten selbst kann sogar besonders fruchtbar sein. Es könnte also sein, daß der Begriff der logischen Folgerung auf mehr als eine Weise expliziert werden kann, d.h. daß man mehr als eine Definition (im Sinne einer Explikation) des Begriffs der logischen Folgerung finden kann.

Vorerst müssen wir uns aber über diese Möglichkeit keine Sorgen machen. Wir suchen also jetzt eine angemessene Definition des Begriffs der logischen Folgerung (‚Definition' ist im folgenden also im Sinne von ‚Explikation' zu verstehen). Dazu betrachten wir nun ein praktisches, gewissermaßen technisches Hilfsmittel, das die Formulierung von Explikationen erleichtert.

b) *Adäquatheitsbedingungen*

Unter *Adäquatheitsbedingungen* versteht man Forderungen, die eine gesuchte Definition im Sinne einer Explikation (oder auch einer analytischen Definition) erfüllen muß, damit sie adäquat ist. Adäquat soll die Definition sein in bezug auf die an die Explikation gestellten Forderungen, wie sie oben abstrakt aufgezählt wurden. Wenn man diese Forderungen für einen bestimmten Begriff konkretisiert, dann erhält man Adäquatheitsbedingungen; sie sind Zwischenschritte auf dem Weg zu einer adäquaten Definition. Vielfach geht man zur Formulierung von Adäquatheitsbedingungen so vor, daß man an typischen Beispielen charakteristische Eigenschaften der zu definierenden Sache abliest, d.h. Eigenschaften, die Merkmale des gesuchten Begriffes sein müssen. Wir sind bereits so vorgegangen (ohne uns das bewußt zu machen), um die Definitionen von a.l. Wahrheit und a.l. Falschheit zu finden. Die einzelnen Merkmale, die wir an Beispielen ablesen und als Adäquatheitsbedingungen für die Definition formulieren, sind *notwendige* Bedingungen an die Definition, d.h., die Definition muß sie erfüllen, soll sie adäquat sein. Im Idealfall findet man so viele Bedingungen, daß sie miteinander *hinreichend* für das Aufstellen der Definition sind. Ob das gelingt, wird sich herausstellen. Wir werden jetzt also ein

Beispiel für eine logische Folgerung betrachten und an ihm Adäquatheitsbedingungen für die Definition der logischen Folgerung ablesen.

Beispiel 2.19: Hans war betrunken oder er stand unter Drogeneinfluß.
Hans war nicht betrunken.

Also: Hans stand unter Drogeneinfluß.

Die erste Prämisse könnte im Bericht eines Verkehrspolizisten enthalten sein, der sich ein bestimmtes Bild der Fahrtüchtigkeit von Hans gemacht hat; das in der Aussage enthaltene ‚oder' liest man dabei zwanglos als einschließendes ‚oder'. Die zweite Prämisse könnte das Resultat eines Alkoholtests sein. Daraus ergibt sich die Konklusion. Wenn wir die Prämissen für wahr halten, dann ergibt sich zwingend – der Zwang ist der für die Logik spezifische Zwang –, daß die Konklusion ebenfalls wahr ist.

Umgangssprachlich spricht man hier von einem „richtigen" oder „korrekten" Schluß, vielleicht aber auch von einem „wahren Schluß". Bei der letzteren Formulierung ist aber unklar, was genau gemeint ist. Ist die *Korrektheit* (oder *Richtigkeit* oder *Gültigkeit*) der Folgerungs*beziehung* gemeint (d. h., *wenn* die Prämissen wahr sind, *dann* ist es auch die Konklusion), oder ist die *Wahrheit der Konklusion* gemeint, d. h. das faktische Zutreffen der Aussage ‚Hans stand unter Drogeneinfluß'? Dieser Unterschied ist, wie schon in Abschnitt I.1, S. 14 f., betont wurde, für die Logik von zentraler Bedeutung. Das läßt sich an der Existenz der folgenden Möglichkeiten sehen:

a) Es gibt korrekte Schlüsse mit falscher Konklusion.

b) Es gibt korrekte Schlüsse mit wahrer Konklusion.

c) Es gibt inkorrekte Schlüsse mit wahrer Konklusion.

d) Es gibt inkorrekte Schlüsse mit falscher Konklusion.

Mit anderen Worten: Die Korrektheit bzw. Inkorrektheit von Schlüssen auf der einen Seite und die Wahrheit bzw. Falschheit ihrer Konklusionen sind voneinander unabhängig; es kommen alle möglichen Kombinationen vor. Überzeugen wir uns von der Existenz der vier genannten Möglichkeiten durch Beispiele.

ad a): Wir nehmen Beispiel 2.19, wobei unterstellt wird, daß Hans' merkwürdiges Verhalten ausschließlich Folge eines epileptischen Anfalls ist. Die erste Prämisse ist dann falsch, weil ihre beiden Teilaussagen falsch sind, ebenso die Konklusion, aber die Gültigkeit der Folgerungsbeziehung ist davon nicht berührt. Hier noch ein etwas extremeres Beispiel für einen Schluß mit falschen Prämissen und falscher Konklusion, der aber dennoch korrekt ist:

Beispiel 2.20: Alle Kreise sind viereckig.
Einige Dreiecke sind Kreise.

Also: Einige Dreiecke sind viereckig.

Friedhelm Moser hat in seinem Buch *Der philosophische Flohmarkt* die Korrektheit dieses Schlusses so kommentiert: „Eigentlich ein Wunder, daß nicht alle Logiker in geschlossenen Anstalten enden“ (S. 92).

ad b): Beispiel 2.19, wobei die Wahrheit der Prämissen unterstellt wird.

ad c):

Beispiel 2.21: Wenn es regnet, ist die Straße naß.
Es regnet nicht.

Also: Die Straße ist nicht naß.

Die Inkorrektheit des Schlusses sieht man daran, daß in der ersten Prämisse nur etwas über den Straßenzustand gesagt wird, *falls* es regnet. In der zweiten Prämisse wird das Vorliegen dieses Falles gerade bestritten. Infolgedessen liefern die beiden Prämissen zusammen keinerlei Information über den aktuellen Straßenzustand; die Konklusion folgt nicht aus den Prämissen. Es könnte ja der Fall sein, daß trotz der unbestreitbaren Wahrheit der Prämissen gerade eine Straßenreinigungsmaschine im Einsatz ist oder ein Wasserrohr gebrochen ist, das die Straße überschwemmt. Auch wenn dies nicht der Fall ist, d. h. die Straße tatsächlich trocken ist, zeigt diese Möglichkeit, daß der Schluß nicht korrekt ist. Also: Der Schluß 2.21 ist nicht korrekt, was aber nicht ausschließt, daß die Konklusion wahr ist.

ad d): Beispiel 2.21, wobei die Straße aufgrund eines umgestürzten Getränketransporters reichlich benetzt ist.

Wegen der geschilderten Unabhängigkeit der Begriffe ‚korrekte Folgerung' und ‚wahre Konklusion' sollte man die zweideutige Ausdrucksweise ‚wahrer Schluß' oder ‚wahre Folgerung' unbedingt vermeiden und das Adjektiv ‚wahr' niemals auf eine *Relation zwischen Aussagen*, sondern nur auf *Aussagen selbst* anwenden. In der formalen Logik geht es nun nicht um die Wahrheit von Aussagen (ausgenommen die logische Wahrheit), sondern um die Korrektheit von Folgerungsbeziehungen.

Nachdem wir uns nochmals klargemacht haben, für welchen Begriff wir eigentlich eine (mehr oder weniger analytische) Definition finden wollen, können wir beginnen, Adäquatheitsbedingungen für den Begriff der (aussagen-)logischen Folgerung aufzustellen. Nehmen wir uns erneut Beispiel 2.19 vor, einen korrekten Schluß.

Beispiel 2.19: Hans war betrunken oder er stand unter Drogeneinfluß.
Hans war nicht betrunken.

Also: Hans stand unter Drogeneinfluß.

Worauf beruht eigentlich das Zwingende des Übergangs? Nun, offenbar darauf, daß in der ersten Prämisse behauptet wird, daß (mindestens) eine von zwei Möglichkeiten realisiert ist, in der zweiten Prämisse eine dieser Möglichkeiten ausgeschlossen wird und daher die andere Möglichkeit übrig bleibt; diese zweite Möglichkeit wird in der Konklusion aber gerade behauptet. Damit gehört es zum „Mechanismus" des Schlusses, daß der erste Halbsatz der ersten Prämisse in der zweiten Prämisse (verneint) wieder vorkommt, und der zweite Halbsatz der ersten Prämisse wieder in der Konklusion vorkommt. Das Zwingende des Übergangs lebt also offenbar von diesem *wiederholten Vorkommen* von (Teil-)Aussagen. Formulieren wir dies als die erste Adäquatheitsbedingung:

Bedingung 1: Die Gültigkeit des Schlusses ist abhängig vom mehrfachen Vorkommen bestimmter (Teil-)Aussagen.

Weiterhin gehört es zum Mechanismus des Schlusses, daß die beiden Halbsätze der ersten Prämisse durch ein ‚oder' miteinander verknüpft sind (deshalb oben die Rede von den *zwei Möglichkeiten*, die in der ersten Prämisse formuliert sind) und daß in der zweiten Prämisse das ‚nicht' vorkommt (deshalb oben die Rede vom *Ausschluß* einer dieser Möglichkeiten). Das Zwingende des Übergangs lebt also offenbar von den *spezifischen Junktoren*, die in den Prämissen (und evtl. der Konklusion) verwendet werden. Formulieren wir dies in der zweiten Adäquatheitsbedingung:

Bedingung 2: Die Gültigkeit des Schlusses ist abhängig von bestimmten in ihm vorkommenden Junktoren.

Nun sieht man schnell, daß es für die Korrektheit der Folgerung auf den spezifischen Sinn der mehrfach vorkommenden Teilaussagen nicht ankommt; wir hatten eine analoge Beobachtung auch schon bei der Diskussion der aussagenlogischen Wahrheit gemacht. Hier überzeugt man sich von der Irrelevanz des spezifischen Aussagesinns durch die Verwendung von Abkürzungen, die der Folgerung nichts von ihrer Nachvollziehbarkeit nehmen:

Beispiel 2.22: A_1 oder A_2
nicht A_1

Also: A_2

Damit können wir die nächste Adäquatheitsbedingung formulieren:

Bedingung 3: Die Gültigkeit des Schlusses ist unabhängig vom Sinn der in ihm vorkommenden (Teil-) Aussagen.

Bisher haben wir nur gesagt, wovon die Gültigkeit eines Schlusses *abhängt* bzw. nicht abhängt. Nun müssen wir noch sagen, worin diese Gültigkeit *besteht*. Es ist dies, wie ebenfalls schon in der Einleitung erläutert, der Wahrheitstransfer (Abschnitt I.1, Merkmal 1, S. 15 f.). Positiv gesprochen besagt der Wahrheitstransfer, daß die Wahrheit der Prämissen die Wahrheit der Konklusion garantiert; negativ gesprochen, daß wahre Prämissen niemals zusammen mit einer falschen Konklusion auftreten. Die Gültigkeit eines Schlusses schließt also eine bestimmte *Kombination* von Wahrheitswerten aus: ‚wahr' für alle Prämissen, was das gleiche ist wie ‚wahr' für die *Konjunktion* der Prämissen, und ‚falsch' für die Konklusion. Das ergibt die vierte und letzte Adäquatheitsbedingung:

Bedingung 4: Die Gültigkeit eines Schlusses verlangt Wahrheitstransfer, d. h., daß niemals eine wahre Prämissenkonjunktion zusammen mit einer falschen Konklusion auftritt.

In Bedingung 4 wird etwas über eine spezifische *Korreliertheit* der Wahrheitswerte der Prämissenkonjunktion und der Konklusion gesagt; sie ist die wichtigste Adäquatheitsbedingung und sie wird vielfach auch als einzige explizit genannt, wenn von korrekten Schlüssen die Rede ist. Allerdings genügt Bedingung 4 nicht zur Spezifizierung der *verschiedenen Arten* von korrekten Schlüssen, wie sie in verschiedenen Teilgebieten der Logik charakterisiert werden; alle diese erfüllen nämlich Bedingung 4. Erst unsere Bedingungen 1 bis 3 spezifizieren diejenigen Schlüsse, die uns hier interessieren, nämlich die aussagenlogischen Schlüsse.

c) *Verschärfung der Adäquatheitsbedingungen? I: Falschheitstransfer*

Bevor wir nun im nächsten Abschnitt aus diesen Adäquatheitsbedingungen die Definition des Begriffs der aussagenlogischen Folgerung herausdestillieren, muß hier noch ein mögliches Bedenken behandelt werden. Man könnte meinen, daß man noch eine weitere Adäquatheitsbedingung formulieren sollte, nämlich eine, die einen *Falschheitstransfer* verlangt:

Bedingung 5: Die Gültigkeit eines Schlusses verlangt Falschheitstransfer, d. h., daß niemals eine falsche Prämissenkonjunktion zusammen mit einer wahren Konklusion auftritt.

Man könnte sich auch eine Abschwächung von Bedingung 5 vorstellen, indem man verlangt, daß Falschheitstransfer nur stattfindet, wenn *alle* Prämissen falsch sind; in Bedingung 5 wird ja mehr verlangt, daß nämlich Falschheitstransfer stattfindet, sobald *eine* Prämisse falsch ist (dann ist nämlich die Prämissen*konjunktion* bereits falsch). Wir brauchen hier aber keine Entscheidung herbeizuführen, welche der beiden Versionen des Falschheitstransfers die angemessenere ist, weil wir beide Versionen des Falschheitstransfers zurückweisen müssen. Dazu betrachten wir folgendes Beispiel:

Beispiel 2.23: Wenn Tasso ein Hund ist, dann ist Tasso Vegetarier.
Wenn Tasso Vegetarier ist, dann jagt Tasso gerne Katzen.

Also: Wenn Tasso ein Hund ist, dann jagt Tasso gerne Katzen.

Die Prämissenkonjunktion ist offenbar falsch, weil beide Prämissen falsch sind: Hunde sind gerade keine Vegetarier, daher ist Tasso auch keiner, und Vegetarier jagen typischerweise gerade keine Katzen. Die Konklusion dagegen kann ohne weiteres auf Tasso zutreffen. Wie steht es mit der Gültigkeit des Schlusses? Um uns von den merkwürdigen Behauptungen von Beispiel 2.23 nicht verwirren zu lassen, wählen wir naheliegende Abkürzungen. Dann lautet der Schluß:

Beispiel 2.23a: Wenn H, dann V.
Wenn V, dann J.

Also: Wenn H, dann J.

Dieser Schluß scheint korrekt zu sein, daher ist auch das Original 2.23 korrekt. Trotz der Korrektheit des Schlusses hat aber kein Falschheitstransfer von den Prämissen auf die Konklusion stattgefunden.

Was sollen wir nun tun? Unserem Vorverständnis nach ist Beispiel 2.23 (und damit 2.23a) ein korrekter Schluß, aber dies widerspricht der ins Auge gefaßten Bedingung 5, und zwar in beiden Varianten dieser Bedingung (beide Prämissen sind falsch und damit erst recht die Prämissenkonjunktion). Was sollen wir nun verwerfen: Bedingung 5 oder Beispiel 2.23 als Repräsentanten eines korrekten Schlusses? Um diese Entscheidung *begründet* zu fällen, müssen wir den „Mechanismus" genauer betrachten, aufgrund dessen die wahre Konklusion aus den falschen Prämissen folgt oder zumindest zu folgen scheint.

Die Gültigkeit des Schlusses 2.23a scheint tatsächlich unangreifbar zu sein. Seine Gültigkeit entsteht ja so: Falls H gilt, dann gilt auch V. Falls V gilt, dann gilt auch J. Falls also H gilt, dann erhalte ich über den Zwischenschritt V auf jeden Fall die Gültigkeit von J. Also: Wenn H, dann J. Dann ist aber auch klar, auf welche Weise dieser korrekte Schluß bei falschen Prämissen eine wahre Konklusion erzeugen kann: Wenn nämlich der Wenn-dann-Übergang von H auf V und der von V auf J unzulässig, dagegen der Übergang von H auf J erlaubt ist. Von dem unzulässigen Übergang zu V (von H) und von V (zu J) merke ich in der wahren Konklusion natürlich nichts mehr, denn in ihr hat sich V gewissermaßen herausgekürzt. Damit ist auch klar, daß wir hier eine Methode entdeckt haben, wie man eine ganze Klasse von korrekten Schlüssen mit falschen Prämissen und wahren Konklusionen konstruieren kann: Wähle eine wahre Aussage ‚Wenn A, dann C'; sie wird die Konklusion des Schlusses. Suche eine Aussage B, so daß ‚Wenn A, dann B' und ‚Wenn B, dann C' falsch sind. Die beiden falschen Aussagen sind dann die Prämissen eines korrekten Schlusses mit dem wahren Satz als Konklusion.

Das Resultat ist demnach: Die Forderung nach Falschheitstransfer für korrekte Schlüsse, also Bedingung 5, ist in beiden Varianten *inadäquat*; wir werden sie also nicht in die Liste von Adäquatheitsbedingungen aufnehmen. Allerdings werden wir später noch einmal fragen müssen, ob unsere Liste von Adäquatheitsbedingungen wirklich vollständig ist (siehe Abschnitt II.2.4.f, S. 117 ff.).

d) *Definition*

Nun sind wir so weit, daß wir aus den Adäquatheitsbedingungen die Definition des Begriffs der aussagenlogischen Folgerung herausdestillieren können. Wir gehen in zwei Schritten vor.

1. Schritt: Wir fassen die Bedingungen 1 bis 3 zusammen. In ihnen wird gesagt, daß die Gültigkeit vom mehrfachen Vorkommen von Aussagen und von bestimmten Junktoren abhängig, aber unabhängig vom Sinn dieser Aussagen ist. Das besagt, daß die Gültigkeit eines Schlusses nur von geeigneten *aussagenlogischen Formen* von Prämissen und Konklusion abhängig ist, nicht aber von anderen Komponenten der Aussagen, insbesondere ihrem Sinn. Von „geeigneten“ a.l. Formen ist dabei die Rede, weil die Gültigkeit des Schlusses natürlich nur bei denjenigen a.l. Formen von Prämissen und Konklusion ausschließlich von der a.l. Form abhängt, bei denen nicht vom relevanten wiederholten Vorkommen von Teilaussagen und den entsprechenden Junktoren abstrahiert wurde. (Wem der Begriff der a.l. Form nicht mehr gegenwärtig ist, der sehe in Abschnitt II.1.2. Definition 2.1, S. 58, nach!) Jeder korrekte Schluß hat natürlich *auch* a.l. Formen, in denen die Korrektheit des Schlusses *nicht* zum Ausdruck kommt. So hat jeder korrekte Schluß mit zwei verschiedenen Prämissen und einer von beiden verschiedenen Konklusion auch die a.l. Form

p
q
—
r.

In dieser a.l Form aber kommt das spezifische Zusammenspiel von wiederholten (Teil-)Aussagen und Junktoren, wie es etwa für unser leitendes Beispiel 2.19 charakteristisch ist, nicht zum Ausdruck.

Man sieht, daß der Begriff der a.l. Form genau auf die Erfüllung der ersten drei Adäquatheitsbedingungen zugeschnitten ist: Die Trennlinie zwischen Form und Inhalt kann gerade so gewählt werden, daß das für die Gültigkeit einer Folgerung Relevante auf die Seite einer a.l. Form genommen wird und vom übrigbleibenden „Inhalt" der Aussagen abstrahiert wird.

2. *Schritt:* Wir wissen aus dem ersten Schritt, daß die Basis der Gültigkeit eines Schlusses bereits in geeigneten a.l. Formen von Prämissen und Konklusion liegt. Kürzen wir diese geeignete a.l. Form der Prämissenkonjunktion mit A, die der Konklusion mit B ab. Im folgenden müssen wir diejenige Eigenschaft von A und B angeben, die das Kriterium für die Gültigkeit des Schlusses darstellt: Haben A und B diese Eigenschaft, so liegt ein gültiger Schluß vor; haben sie sie nicht, so sind jedenfalls die a.l. Formen A und B nicht die Basis der etwaigen Gültigkeit des Schlusses.

Betrachten wir nun Bedingung 4. Sie verlangt, daß niemals eine wahre Prämissenkonjunktion zusammen mit einer falschen Konklusion auftritt. Hier scheint ein Paradox zu entstehen. In Bedingung 4 ist von einer bestimmten Korreliertheit der Wahrheitswerte von Prämissenkonjunktion und Konklusion die Rede. Das Ergebnis von Bedingung 1–3 ist, daß für die Korrektheit des Schlusses ausschließlich geeignete a.l. Formen verantwortlich sind, also z. B. A und B. Das

Paradox besteht darin, daß a.l. Formen weder wahr noch falsch sind, so daß man der Forderung nach einer bestimmten Korreliertheit der Wahrheitswerte von Prämissen und Konklusion auf der Abstraktionsebene ihrer a.l. Formen anscheinend gar nicht mehr nachkommen kann. Hier erhält nun der Begriff der extensionalen Interpretation seine Rolle und damit seine Rechtfertigung für die Logik. Denn manche Forderungen an *Wahrheitswerte von Aussagen* lassen sich als Forderungen an *extensionale Interpretationen von geeigneten a.l. Formen* dieser Aussagen reformulieren. In unserem konkreten Fall sieht das folgendermaßen aus.

Bedingung 4 verlangt, daß niemals eine wahre Prämissenkonjunktion zusammen mit einer falschen Konklusion auftritt. Auf der Ebene von a.l. Formen, in denen die Korrektheit des Schlusses zum Ausdruck kommt, also mittels der Formen A und B, kann diese Bedingung so reformuliert werden:

Bedingung 4.1: Diejenigen extensionalen Interpretationen, für die A wahr wird, müssen B ebenfalls wahr machen.

Ist Bedingung 4.1 erfüllt, so ist notwendig auch Bedingung 4 erfüllt, weil die Prämissenkonjunktion eine intensionale Interpretation von A und die Konklusion eine intensionale Interpretation von B ist.

Ich formuliere Bedingung 4.1 nun auf eine etwas künstliche Weise um. Der Grund für diese Umformulierung wird erst später offenbar werden: Sie wird eine sehr kompakte endgültige Formulierung von Bedingung 4 ermöglichen.

Bedingung 4.2: Die Formel $A \wedge \neg B$ darf für keine extensioniale Interpretation wahr sein.

Dies ist dasselbe wie Bedingung 4.1: Gäbe es nämlich eine Interpretation von $A \wedge \neg B$, die die Formel wahr macht, so müßte bei dieser Interpretation sowohl A als auch ¬ B wahr sein, d. h. A wahr und B falsch sein; gerade dies ist aber durch Bedingung 4.1 ausgeschlossen. Bedingung 4.2 läßt sich auch so ausdrücken:

Bedingung 4.3: Die Formel A ∧ ¬ B muß für alle extensionalen Interpretationen falsch sein.

Diese Forderung lautet positiv formuliert:

Bedingung 4.4: Die Formel ¬ (A ∧ ¬ B) muß für alle extensionalen Interpretationen wahr sein.

Weil ¬ (A ∧ ¬ B) aber nichts anderes als A → B ist – so habe ich das Konditional eingeführt –, besagt diese Forderung:

Bedingung 4.5: A → B muß für alle extensionalen Interpretationen wahr sein.

Weil Formeln, die für alle extensionalen Interpretationen wahr sind, gerade *logisch wahre* Formeln sind (Definition 2.9 der logischen Wahrheit), lautet das Ergebnis unseres zweiten Schrittes kurz und bündig:

Bedingung 4.6: A → B muß logisch wahr sein.

Da A → B eine a.l. Form der Aussage ‚Prämissenkonjunktion → Konklusion' ist, bedeutet die logische Wahrheit von A → B, daß die Aussage ‚Prämissenkonjunktion → Konklusion' logisch wahr ist.

Damit können wir endlich zur Definition des Begriffs der aussagenlogischen Folgerung kommen, zunächst bezogen auf Formeln und dann auf Aussagen:

Definition 2.11: 1. Ein Schluß von einer a.l. Formel A auf eine a.l. Formel B heißt *(aussagen-)logisch korrekter Schluß* genau dann, wenn A → B logisch wahr ist.

2. Ein Schluß von Prämissen auf eine Konklusion heißt *aussagenlogisch korrekter Schluß* genau dann, wenn die Aussage ‚Prämissenkonjunktion → Konklusion' aussagenlogisch wahr ist.

Statt von einem logisch *korrekten* Schluß spricht man auch von einem *richtigen*, *gültigen* oder *deduktiven* Schluß; statt von einem *Schluß* spricht man auch von einer *Folgerung* oder einer logischen *Implikation* (siehe zu letzterem aber die zweite Bemerkung im folgenden Teilabschnitt 2.4.e, S. 112); statt von einem logisch korrekten Schluß von A auf B bzw. von Prämissen auf eine Konklusion sagt man auch, A *impliziert* B bzw. die Prämissen *implizieren* die Konklusion.

Man beachte, daß im zweiten Teil der Definition eine logische Form der Aussage ‚Prämissenkonjunktion → Konklusion' betrachtet wird und auf Allgemeingültigkeit überprüft werden muß. Man könnte ja meinen, daß eine a.l. Form A der Prämissenkonjunktion und eine *unabhängig davon* wählbare a.l. Form B der Konklusion zu A → B verknüpft werden müßten und dann A → B auf Allgemeingültigkeit überprüft werden müßte. Letzteres ist aber unzulässig, weil in der zu untersuchenden a.l. Form das Auftreten gleicher Teilaussagen in Prämissen *und* Konklusion nicht berücksichtigt würde; das wiederholte Auftreten von Teilaussagen ist aber ein wesentliches Element des Mechanismus a.l. Folgerungen (siehe Adäquatheitsbedingung 1).

Mit einem Trick können die zwei Teile der Definition 2.11 zu einer einzigen Definition zusammengezogen werden:

Definition 2.11': Seien A und B Aussagen oder a.l. Formeln. Der Schluß von A auf B heißt *aussagenlogisch korrekt* genau dann, wenn A → B aussagenlogisch wahr ist.

Der Trick besteht darin, daß in Definition 2.11′ die geforderte aussagenlogische Wahrheit von A → B *Verschiedenes bedeutet*, je nachdem, ob A → B eine Aussage oder eine a.l. Formel ist. Ist A → B eine a.l. Formel, so bedeutet es, daß A → B für alle extensionalen Interpretationen wahr sein soll; ist A → B eine Aussage, so bedeutet es, daß A → B (mindestens) eine logisch wahre a.l. Form hat. Diese Art, zwei an sich verschiedene metalogische Definitionen, nämlich eine für Formeln und eine für Aussagen, im selben Satz zu formulieren, wird auch bei den folgenden metalogischen Definitionen Anwendung finden.

Für die logische Folgerung gibt es ein abkürzendes Zeichen, nämlich ‚⊨'. ‚Aus A folgt logisch B' wird dann ‚A ⊨ B' geschrieben, wobei A und B Aussagen oder a.l. Formeln sein können. Diese Verwendung des Zeichens ‚⊨' ist übrigens mit seiner Verwendung für die logische Wahrheit völlig verträglich. ‚A ⊨ B' bedeutet: die Wahrheit von B ist garantiert durch die Wahrheit von A, während ‚⊨ B' bedeutet: die Wahrheit von B ist garantiert ohne weitere Voraussetzungen.

Betrachten wir nun die Anwendung dieser Definition auf ein konkretes Beispiel. Wir wählen dazu Beispiel 2.19, an dem die Adäquatheitsbedingungen abgelesen worden waren:

Beispiel 2.19: Hans war betrunken oder er stand unter Drogeneinfluß.
Hans war nicht betrunken.

Also: Hans stand unter Drogeneinfluß.

Wir hatten für Beispiel 2.19 schon Abkürzungen verwendet und so Beispiel 2.21 erhalten:

Beispiel 2.21: A_1 oder A_2
nicht A_1

Also: A_2

Die Prämissenkonjunktion, von der in Definition 2.11 die Rede ist, ist hier $(A_1 \vee A_2) \wedge \neg A_1$; die Konklusion ist A_2. Nun müssen wir gemäß der Definition zu einer a.l. Form der Aussage $[(A_1 \vee A_2) \wedge \neg A_1] \rightarrow A_2$ übergehen. Naheliegenderweise wählen wir diejenige Form, bei der alle Junktoren erhalten bleiben, also $[(p \vee q) \wedge \neg p] \rightarrow q$. Jetzt ist nachzuprüfen, ob diese Formel logisch wahr ist. Das geht problemlos mit der Wahrheitstafel für diese Formel:

[(p	∨	q)	∧	¬	p]	→	q
w		w			w	**w**	w
w		f	f	f	w	**w**	f
f		w			f	**w**	w
f	f	f	f		f	**w**	f

Offenbar ist die Formel logisch wahr – aber eigentlich haben wir auch nichts anderes erwartet. (Ich habe bei der Aufstellung dieser Wahrheitstafel aus Ökonomiegründen einige Wahrheitswerte nicht eingetragen, nämlich solche, die man für die Ermittlung des Wahrheitswerts der Hauptspalte nicht benötigt. Wenn man die Auswertung von hinten beginnt, muß man bei der Zuordnung von w für das Hinterglied des Konditionals das Vorderglied nicht mehr auswerten: Das Konditional ist dann ohnehin wahr.)

e) *Bemerkungen und Ergänzungen zur Definition*

1. Man beachte den unterschiedlichen Charakter, den die beiden Teile der Definition 2.11 haben. Der erste Teil, in dem die logische Folgerung für a.l. *Formeln* definiert wird, ist eine *synthetische* Definition. Hier wird ein Begriff für ein bestimmtes Verhältnis von Formeln eingeführt, und dieser Begriff hat eine Abkürzungsfunktion. Dagegen haben wir

bereits ein Vorverständnis von der logischen Folgerung, die sich auf Aussagen bezieht, und man spricht im Alltag dementsprechend auch von korrekten und inkorrekten logischen Schlüssen. Der zweite Teil von Definition 2.11 ist demnach eine Explikation eines schon im Gebrauch befindlichen Begriffs, so wie ich dies am Ende von Abschnitt II.2.4.a, S. 94 ff., angekündigt hatte. Den ersten Teil der Definition können wir demnach nur danach beurteilen, ob er eine nützliche Abkürzung darstellt, den zweiten Teil dagegen danach, ob die gegebene Definition, d. h. Explikation adäquat ist (in Abschnitt II.2.4.f, S. 117 ff., werden wir diese Frage erneut stellen). Die komprimierte Definition 2.11′ ist nun, was ihren Charakter als Definition anlangt, innerlich zerrissen und darum potentiell enorm irreführend: Für Formeln handelt es sich um eine synthetische Definition, für Aussagen um eine Explikation. Dies ist nur eines der Argumente dafür, warum man in der Logik genau zwischen Aussagen und Formen von Aussagen unterscheiden sollte.

2. Es ist wichtig, den Unterschied zu beachten, der zwischen dem Konditional und der logischen Folgerung besteht. Die Verwischung dieses Unterschieds wird auch dadurch nahegelegt, daß das Konditional auch „(materiale) Implikation" und die logische Folgerung auch „(logische) Implikation" genannt werden. Das Konditional (das in der Definition der logischen Folgerung selbst vorkommt) ist eine *Aussageverknüpfung*: Es bildet aus zwei Aussagen eine neue Aussage und gehört entsprechend der objektsprachlichen Stufe an. Demgegenüber ist der Begriff der logischen Folgerung keineswegs eine Aussageverknüpfung; er gehört der *Metaebene* an und bezeichnet eine bestimmte Relation zwischen Aussagen der Objektebene.

3. Will man die aussagenlogische Korrektheit eines Schlusses zwischen Aussagen nachweisen, so muß man gemäß dem zweiten Teil von Definition 2.11 die a.l. Wahrheit der Aus-

sage ‚Prämissenkonjunktion → Konklusion' nachweisen. Wenn man hier eine sofortige Entscheidung sucht und nicht verschiedene a.l. Formen durchprobieren will, kann man gleich die feinkörnigste a.l. Form von ‚Prämissenkonjunktion → Konklusion' betrachten. Gemäß dem Korollar zum Substitutionstheorem (Abschnitt 2.2.b, S. 86) ist ja eine Aussage genau dann a.l. wahr, wenn ihre feinkörnigste logische Form allgemeingültig ist.

4. Die explizite Definition des Begriffs der aussagenlogischen Folgerung ist der Kulminationspunkt der bisherigen Einführung in die Aussagenlogik, auf den hin alles strukturiert war. Mit dieser Definition werden die Begründungen für Behauptungen gegeben, die an früheren Stellen gemacht worden sind:

- Es ist sinnvoll, die Gleichheit und Verschiedenheit von Aussagen der a.l. Form zuzurechnen, weil das Zwingende der aussagenlogischen Folgerung von ihnen abhängt.
- Es ist aus dem gleichen Grunde sinnvoll, die Junktoren der a.l. Form zuzurechnen.
- Es ist sinnvoll, das Konditional so einzuführen, wie wir es getan haben, weil es für den Begriff der logischen Folgerung benötigt wird.
- Es ist aus dem gleichen Grunde sinnvoll, sich mit extensionalen Interpretationen und der Wahrheitswertanalyse von a.l. Formeln zu beschäftigen.
- Es ist aus dem gleichen Grunde sinnvoll, vor dem Begriff der logischen Folgerung den der logischen Wahrheit einzuführen.

5. Durch Definition 2.11 gewinnen wir ein tieferes Verständnis für die logische Folgerung. Die Korrektheit eines Schlusses von einer Aussage A auf eine Aussage B ist gemäß dieser Definition äquivalent mit der logischen Wahrheit von A → B. Wer also die Korrektheit eines gemäß Definition 2.11

korrekten Schlusses bestreitet, muß *leugnen*, daß die Aussage $A \rightarrow B$ logisch wahr ist. Das bedeutet, daß man leugnen muß, daß einer Aussage, die gemäß Definition 2.9 eine logische Wahrheit ist, der Charakter der zwingenden Wahrheit zukommt. Wer also die Korrektheit eines Schlusses wie z. B.

Beispiel 2.21: A_1 oder A_2
nicht A_1

Also: A_2

leugnet, leugnet die Wahrheit einer Aussage von der gleichen Art wie $B \vee \neg B$ (hier von $[A_1 \vee A_2] \wedge \neg A_1 \rightarrow A_2$), also einer Aussage, deren Wahrheit zwingend aus ihrer Konstruktion folgt. Umgekehrt gesagt bedeutet die Anerkennung des Zwingenden von logischen Schlüssen, den spezifischen Wahrheitscharakter logischer Wahrheiten anzuerkennen, also der Wahrheit von Aussagen, die ausschließlich auf den Aussagen selbst beruht und nicht, wie sonst bei Wahrheiten, auf irgendwelchen Tatsachen *außerhalb der Aussage selbst* oder auf *anderen* wahren Aussagen (vergleiche Abschnitt II.2.2.a, S. 83 f.).

6. Hier zwei besonders wichtige a.l. Schlüsse, die auch heute noch unter ihren lateinischen Namen bekannt sind, der modus ponens und der modus tollens. Der *modus ponens* (auch *modus ponendo ponens*), deutsch als „Abtrennungsregel" bezeichnet, besagt, daß man aus den Prämissen $A \rightarrow B$ und A die Konklusion B folgern kann. „Abtrennungsregel" heißt der Schluß, weil durch den Schluß das Hinterglied B aus dem Konditional abgetrennt wird. Der Beweis für die Gültigkeit des modus ponens besteht im Beweis der logischen Wahrheit der Formel $[(p \rightarrow q) \wedge p] \rightarrow q$ (siehe Übung 2.14). Der *modus tollens* besagt, daß man aus den Prämissen $A \rightarrow B$ und $\neg B$ die Konklusion $\neg A$ folgern kann. Der Grund hierfür ist natürlich, daß $[(p \rightarrow q) \wedge \neg q] \rightarrow \neg p$ lo-

gisch wahr ist (siehe Übung 2.14). Der modus tollens ist in der Wissenschaftstheorie Karl Poppers, dem „Kritischen Rationalismus" oder „Falsifikationismus", von entscheidender Bedeutung. Grob gesagt besteht eine Falsifikation einer Hypothese A darin, daß zunächst gezeigt wird, daß sie einen bestimmten Beobachtungssatz B impliziert, d. h., daß $A \rightarrow B$ logisch wahr ist, dann B empirisch überprüft wird und sich als falsch herausstellt, d. h., $\neg B$ wahr ist. Daraus folgt nach modus tollens $\neg A$, d. h. A ist falsch, oder: A ist aufgrund der empirischen Daten $\neg B$ falsifiziert.

7. Es gibt auch logische Schlüsse aus einer, drei oder noch mehr Prämissen. Auf ein Beispiel werden wir zu Beginn des folgenden Abschnitts stoßen.

Übung 2.15

1. Formulieren Sie zu den folgenden beiden Prämissen eine naheliegende Konklusion und zeigen Sie, daß der entstehende Schluß aussagenlogisch gültig ist:

a) Wenn Dummheit lernbar ist, dann wird überall fleißig gelernt.

b) Wenn überall fleißig gelernt wird, dann gibt es zufriedene Lehrer.

2. Ein Argument von Descartes aus der 6. Meditation kann folgendermaßen rekonstruiert werden:

Der Körper ist seiner Natur nach teilbar.
Wenn Körper und Geist ein und dasselbe sind, dann ist der Geist teilbar.
Der Geist ist seiner Natur nach aber unteilbar.
Also gilt: Körper und Geist sind nicht ein und dasselbe.

Überprüfen Sie aussagenlogisch die Gültigkeit des Arguments.

3. Beurteilen Sie aussagenlogisch das folgende Argument, das sich auf die Grundlagen der Ethik bezieht:

Wenn der Subjektivismus oder der Utilitarismus richtig ist, dann sind ethische Begriffe auf empirische Begriffe reduzierbar.

Keine dieser beiden Positionen ist aber richtig.

Also sind ethische Begriffe nicht auf empirische Begriffe reduzierbar.

4. Beurteilen Sie aussagenlogisch das folgende Argument, das im August 1995 als Anzeige in der Neuen Zürcher Zeitung (NZZ) abgedruckt war:

Wer die NZZ liest,

hat einen weiteren Horizont.
Wer einen weiteren Horizont hat,
ist auf der Höhe.
Wer auf der Höhe ist,
muß schwindelfrei sein.
Wer schwindelfrei ist,
kann besser klettern.
Wer besser klettern kann,
stürzt nicht ab.
Wer nicht abstürzt,

bekommt keinen Kater.

Übung 2.16

Überprüfen Sie, ob einer der beiden folgenden Sätze den anderen impliziert:

a) Die Gesellschaft ist dann und nur dann zu Schadensersatz verpflichtet, wenn sie eine Aktiengesellschaft ist und spätestens 1989 gegründet worden ist.

b) Wenn die Gesellschaft eine Aktiengesellschaft ist, dann ist sie spätestens 1989 gegründet worden und zu Schadensersatz verpflichtet; und wenn die Gesellschaft keine Aktiengesellschaft ist, dann ist sie nicht spätestens 1989 gegründet und nicht zu Schadensersatz verpflichtet.

f) *Verschärfung der Adäquatheitsbedingungen? II: Die sogenannten Paradoxien der Implikation*

In Abschnitt II.2.4.c, S. 102, hatten wir die Frage behandelt, ob die bisherige Liste von vier Adäquatheitsbedingungen, die wir an eine angemessene Explikation des Begriffs der logischen Folgerung gestellt haben, durch weitere Bedingungen erweitert werden muß. Diese Frage ergab sich daraus, daß nicht klar war, ob nicht auch der Falschheitstransfer eine Eigenschaft der logischen Folgerung ist. Die Diskussion ergab zweifelsfrei, daß dies nicht der Fall ist. Aber die Frage nach einer Überprüfung bzw. Erweiterung der Liste der Adäquatheitsbedingungen stellt sich erneut, wenn wir folgendes Beispiel betrachten:

Beispiel 2.24: Der Wald ist grün und der Wald ist nicht grün.

Also: Morgen ist Weihnachten.

Es handelt sich hierbei nämlich um einen *gemäß der Definition 2.11* korrekten a.l. Schluß, und zwar wegen der logischen Wahrheit von $p \land \neg p \rightarrow q$ (siehe Übung 2.14). Ein ähnliches Beispiel ist

Beispiel 2.25: Morgen ist Ostern.

Also: Die Umweltprobleme gibt es oder es gibt sie nicht.

Auch dieser Schluß ist gemäß Definition 2.11 korrekt, da $p \rightarrow q \vee \neg q$ eine a.l. wahre Formel ist (Übung 2.14). Schlüsse von der Art von Beispiel 2.24 und 2.25 werden vielfach die „Paradoxien der Implikation" genannt, weil wir hier spontan nicht von korrekten Schlüssen sprechen würden (die Prämissen und die Konklusion haben nichts miteinander zu tun), sie aber dennoch gemäß der klassischen Logik als korrekte Schlüsse zu gelten haben.

Hinsichtlich der Einschätzung von Schlüssen wie 2.24 und 2.25 gehen in der Logik die Meinungen weit auseinander. Manche sehen in ihnen Paradoxien in einem relativ harmlosen Sinn: Hier werden lediglich unsere *unreflektierten* Erwartungen hinsichtlich logischer Folgerungen enttäuscht, und bei genauerem Hinsehen läßt sich akzeptieren, daß die Logik solche Folgerungen als korrekt klassifiziert. Andere dagegen sehen in solchen Schlüssen eine grundsätzliche Begrenztheit der sogenannten klassischen (Aussagen-)Logik. In ihren Augen zeigt sich an solchen Beispielen die Inadäquatheit der klassischen Logik, die man dementsprechend durch eine adäquatere logische Theorie ersetzen muß. Analysieren wir nun, warum die Beispiele 2.24 und 2.25 von Definition 2.11 als korrekte Schlüsse klassifiziert werden, um beide Standpunkte ein Stück weit zu verstehen.

In 2.24 ist die *Prämisse* eine *logische Falschheit*: ‚Der Wald ist grün und der Wald ist nicht grün.' Daraus ergibt sich sofort die Korrektheit des Schlusses gemäß Definition 2.11, denn ein Konditional mit falschem Vorderglied ist stets wahr, unabhängig vom Wahrheitswert des Hintergliedes. Damit wird einsichtig, warum Beispiel 2.24 trotz der vierten Adäquatheitsbedingung, die verlangt, daß niemals wahre Prämissen zusammen mit einer falschen Konklusion auftreten (Abschnitt II.2.4.b, S. 102), unter die Definition 2.11 fallen kann: Bedingung 4 wird deshalb nicht verletzt, weil bei 2.24 die Prämisse niemals wahr sein kann. Schlüsse dieser Art erhielten übrigens im Mittelalter die Bezeichnung „ex falso quodlibet": aus dem Falschen folgt Beliebiges (genauer sollten sie natürlich „ex contradictione quodlibet" heißen: aus dem Widerspruch folgt Beliebiges).

Ähnlich verhält es sich mit Beispiel 2.25. Hier ist die *Konklusion* eine *logische Wahrheit*: ‚Die Umweltprobleme gibt es oder es gibt sie nicht.' Daraus ergibt sich sofort die Korrektheit des Schlusses gemäß Definition 2.11, denn ein Konditional mit wahrem Hinterglied ist stets wahr, unabhängig vom Wahrheitswert des Vordergliedes. Damit wird einsichtig, warum Beispiel 2.25 unter Definition 2.11 fällt: Der von der vierten Adäquatheitsbedingung verbotene Fall kann wegen der logischen Wahrheit der Konklusion nicht eintreten, ganz unabhängig vom Wahrheitswert der Prämisse.

Somit gelangen wir zu einer Diagnose, warum die Beispiele 2.24 und 2.25 gemäß unserem Vorverständnis keine korrekten Folgerungen sind, von Definition 2.11 aber dennoch als korrekte Folgerungen klassifiziert werden: Weil die Prämisse von Beispiel 2.24 logisch falsch ist, ist das zu überprüfende Konditional logisch wahr. Jedoch findet dabei natürlich keinerlei Wahrheitstransfer von der Prämisse auf die Konklusion statt. Ähnlich ist auch Beispiel 2.25 gemäß unserem Vorverständnis kein korrekter Schluß, weil die Wahrheit der Konklusion vollkommen unabhängig vom Wahrheitswert der Prämisse ist. Bei einem gemäß Vorverständnis korrekten Schluß aber findet ein Wahrheits*transfer* statt, d. h., aus der unterstellten Wahrheit der Prämissen geht die Wahrheit der Konklusion hervor, was einen gewissen inhaltlichen Zusammenhang von Prämissen und Konklusion voraussetzt. In beiden Fällen findet also nicht wirklich ein Wahrheits*transfer* statt, eine *Übertragung* der Wahrheit der Prämissen auf die Konklusion: Prämissen und Konklusion sind in beiden Fällen inhaltlich voneinander völlig unabhängig.

Nach dieser Diagnose haben wir zwei Optionen. Gemäß der ersten Option sind wir bereit, an unserem Vorverständnis von der logischen Folgerung, das etwa die Schlüsse 2.24 und 2.25 als inkorrekt betrachtet, Korrekturen anzubringen. Das Argument hierfür würde lauten, daß diese Fälle von unserem Vorverständnis korrekter Schlüsse nicht wirklich *ausgeschlossen* sind, sondern von ihm nur *nicht abgedeckt* sind. Denn in diesen Fällen steht ja der Wahrheitstransfer als vorhanden oder nicht vorhanden gar nicht zur Debatte; die Erfüllung von Adäquatheitsbedingung 4 wird nicht durch eine spezifische Korreliertheit der Wahrheitswerte von Prämissen und Konklusion erreicht, sondern durch den Wahrheitswert der Prämissen bzw. der Konklusion allein. Insofern kollidiert Definition 2.11 genau besehen nicht mit unserem Vorverständnis, sondern fällt nur für die von unserem Vorverständnis nicht abgedeckten Fälle eine Entscheidung hinsichtlich ihrer Korrektheit. Wir müssen uns einfach daran gewöhnen, daß in der formalen Logik hier eine Entscheidung gefällt wird; wir werden dafür mit einer ziemlich einfachen und sehr durchsichtigen Theorie der logischen Folgerung belohnt.

Gemäß der zweiten Option darf aber auf das Merkmal des Wahrheits*transfers* bei korrekten Schlüssen nicht verzichtet werden; sich an die sogenannten Paradoxien der Implikation zu gewöhnen und sie als gegeben zu akzeptieren wäre grundfalsch. Das tatsächlich bestehende und grundsätzliche Problem von Definition 2.11 ist, daß ihre Erfüllung den Wahrheitstransfer nicht garantiert. Bei Beispiel 2.24 kann es grundsätzlich keinen Wahrheitstransfer von der Prämisse auf die Konklusion geben, denn die Prämisse *kann* als logische Falschheit nicht wahr sein. Bei Beispiel 2.25 besteht kein Wahrheitstransfer von der Prämisse auf die Konklusion, denn die Konklusion ist als logische Wahrheit *ohnehin* wahr, ganz unabhängig vom Wahrheitswert der Prämisse. Betrachten wir zum Kontrast erneut Beispiel 2.19: ‚Hans war betrunken oder er stand unter Drogeneinfluß; Hans war nicht betrunken; also: Hans stand unter Drogeneinfluß.' Wir hatten früher bereits festgestellt, daß das Zwingende des Übergangs u.a. davon lebt, daß in dem Schluß Teilaussagen wiederholt vorkommen (Abschnitt II.2.4.b, S. 103); diese Wiederholung stellt in Beispiel 2.19 einen bestimmten inhaltlichen *Zusammenhang* von Prämissen und Konklusion her. Nun kommen zwar auch in 2.24 und 2.25 Teilaussagen wiederholt vor, nämlich ‚Der Wald ist grün' bzw. ‚Die Umweltprobleme gibt es'. Aber in Beispiel 2.24 kommt ‚Der Wald ist grün' beide Male in der Prämisse und ‚Die Umweltprobleme gibt es' in Beispiel 2.25 beide Male in der Konklusion vor. Diese Tatsache ist für die Gültigkeit (gemäß Definition 2.11) der Schlüsse 2.24 und 2.25 wesentlich, denn dadurch (und durch die Negation) wird bei 2.24 die Prämisse logisch falsch und bei 2.25 die Konklusion logisch wahr. Aber einen inhaltlichen *Zusammenhang* zwischen Prämisse und Konklusion, wie das in Beispiel 2.19 der Fall ist, stiftet dieses wiederholte Vorkommen nicht.

Gemäß dieser zweiten Option sind somit die Beispiele 2.24 und 2.25 inkorrekte Schlüsse, weil ihnen ein inhaltlicher Zusammenhang zwischen Prämissen und Konjunktion abgeht, der für wirklichen Wahrheitstransfer unabdingbar ist. Aber wie konnte das passieren, wo wir doch die Definition 2.11 aufgrund einer sorgfältigen Diskussion von Adäquatheitsbedingungen gewonnen haben? Der Grund ist in der Formulierung von Adäquatheitsbedingung 4 zu finden. Diese lautete (Abschnitt II.2.4.b, S. 102): „Die Gültigkeit eines Schlusses verlangt Wahrheitstransfer, *das heißt,* daß niemals wahre Prämissen zusammen mit einer falschen Konklusion auftreten." Tatsächlich aber bedeutet gemäß der zweiten Option der Wahrheitstransfer *mehr* als den bloßen Ausschluß der Möglichkeit, daß wahre Prämissen zusammen mit einer falschen Konklusion auftreten, wie die Beispiele 2.24 und 2.25 vor Augen führen. Wir benötigen demnach keine zusätzlichen Adäquatheitsbedingungen, um den aufgetretenen Defekt zu beheben. Vielmehr dürfen wir die Forderung nach *Wahrheitstransfer* nicht mit der Forderung identifizieren, daß *niemals wahre Prämissen zusammen mit einer falschen Konklusion auftreten*, wie das mit dem „das heißt" in Bedingung 4 geschehen ist. Somit ist gemäß dieser Option eine Korrektur von Adäquatheitsbedingung 4 notwendig, die etwa so aussehen könnte:

Bedingung 4:* Die Gültigkeit eines Schlusses verlangt Wahrheitstransfer, d. h., daß

1. niemals wahre Prämissen zusammen mit einer falschen Konklusion auftreten und
2. ein bestimmter inhaltlicher Zusammenhang von Prämissen und Konklusion besteht.

Man kann nicht behaupten, daß Bedingung 4* besonders konkret formuliert ist, ist doch in ihr völlig offen, worin der geforderte „bestimmte inhaltliche Zusammenhang von Prämissen und Konklusion" genau bestehen soll. Diese vage Formulierung ist aber mit Bedacht gewählt, denn die Frage, wie dieser inhaltliche Zusammenhang genauer zu bestimmen ist, ist ein bis heute nicht zur allgemeinen Zufriedenheit gelöstes Grundproblem der Logik. Insbesondere in den letzten Jahrzehnten ist dieses Problem intensiv diskutiert worden, aber leider ohne durchschlagenden Erfolg. Infolgedessen ist auch die Umsetzung von Bedingung 4* in eine allgemein akzeptierte Definition der logischen Folgerung nicht gelungen. Grundsätzlich gibt es zwei Möglichkeiten, um zu einer besseren Definition der logischen Folgerung zu kommen. Entweder *ergänzt* man Definition 2.11 durch zusätzliche Bedingungen, die einen inhaltlichen Zusammenhang von Prämissen und Konklusion und damit wirklichen Wahrheitstransfer garantieren; diesen Weg geht die „komplexe Logik". Oder aber, und dies ist der häufiger beschrittene Weg, man verwendet in der Definition der logischen Folgerung nicht mehr das Konditional: Es ist nämlich die *Extensionalität* des Konditionals, die hier die Quelle allen Übels ist. A → B ist ja wahr, wenn A falsch oder B wahr ist, unabhängig davon, ob irgendein inhaltlicher Zusammenhang zwischen A und B besteht, was unserem Vorverständnis des ‚wenn …, dann …' zuwiderläuft. Man hat daher versucht, das ‚wenn A, dann B' durch andere Aussageverknüpfungen wiederzugeben, die nun nicht mehr extensional sind. Um die Verschärfung gegenüber dem Konditional anzudeuten, das ja auch „(materiale) Implikation" genannt wird, hat man diese Verknüpfungen als „strikte", „relevante" oder „strenge" Implikation bezeichnet. Allerdings hat sich, wie schon die Vielfalt der Bezeichnungen andeutet, bislang kein Konsens ergeben, wie das ‚wenn …, dann …', mit dem man die Prämissen und die Konklusion eines Schlusses miteinander verbindet, nun angemessen zu explizieren sei. Dementsprechend findet man in der logischen Literatur eine Reihe verschiedener Explikationsvorschläge.

Vielfach geht man dabei so vor, daß man zunächst diejenigen Schlüsse identifiziert, die gemäß der traditionellen Aussagenlogik gültig, dem eigenen Vorverständnis nach aber nicht gültig sind und dementsprechend in der neuen Logik auch nicht als gültig klassifiziert sein sollen. Solche Schlüsse sind dann Testfälle, an denen die neuen Definitionsvorschläge für die logische Folgerung überprüft werden können. An diesen Beispielen traditionell-aussagenlogisch gültiger, aber nicht gültig sein sollender Schlüsse entzündet sich dann vielfach der bislang unschlichtbare Streit der Logiker. Ich möchte hier folgende Position verteidigen: Der Schluß in

Beispiel 2.24, der das ‚ex falso quodlibet' exemplifiziert, ist deshalb inkorrekt, weil aus A ∧ ¬ A *nichts* gefolgert werden darf (außer A ∧ ¬ A selbst oder eine andere logische Falschheit), und das heißt insbesondere, *weder* A *noch* ¬ A, geschweige denn ein beliebiges B. Diese Behauptung mag deshalb als besonders anstößig erscheinen, weil das Folgern von A aus A ∧ ¬ A ein spezieller Fall des Folgerns von A aus A ∧ B ist, und die Gültigkeit dieses Schlusses bislang noch nie bezweifelt worden ist. Wie sollte man dies auch angreifen: Wenn die Wahrheit von A *und* von B zugestanden ist, dann darf man doch auf die Wahrheit von A (oder die von B) schließen. Tatsächlich möchte ich die Gültigkeit dieser Schlußregel auch nicht generell bestreiten, aber ich möchte ihre Anwendbarkeit auf diejenigen Fälle beschränken, in denen B verschieden von ¬ A ist (wenn A und B atomare Aussagen sind). Mit anderen Worten: *Aus* A ∧ ¬ A *folgt nichts, nicht einmal* A *selbst* (höchstens A ∧ ¬ A oder eine andere logische Falschheit folgt aus A ∧ ¬ A). Wie läßt sich diese Behauptung begründen?

Ein erster Begründungsweg knüpft in folgender Weise an unserem Vorverständnis an. Die Prämissen eines korrekten Schlusses müssen zumindest *potentiell* wahr sein: Ich muß *denken* können, sie seien wahr – wie kontrafaktisch diese Annahme auch sein mag –, um herauszufinden, auf welche Aussagen sich diese unterstellte Wahrheit zwangsläufig überträgt. Gemäß unserem Vorverständnis ist daher das *potentielle* Wahrsein der Prämissen eine Voraussetzung für die Korrektheit von Schlüssen. Das potentielle Wahrsein der Prämissen ist aber kein Bestandteil von Definition 2.11, und genau diese „Lücke" der Definition wird von Beispiel 2.24 schamlos ausgenutzt, weil hier die Prämisse eine logische Falschheit ist, der nicht einmal probeweise – um herauszufinden, was aus ihr folgen würde – Wahrheit unterstellt werden kann.

Ein zweiter Begründungsweg knüpft an der am Ende von Abschnitt II.2.3, S. 91, gegebenen Charakterisierung der logischen Falschheit an. Dort wurde gesagt, daß logische Falschheiten Aussagen sind, mit denen sich keine Behauptungen aufstellen lassen. Wenn man dies akzeptiert, dann würde die Schlußregel ‚Aus A ∧ ¬ A folgt A' bedeuten, daß man aus einer Aussage, mit der sich nichts behaupten läßt, eine Aussage folgern kann, mit der sich sehr wohl etwas behaupten läßt, nämlich A (falls A nicht selbst eine logische Wahrheit oder eine logische Falschheit ist). Anders gesagt: Aus der absolut uninformativen Aussage A ∧ ¬ A ließe sich die informative Aussage A ableiten. Dies widerspricht der allgemein akzeptierten Auffassung, daß die logisch korrekten Schlüsse nicht „ampliativ", auf deutsch: nicht *gehaltsvermehrend*, sind. Gemeint ist damit, daß in der Konklusion nicht mehr enthalten sein kann als dasjenige, was in den Prämissen – mehr oder weniger deutlich – ohnehin schon enthalten ist; wie anders sollte sich sonst die Zwangsläufigkeit eines logischen Schlusses auch ergeben. Wenn nun die Prämisse eines Schlusses eine Aussage ist, die so beschaffen ist, daß mit ihr keine Behauptungen gemacht werden können, dann ist schwer einzusehen, wieso man mit der Konklusion Behauptungen machen kann. Hier hätte die Konklusion eine qualitativ neue Eigenschaft, die der Prämisse abgeht, und die der Konklusion dementsprechend nicht aufgrund eines Transfers von der Prämisse zukommen kann. Viel plausibler als die als möglich unterstellte Folgerung von A (oder ¬ A) aus A ∧ ¬ A scheint mir die Auffassung, daß sich in der logischen Falschheit A ∧ ¬ A die Aussagen A und ¬ A gegenseitig vollständig neutralisieren oder aufheben, so daß das Folgern *des einen oder des anderen* aus A ∧ ¬ A unmöglich ist.

Ich bin mir im klaren darüber, daß der Vorschlag, aus A ∧ ¬ A ließe sich nichts anderes folgern als A ∧ ¬ A selbst (oder irgendeine andere logische Falschheit), ziemlich radikal ist. Insbesondere ist der Schluß von $A \wedge \neg A$ auf A ein Spezialfall des Schlusses von $A \wedge B$ auf A, und diese Gültigkeit des letzteren Schlusses ist in der Logik absolut unangefochten. Warum sollte die Substitution von $\neg A$ für B an dieser Gültigkeit etwas ändern? Gemäß der hier gegebenen Analyse ist diese Substitution aber im folgenden Sinn singulär: Sie zerstört ein Charakteristikum, das die Aussage $A \wedge B$ normalerweise hat, daß mit ihr nämlich Behauptungen gemacht werden können. Dieser Singularität ist es zu verdanken, daß die Folgerungsmenge von $A \wedge B$, das ist die Menge aller aus $A \wedge B$ zu folgernden Aussagen, drastisch eingeschränkt wird, sobald für B der Ausdruck $\neg A$ eingesetzt wird.

Es gibt folgenden naheliegenden Einwand gegen diesen Vorschlag. Wenn man akzeptiert, daß aus einer logischen Falschheit nichts gefolgert werden kann (außer sie selbst oder eine andere logische Falschheit), dann verliert man ein für die Mathematik wesentliches, aber auch in anderen Situationen verwendetes Beweisverfahren, nämlich den indirekten Beweis. Ganz knapp gesagt verfährt man beim indirekten Beweis so, daß man zu den gegebenen Prämissen eine zusätzliche Annahme hinzufügt, die das genaue Gegenteil der zu beweisenden Behauptung ist. Dann zeigt man, daß aus dieser Menge von Aussagen etwas Selbstwidersprüchliches gefolgert werden kann. Daraus folgt dann, daß das zu Beweisende tatsächlich aus den ursprünglichen Prämissen folgt. Schematisch sieht das so aus: P sei die Prämissenkonjunktion, also die Konjunktion der Voraussetzungen des Beweises, und B die zu beweisende Behauptung. Der indirekte Beweis gelingt, wenn man aus $P \wedge \neg B$ einen logischen Widerspruch folgern kann, also etwa $C \wedge \neg C$. Die Folgerungsbeziehung $(P \wedge \neg B) \models (C \wedge \neg C)$ kann aber nur vorliegen, wenn $P \wedge \neg B$ selbst logisch widersprüchlich ist, was seinerseits heißt, daß seine Negation, also $\neg (P \wedge \neg B)$ logisch wahr ist. Dies bedeutet aber gerade, daß P ⊨ B, also daß die Behauptung logisch aus den Prämissen folgt. Für uns ist hier nur wichtig, daß beim indirekten Beweis aus widersprüchlichen Annahmen gefolgert wird, und genau das scheint durch die hier vertretene Position, aus A ∧ ¬ A könne nichts gefolgert werden außer logische Falschheiten, verboten zu sein. Aber der Schein trügt. Nehmen wir an, wir haben irgendeine komplexe Aussage oder a.l. Formel A, und wir lassen offen, ob es sich dabei um eine logische Falschheit handelt oder nicht. Wir beginnen, aus A Folgerungen gemäß den Regeln für gültige Schlüsse zu ziehen, *ohne darauf Rücksicht zu nehmen, daß A eine logische Falschheit sein könnte*. Irgendwann stellen wir fest, daß wir gemäß diesen Regeln aus A sowohl B als auch ¬ B folgern können. Was folgt daraus? Es folgt aus diesem Sachverhalt, daß A eine logische Falschheit sein muß, denn wäre es keine logische Falschheit, so könnte sich nicht die Folgerung B ∧ ¬ B ergeben. Genau dies aber ist es, was der indirekte Beweis liefern soll. Obwohl gemäß der hier vertretenen Position also die Folgerung von A aus A ∧ B für den Fall B = ¬ A nicht korrekt ist, kann es sinnvoll sein, aus A ∧ B ohne Skrupel A zu folgern, auch wenn man nicht weiß, ob B = ¬ A. Ergibt sich kein Widerspruch (im Sinn von: *kann* sich kein Widerspruch ergeben), so ist die Folgerung ohnehin korrekt. Ergibt sich ein Widerspruch, so ist die Folgerung zwar nicht korrekt, aber sie hat das für den indirekten Beweis gewünschte Ergebnis dennoch erbracht, nämlich die Widersprüchlichkeit der Prämissen zu beweisen. Das Verfahren des indirekten Beweises ist also auch bei der hier vertretenen Position möglich. Der Unterschied zur traditionellen Position besteht lediglich in Folgendem. Kann man gemäß der traditionellen Position B aus A folgern, so spielt dabei keine Rolle, ob A eine logische Falschheit ist oder nicht; ist A eine logische Falschheit, so kann man eben auch ¬ B aus A folgern. Gemäß der hier vertretenen Position muß man dagegen erst feststellen, ob A eine logische Falschheit ist; ist A eine logische Falschheit, dann läßt sich *weder B noch* $\neg$ *B* aus A folgern (wohl aber $B \wedge \neg B$).

Ich muß die Diskussion dieser kontroversen Fragen nun aber abbrechen, weil sie aus der hier zu behandelnden klassischen Aussagenlogik zu weit herausführen – und ich bin schon recht weit vom Weg abgekommen. Allerdings muß ich nun doch noch die Frage stellen, ob man die hier behandelte Aussagenlogik denn überhaupt brauchen kann, da ihre Explikation des Begriffs der logischen Folgerung ja gemäß der einen Option inadäquat ist. Tatsächlich bleibt die klassische Aussagenlogik (und ebenfalls die Prädikatenlogik) brauchbar, solange man sie nicht auf die problematischen Fälle anwendet: vor allem also auf die Fälle, wo die Prämissenkonjunktion logisch falsch oder die Konklusion logisch wahr ist. Wo tatsächlich ein angemessener inhaltlicher Zusammenhang zwischen Prämissen und Konklusion besteht, ist die klassische Aussagenlogik ein außerordentlich einfaches und zuverlässiges Mittel zur Überprüfung der entsprechenden Klasse von logischen Folgerungen.

Allerdings darf man sich durch die möglicherweise bestehende Inadäquatheit der klassischen Aussagenlogik nicht zu falschen Schlußfolgerungen verleiten lassen. So liest man beispielsweise in der logisch inspirierten Wissenschaftstheorie immer wieder, logisch inkonsistente Theorien würden in der Wissenschaft deshalb verworfen, weil man aus ihnen Beliebiges folgern könne. Wohl ist es richtig, daß man in der Wissenschaft inkonsistente Theorien vermeiden möchte, aber die gegebene Begründung ist nicht stichhaltig. Aus Inkonsistentem folgt zwar *gemäß den Regeln der klassischen Aussagenlogik* Beliebiges, aber keine Physikerin (oder sonst ein halbwegs vernünftiger Mensch) würde etwa aus der inkonsistenten Bohrschen Atomtheorie *folgern*, daß der Mond aus Käse besteht (faktisch falsche Konklusion) oder daß die

Lichtgeschwindigkeit eine universelle Naturkonstante ist (gemäß heutigem Wissen wahre Konklusion). Eben weil *gemäß der klassischen Aussagenlogik* diese Folgerungen korrekte Folgerungen sind, sich also aus der Bohrschen Atomtheorie *zwingend ergeben sollen*, gerade darum hält sich der Verdacht so hartnäckig, daß die klassische Aussagenlogik in diesem Punkt inadäquat ist.

Übung 2.17 Zeigen Sie zunächst (möglichst ökonomisch), daß die folgenden Formeln aussagenlogisch allgemeingültig sind:

1. $p \rightarrow (q \rightarrow p)$
2. $p \rightarrow (q \rightarrow p \wedge q)$
3. $p \rightarrow (\neg p \rightarrow q)$
4. $p \rightarrow [(p \rightarrow q) \rightarrow q]$
5. $q \rightarrow (p \rightarrow p)$.

Der Logiker Wilhelm Ackermann verlangt, daß diese Formeln *nicht* allgemeingültig sind, wenn man den Pfeil ‚→' als die strenge Implikation liest (*Journal of Symbolic Logic* 21, 1956, 113–128). Warum?

2.5 Logische Äquivalenz

a) *Definition*

Zur Definition des wichtigen Begriffs der aussagenlogischen Äquivalenz gelangen wir wie üblich: Wir betrachten zunächst ein Beispiel.

Beispiel 2.26: a) Susanne raucht nicht und sie trinkt nicht.
b) Es ist nicht der Fall, daß Susanne raucht oder trinkt.

Ganz offensichtlich behaupten beide Aussagen denselben Sachverhalt; sie unterscheiden sich lediglich in der Formulierung. Aus dem Blickwinkel der Aussagenlogik betrachtet ist der Unterschied zwischen den beiden Formulierungen aber nicht eine logisch irrelevante sprachliche Variation, so wie es für ein und denselben Junktor verschiedene sprachliche Formulierungen gibt. Denn bei Beispiel 2.26 unterscheiden sich die beiden Formulierungen auch logisch, was man sofort sieht, wenn man zur naheliegenden a.l. Form übergeht, nämlich der feinkörnigsten. Wir erhalten:

Beispiel 2.26a: a) $\neg p \wedge \neg q$.
b) $\neg (p \vee q)$.

Wie kann es dann aber sein, daß a) und b) in Beispiel 2.26 dennoch denselben Sachverhalt behaupten, wo sie sich schon auf der Ebene ihrer logischen Formen unterscheiden? Dieses Rätsel löst sich auf, wenn man die Wahrheitstafeln dieser beiden Formeln miteinander vergleicht: Sie sind hinsichtlich ihrer Hauptspalten gleich (siehe Übung 2.13). Das heißt: Wenn eine bestimmte Interpretation 2.26aa) wahr bzw. falsch macht, so ist auch 2.26ab) wahr bzw. falsch, und umgekehrt. Obwohl es sich also um unterschiedliche logische Formen handelt, werden die Teilaussagen in beiden Fällen so verknüpft, daß die resultierenden Gesamtaussagen unter den genau gleichen Bedingungen wahr bzw. falsch sind. Das ist auch zu erwarten, denn wenn die beiden Aussagen von 2.26 tatsächlich den gleichen Sachverhalt behaupten, dann können sie sich auch hinsichtlich ihres Wahrheitswertes (in Abhängigkeit von den Wahrheitswerten der Teilaussagen) nicht unterscheiden. Die logischen Formen in 2.26a sind also in dem Sinn einander gleichwertig, daß sie verschiedene Kombinationen von Teilaussagen darstellen, die dennoch das Gleiche aussagen. Diese Gleichwertigkeit der beiden Aussagen in 2.26 betrifft aber nur die von den Aussagen behaupteten Sachverhalte, nicht auch andere Aspekte der Aussagen, z. B. ihre Satzlänge oder ihre literarische Qualität. Diese Art der Gleichwertigkeit von Aussagen bzw. von a.l. Formen soll durch den Begriff der logischen Äquivalenz definiert werden; was dieser Begriff genauer bedeutet, werden wir im folgenden Abschnitt sehen. Die logische Äquivalenz läßt sich besonders einfach mittels des Bikonditionals definieren, das bei gleichen Wahrheitswerten der verknüpften Teilaussagen stets wahr ist; genau dies soll bei der logischen Äquivalenz gelten. Ich könnte nun die gesuchte Definition wie bei Definition 2.11 zunächst für Aussagen und dann für a.l. Formen geben und nachher die beiden Teildefinitionen in eine einzige Definition zusammenziehen. Weil der definierende Teil beider Teildefinitionen aber gleich lautet, gebe ich gleich die kompakte Definition:

Definition 2.12: Seien A und B Aussagen oder a.l. Formeln. A und B heißen *aussagenlogisch äquivalent* genau dann, wenn A ↔ B aussagenlogisch wahr ist.

Als Schreibweise für die logische Äquivalenz werden wir das Zeichen ‚≡' benutzen, also schreiben: A ≡ B. Weil die logische Äquivalenz die logische Wahrheit des entsprechenden Bikonditionals fordert, kann man hierfür auch schreiben: ⊨ (A ↔ B), oder die Klammern weglassen und schreiben: ⊨ A ↔ B.

Zu dieser Definition der aussagenlogischen Äquivalenz sind sogleich zwei Bemerkungen zu machen:

1. Aus denselben Gründen wie beim Konditional und der logischen Folgerung ist auch bei der logischen Äquivalenz zu

beachten, daß das Bikonditional und die logische Äquivalenz verschiedenen Sprachstufen angehören. Das Zeichen ‚↔' steht für eine Aussageverknüpfung der Objektsprache, ‚≡' ist ein Zeichen der Metalogik.

2. Die logische Äquivalenz hat bestimmte Eigenschaften, die den in Abschnitt II.2.4.f, S. 117 ff., behandelten sogenannten Paradoxien der Implikation ähneln, sich bei genauerem Hinsehen von ihnen aber deutlich unterscheiden. Es sind nämlich alle logischen Wahrheiten miteinander logisch äquivalent (und auch alle logischen Falschheiten), obwohl man vielleicht nicht auf Anhieb sagen würde, daß alle logischen Wahrheiten das Gleiche aussagen. Wenn man aber unserer Betrachtung in Abschnitt II.2.2.a, S. 83 ff., folgt, gemäß der logische Wahrheiten zwar Aussagen im Sinne von Definition 1.1 sind, sich mit ihnen aber nichts behaupten läßt, so kommt man zu dem Schluß, daß sie tatsächlich alle gleichwertig sind – nämlich nichtssagend. Ob man sagt: ‚Dieses Buch ist schön eingebunden oder es ist nicht schön eingebunden', oder ob man sagt: ‚Der Autor dieses Buches hat sich mit seiner Abfassung Mühe gegeben oder er hat sich keine Mühe damit gegeben' ist in der Tat gleichgültig: In beiden Fällen werden keine Behauptungen aufgestellt, die Sätze sind völlig nichtssagend. (Das gilt nur, wenn man solche Sätze so versteht, wie man gewöhnlich Aussagen ‚geradewegs' versteht, ohne irgendwelche Tüfteleien. Natürlich kann man die gerade genannten Sätze auch auf kompliziertere Weise zu verstehen versuchen, etwa als indirekte Mitteilungen. Der erste Satz könnte dann indirekt die Aufforderung enthalten, einmal auf die ästhetische Qualität des Bucheinbands zu achten, der zweite dagegen, sich Gedanken über die Sorgfalt des Autors zu machen.)

b) *Das Einsetzungstheorem*

Wenn man sich klarmachen will, was die logische Äquivalenz eigentlich bedeutet, lohnt es sich, sie der *Identität* von Aussagen gegenüberzustellen. Zwei Aussagen sind genau dann identisch, wenn sie nicht nur in einer oder einigen, sondern in allen ihren Eigenschaften gleich sind (welche Eigenschaften als Eigenschaften von Aussagen zählen, hängt natürlich davon ab, was man unter einer Aussage versteht: vgl. Abschnitt I.3.1, 4. Bemerkung, S. 32 f.). Die logische Äquivalenz ist nun eine Abschwächung des Begriffs der Identität von Aussagen. Logisch äquivalente Aussagen sind nicht in allen Eigenschaften gleich, sondern nur in *logischer Hinsicht*. Was soll das heißen? Es soll heißen, daß logisch äquivalente Aussagen die gleichen *logischen Eigenschaften* haben und in den gleichen *logischen Relationen* stehen: Wenn die eine logisch wahr ist, ist auch die andere logisch wahr, und umgekehrt; wenn aus der einen eine bestimmte Aussage logisch folgt, dann auch aus der anderen, und umgekehrt etc. Man kann diese Eigenschaft der logischen Äquivalenz im folgenden Theorem für a.l. Formeln formulieren.

Einsetzungstheorem: Sei F_A eine a.l. Formel, die eine Teilformel A enthält. Sei F_B eine Formel, die aus F_A entsteht, wenn man A durch eine a.l. Formel B ersetzt (nicht notwendig überall, falls A mehrfach vorkommen sollte). Sei nun $A \equiv B$. Dann gilt: $F_A \equiv F_B$.

Beweis des Einsetzungstheorems: Zu zeigen ist nach der Definition der logischen Äquivalenz, daß die Wahrheitstafeln von F_A und F_B in der Hauptspalte übereinstimmen. Man betrachte eine beliebige Zeile der Wahrheitstafeln von F_A und von F_B. Wegen $A \equiv B$ ist allen unterschiedlichen Teilen von F_A und F_B (nämlich da, wo A durch B ersetzt ist) der gleiche Wahrheitswert zugeordnet. Damit ist aber auch den Gesamtformeln F_A und F_B der gleiche Wahrheitswert zugeordnet. qed.

Am folgenden Korollar sieht man nun am deutlichsten, was die logische Äquivalenz besagt. Das Korollar zeigt, daß logisch äquivalente Formeln die gleichen Folgerungsmengen haben:

1. Korollar zum Einsetzungstheorem: Seien A, B und F a.l. Formeln. Es gelte $A \equiv B$ und $A \models F$ (mnemotechnisch: ‚F' wie ‚Folgerung'). Dann gilt auch $B \models F$.

Beweis des 1. Korollars: Zu zeigen ist: $\models B \rightarrow F$. Setze $F_A = A \rightarrow F$ und $F_B = B \rightarrow F$. Für F_A und F_B sind dann die Voraussetzungen des Einsetzungstheorems erfüllt, somit gilt $F_A \equiv F_B$ und damit $A \rightarrow F \equiv B \rightarrow F$. Wegen $\models A \rightarrow F$ gilt daher auch $\models B \rightarrow F$. qed.

Analog zu diesem Korollar gilt, daß logisch äquivalente Formeln aus den gleichen Voraussetzungen gefolgert werden können:

2. Korollar zum Einsetzungstheorem: Seien A, B und V a.l. Formeln. Es gelte $A \equiv B$ und $V \models A$ (‚V' wie ‚Voraussetzung'). Dann gilt auch $V \models B$.

Der *Beweis des 2. Korollars* ist dem des 1. Korollars analog, jedoch mit $F_A = V \rightarrow A$ und $F_B = V \rightarrow B$.

Wenn man sich also nur für logische Eigenschaften oder logische Relationen (wie z. B. die logische Folgerung) interessiert, sei es von Aussagen selbst oder von a.l. Formeln, dann braucht man zwischen logisch äquivalenten Aussagen bzw. Formeln nicht zu unterscheiden. Dies ist auch der Grund dafür, daß man in der Aussagenlogik tatsächlich nicht zwischen einer Aussage ‚A' und der Aussage ‚Es ist wahr, daß A' unterscheiden muß; ich hatte über diesen Unterschied in Abschnitt II.1.1.f, S. 56, gesprochen. Dort hatte ich behauptet und begründet, daß ‚A' und ‚Es ist wahr, daß A' verschiedene Aussagen sind. Der Grund dafür, daß in der Aussagenlogik nicht zwischen ‚A' und ‚Es ist wahr, daß A' unterschieden werden muß, ist, daß diese beiden Aussagen logisch äquivalent sind; ihr Unterschied fällt demnach innerhalb der Untersuchungen, die man in der Aussagenlogik anstellen will und kann, nicht ins Gewicht. Entsprechend macht man auch keinen innerhalb der Aussagenlogik ins Gewicht fallenden Fehler, wenn man glaubt, die Wahrheitstafeln würden die extensionalen Aussageverknüpfungen definieren (vgl. ebenfalls Abschnitt II.1.1.f, S. 56). Die Unterschiede, die zwischen verschiedenen Junktoren mit gleichen Wahrheitstafeln bestehen, wirken sich innerhalb der Logik nicht aus, und man kann daher von diesen Unterschieden abstrahieren. Allerdings: Diese Abstraktion sollte man erst vornehmen, wenn man verstanden hat, unter welchen Bedingungen sie möglich und dann sogar vorteilhaft ist. Dieses Verständnis haben wir nun erlangt und wir werden später, in Kapitel IV, auch die entsprechenden Abstraktionen vornehmen, um die Aussagenlogik dann außerordentlich kompakt formulieren zu können – als ein Teilgebiet der Mathematik.

c) *Wichtige aussagenlogische Äquivalenzen*

Die folgenden aussagenlogischen Äquivalenzen sind entweder bereits in Übungen als gültig bewiesen worden oder sie lassen sich leicht beweisen, oder sie gelten unmittelbar aufgrund der entsprechenden Definition.

1. *Prinzip der doppelten Negation:* $p \equiv \neg\neg p$.

Dieses Prinzip besagt, daß eine Negation durch eine weitere Negation aufgehoben wird. In einigen Sprachen, z. B. dem Lateinischen, hebt eine zweite Verneinung die erste auf. In anderen Sprachen verstärken Verneinungen sich, so z. B. im Französischen, wo die Edith-Piaf-Fans in Verzückung geraten, wenn sie hören „Je ne regrette rien". Auch in manchen deutschen Dialekten verstärken sich Verneinungen, so z B. im Bayerischen. Der Satz „I sieg koa schwarze Katz net" („Ich sehe keine schwarze Katze nicht") etwa drückt aus der Perspektive der ersten Person die emphatische Negation der Präsenz eines visuellen Stimulus aus, der ein schwarzes Exemplar der Spezies *Felis felis* indizieren würde.

Das Prinzip der doppelten Negation, das wir an dieser Stelle der Logik *beweisen* können, bekommen wir aber nicht sozusagen als eine interessante Tatsache von der Logik „geschenkt". Vielmehr haben wir dieses Prinzip selbst implizit in die Logik eingebaut; gewissermaßen haben wir das Osterei, das wir hier finden, selbst versteckt. Dies geschah mit Definition 1.1 der Aussage als einem Satz, der entweder wahr oder falsch ist, und der Negation als einem wahrheitsfunktionalen Junktor. Ich erinnere daran, daß wir mit Definition 1.1 keine Sachaussage über Aussagen machen wollten, sondern lediglich den Arbeitsbereich der (klassischen) Aussagenlogik festgelegt haben (vgl. Abschnitt I.3.1, S. 30).

2. *Gesetze der Idempotenz:* $p \equiv p \land p$ und $p \equiv p \lor p$.

3. *Kommutativgesetze:* $p \land q \equiv q \land p$; $p \lor q \equiv q \lor p$; $p \leftrightarrow q \equiv q \leftrightarrow p$.

Bei Konjunktion, Adjunktion und Bikonditional kommt es also auf die Reihenfolge der verknüpften Glieder nicht an. Kommutativgesetze gibt es bekanntlich auch in der Arithmetik: $a + b = b + a$ und $ab = ba$. Das ‚und' der deutschen Sprache hat die Eigenschaft der Kommutativität vielfach aber nicht; es ist oft keine wahrheitsfunktionale Verknüpfung (vgl. Abschnitt II.1.1.a, S. 43 f.). Man betrachte den Unterschied zwischen

Beispiel 2.27 Hans schluckte Pillen, und ihm wurde schlecht.

und

Beispiel 2.28 Hans wurde schlecht, und er schluckte Pillen.

Hier ist mit dem ‚und' offensichtlich die zeitliche und kausale Abfolge der Ereignisse mitgemeint.

4. *Assoziativgesetze:* $(p \wedge q) \wedge r \equiv p \wedge (q \wedge r)$ und $(p \vee q) \vee r \equiv p \vee (q \vee r)$.

Wieder ist die Analogie zur Addition und der Multiplikation der Arithmetik offensichtlich. Die Assoziativgesetze erlauben es, bei Konjunktionen und Adjunktionen mit mehr als zwei Gliedern alle Klammern wegzulassen, also beispielsweise einfach zu schreiben: $p \wedge q \wedge r$.

5. *Distributivgesetze:* $p \wedge (q \vee r) \equiv (p \wedge q) \vee (p \wedge r)$, $p \vee (q \wedge r) \equiv (p \vee q) \wedge (p \vee r)$.

Bei diesen Distributivgesetzen verhalten sich die Konjunktion und die Adjunktion gleich. Distributivgesetze gibt es auch in der Algebra, beispielsweise $a (b + c) = ab + ac$. Jedoch verhalten sich die Addition und die Multiplikation bezüglich des Distributivgesetzes verschieden, anders als Konjunktion und Adjunktion.

6. *Regeln von de Morgan:* $\neg (p \wedge q) \equiv \neg p \vee \neg q$ und $\neg (p \vee q) \equiv \neg p \wedge \neg q$.

De Morgan war ein Mathematiker und Logiker des 19. Jahrhunderts. Tatsächlich waren diese Regeln bereits im Mittelalter bekannt, sind aber in der Neuzeit zunächst vergessen worden.

7. *Transpositionsgesetz:* $p \rightarrow q \equiv \neg q \rightarrow \neg p$.

Das Transpositionsgesetz führt unmittelbar zu folgendem Verhältnis zwischen zwei logischen Folgerungen: $A \models B$ ist genau dann der Fall, wenn $\neg B \models \neg A$. Dies ist intuitiv einleuchtend: Nehmen wir an, wir wüßten, (1) daß aus A ein B logisch folgt, und nehmen wir weiter an, wir wüßten, (2) daß $\neg$ B gilt. Jetzt fragen wir: Gilt auch A? Dies ganz bestimmt nicht, denn würde A gelten, so müßte wegen (1) ja auch B gelten, wir wissen aber wegen (2), daß $\neg$ B gilt; also muß $\neg$ A gelten. – Immer wieder wird in Argumentationen der Fehler gemacht, aus $A \models B$ auf $\neg A \models \neg B$ zu schließen. Dies ist inkorrekt, weil $p \rightarrow q$ *nicht* äquivalent mit $\neg p \rightarrow \neg q$ ist. Das sieht man natürlich mit den Wahrheitstafeln oder auch an einem Beispiel. Wenn gilt: ‚Es regnet → die Straße ist naß‘, dann gilt natürlich noch lange nicht: ‚Es regnet nicht → die Straße ist nicht naß‘ – schließlich gibt es noch viele andere Möglichkeiten, um eine Fahrbahn zu benetzen.

8. *Elimination von Junktoren.* Wir haben bisher in den a.l. Formeln die Junktoren $\wedge$, $\vee$, $\neg$, $\rightarrow$ und $\leftrightarrow$ verwendet. Manchmal, insbesondere bei der mathematischen Behandlung der Aussagenlogik, ist es praktisch, wenn man mit weniger Junktoren als diesen fünfen auskommt. Man möchte das natürlich nicht dadurch erreichen, daß man diese Junktoren einfach nicht mehr verwenden darf, sondern dadurch, daß man sie mittels anderer Junktoren ausdrückt. Mittels logischer Äquivalenzen läßt sich dies bewerkstelligen. Möchte man beispielsweise das Bikonditional loswerden, so benutzt man die folgende Äquivalenz:

$$p \leftrightarrow q \equiv (p \rightarrow q) \wedge (q \rightarrow p).$$

Diese Formel erklärt zugleich, warum das Bikonditional so heißt, wie es heißt: Es ist ein doppeltes Konditional. Wenn man auch noch das Konditional loswerden will, so benutzt man einfach seine Definition:

$$p \rightarrow q \equiv \neg (p \wedge \neg q).$$

Typischerweise werden mit der Elimination von Junktoren einzelne Formeln länger, dafür kommt man mit weniger Zeichen aus. Letzteres ist bei der mathematischen Behandlung der Logik manchmal ein großer Vorteil. So lassen sich bestimmte Dinge besonders kompakt darstellen, wenn man nur die Negation und das Konditional benutzt; man muß zu diesem Zweck das Bikonditional, die Adjunktion und die Konjunktion eliminieren. Das Bikonditional wird mit der vorher genannten Äquivalenz eliminiert. Für die Elimination von Adjunktion und Konjunktion zugunsten von Konditional und Negation dienen die folgenden beiden Äquivalenzen:

$$p \vee q \equiv \neg p \rightarrow q \quad \text{und}$$

$$p \wedge q \equiv \neg (p \rightarrow \neg q).$$

Man nennt ein System von Junktoren, mit dem sich alle anderen Junktoren mittels logischer Äquivalenzen ausdrücken lassen, auch ein *funktional vollständiges System von Junktoren*. Man kann dann die Frage stellen, wie die kleinsten oder – falls nur eines existiert – das kleinste funktional vollständige System von Junktoren aussieht. Mit anderen Worten: Wie weit läßt sich die Elimination von Junktoren überhaupt treiben? Diese Frage wird im nächsten Punkt beantwortet.

9. *Der Sheffersche Strich.* Der Logiker H. M. Sheffer hat 1913 entdeckt, daß alle wahrheitsfunktionalen Verknüpfungen durch eine einzige Verknüpfung, den *Shefferschen Strich* oder die *Exklusion*, ausgedrückt werden können (tatsächlich hat Ch. S. Peirce dieses Resultat schon einige Jahrzehnte früher erhalten, aber damals nicht publiziert). Die Wahrheitstafel für die Exklusion ist:

A_1	A_2	$A_1 \mid A_2$
w	w	f
w	f	w
f	w	w
f	f	w

Mittels der folgenden Äquivalenzen können die anderen Junktoren zugunsten der Exklusion eliminiert werden: $\neg p \equiv p \mid p$; $p \wedge q \equiv (p \mid q) \mid (p \mid q)$; $p \vee q \equiv (p \mid p) \mid (q \mid q)$; $p \rightarrow q \equiv p \mid (q \mid q)$; $p \leftrightarrow q \equiv (p \mid q) \mid [(p \mid p) \mid (q \mid q)]$ (siehe Übung 2.18).

Übung 2.18 Beweisen Sie:

1. $\neg p \equiv p \mid p$
2. $p \wedge q \equiv (p \mid q) \mid (p \mid q)$
3. $p \vee q \equiv (p \mid p) \mid (q \mid q)$
4. $p \rightarrow q \equiv p \mid (q \mid q)$
5. $p \leftrightarrow q \equiv (p \mid q) \mid [(p \mid p) \mid (q \mid q)]$.

Wie kann man die Exklusion umgangssprachlich wiedergeben? Welche einfachen Möglichkeiten gibt es, die Exklusion mittels der anderen Junktoren darzustellen?

10. *Verallgemeinerung durch das Substitutionstheorem.* Das Substitutionstheorem (Abschnitt II.2.2.b, S. 85) gestattet, alle unter Punkt 1 bis Punkt 9 angegebenen Äquivalenzen dadurch zu verallgemeinern, daß für Satzbuchstaben a.l. Formeln eingesetzt werden. Also gilt beispielsweise nicht nur $p \equiv \neg\neg p$, sondern auch $G \equiv \neg\neg G$ für jede beliebige a.l. Formel G.

11. *Die Deduktionsäquivalenz* (manchmal auch das *Deduktionstheorem* genannt). Die Basis für die Deduktionsäquivalenz, die für den Logikaufbau in der mathematisch orientierten Logik manchmal eine Rolle spielt, ist die folgende a.l. Äquivalenz:

$$p \wedge q \rightarrow r \equiv p \rightarrow (q \rightarrow r).$$

Von der Gültigkeit dieser Äquivalenz kann man sich leicht mittels der Wahrheitstafel für das entsprechende Bikonditional überzeugen. Nun verwenden wir die unter Punkt 10 genannte Verallgemeinerung durch das Substitutionstheorem: Wir setzen in die obige Äquivalenz für p eine beliebige Formel C, für q eine Formel A und für r eine Formel B ein; wir erhalten dann die folgende Äquivalenz:

$$C \wedge A \rightarrow B \equiv C \rightarrow (A \rightarrow B).$$

Die Äquivalenz bedeutet, daß $C \wedge A \rightarrow B$ und $C \rightarrow (A \rightarrow B)$ immer die gleichen Wahrheitswerte haben. Daraus folgt: Ist $C \wedge A \rightarrow B$ logisch wahr, so ist auch $C \rightarrow (A \rightarrow B)$ logisch wahr, und umgekehrt. Anders ausgedrückt: $C \wedge A \models B$ gilt genau dann, wenn $C \models A \rightarrow B$ gilt. Wenn man C nun als eine gewisse Bedingung interpretiert (‚C' wie conditio, also Bedingung), so läßt sich der letztgenannte Sachverhalt folgendermaßen formulieren. Wenn gilt, daß unter der Bedingung C sich B aus A ableiten läßt, so gilt auch: aus der Bedingung C läßt sich das Konditional $A \rightarrow B$ ableiten; ebenso umgekehrt.

12. Interessant ist noch die Äquivalenz $p \rightarrow \neg p \equiv \neg p$; man überzeugt sich von ihrer Geltung blitzartig mittels der Wahrheitstafel für $(p \rightarrow \neg p) \leftrightarrow \neg p$. Mit dieser Äquivalenz kann man die sogenannten Paradoxien der Implikation (Abschnitt II.2.4.f, S. 117 ff.) noch einmal in anderer Beleuchtung sehen. Aufgrund der obigen Äquivalenz und des Substitutionstheorems (Abschnitt II.2.2.b, S. 85) gilt für jede Aussage oder Formel A die Äquivalenz $A \rightarrow \neg A \equiv \neg A$. Nehmen wir nun probehalber an, $A \rightarrow \neg A$ sei eine logische Wahrheit. Gemäß der Definition der logischen Folgerung (Abschnitt II.2.4.d, S. 108 f.) bedeutet das, daß aus A die Aussage bzw. Formel $\neg A$ logisch folgt; anders gesagt: Die Wahrheit von A garantiert die Wahrheit von $\neg$ A! Dies aber erscheint logisch unmöglich. Wie löst sich dieses Rätsel auf?

Die Äquivalenz selbst liefert den Schlüssel. Sie besagt ja gerade, daß das Postulieren der logischen Folgerung von $\neg$ A aus A, also das Setzen von A $\rightarrow \neg$ A als logischer Wahrheit, mit der logischen Wahrheit von $\neg$ A, also der logischen Falschheit von A äquivalent ist. A ist aber zugleich die Prämisse der logischen Folgerung A $\models \neg$ A. Damit klärt sich die Sache: Unsere Äquivalenz besagt, daß die logische Folgerung von $\neg$ A aus A genau dann möglich ist, wenn A eine logische Falschheit ist, und das heißt gerade, daß diese Folgerung nur möglich ist, wenn man schamlos ausnutzt, daß sich aus widersprüchlichen Prämissen gemäß Definition 2.11 alles, aber auch wirklich alles, logisch folgern läßt, sogar $\neg$ A aus A.

Die unter den Punkten 1–10 genannten a.l. Äquivalenzen (und andere) sind zusammen mit dem Einsetzungstheorem für die Formelvereinfachung wichtig: Komplexe Formeln können in dem Sinne vereinfacht werden, daß kürzere, mit ihnen logisch äquivalente Formeln gefunden werden können. Hier ein elementares Beispiel, nämlich die Formel $\neg(\neg p \wedge \neg q)$. Dies wird mittels der Regeln von de Morgan zu $\neg\neg p \vee \neg\neg q$. Nun läßt sich das Prinzip der doppelten Negation anwenden, und wir erhalten $p \vee q$, also eine wesentlich einfachere Formel. Man schreibt solche äquivalenten Umformungen häufig als fortlaufende Reihe von Äquivalenzen, also hier z.B.

$$\neg(\neg p \wedge \neg q) \equiv \neg\neg p \vee \neg\neg q \equiv p \vee q.$$

Äquivalente Umformungen sind eine Technik, bei der man in gewissem Sinne nicht denken, sondern nur mechanisch rechnen muß. Der Inhalt einer komplexen Aussage muß nicht im Kopf behalten werden; vielmehr werden nach bestimmten Regeln Symbolketten manipuliert. Wir werden später sehen, daß der sich u.a. hier manifestierende mathematische Aspekt der formalen Logik es ermöglicht, sie als eine mathematische Disziplin zu betreiben (siehe später Kapitel IV).

Übung 2.19 Vereinfachen Sie mittels geeigneter logischer Äquivalenzen folgende Formeln:

1. $\neg (\neg p \vee \neg q) \vee \neg (\neg p \vee \neg r)$
2. $\neg \{\neg p \vee \neg [q \vee \neg (\neg p \vee q)]\}$
3. $p \rightarrow [q \rightarrow (p \wedge q)]$.

Welche Äquivalenzen benutzt man mit Vorteil, wenn sich logisch wahre oder logisch falsche Adjunktions- oder Konjunktionsglieder ergeben?

2.6 Logischer Widerspruch

Wenn man sagt, daß zwei Aussagen im Widerspruch zueinander stehen, so meint man, daß sie in einer bestimmten Konkurrenz stehen. Um welche Art von Konkurrenz handelt es sich? Es handelt sich um eine Konkurrenz um Wahrheit: Wenn die eine Aussage wahr ist, dann kann die andere es nicht sein, und umgekehrt. Eben darum kann man jemanden auch *vorwerfen*, seine Aussagen seien widersprüchlich: weil er dann seine Aussagen nicht gleichzeitig behaupten kann, d. h. für seine Aussagen nicht gleichzeitig Wahrheit in Anspruch nehmen kann. Wohlgemerkt: Es handelt sich um ein Verhältnis, das *zwischen* Aussagen besteht und das nichts über die faktische Wahrheit oder Falschheit der einen oder der anderen Aussage besagt. So können ohne weiteres auch zwei falsche Aussagen miteinander in Widerspruch stehen, etwa

Beispiel 2.29: A: Zürich ist die Hauptstadt der Schweiz.
B: Zürich ist die Hauptstadt von Andorra.

Der allgemeine Widerspruchsbegriff, der nur eine Wahrheitskonkurrenz zweier Aussagen ausdrückt, kann nun in zwei Richtungen weiter spezifiziert bzw. verschärft werden.

Einmal kann man die Gründe angeben, die für den Widerspruch der beiden Aussagen verantwortlich sind. So ist der Widerspruch der beiden Aussagen von 2.29 begrifflicher Art: Es gehört mit zum Begriff der ‚Hauptstadt', daß eine Stadt nur Hauptstadt eines einzigen Landes sein kann; dagegen kann eine Stadt beispielsweise ‚Partnerstadt' mehrerer Städte sein. Der Grund für einen Widerspruch zweier Aussagen kann aber auch logischer Art sein; dann spricht man vom *logischen Widerspruch* oder der logischen *Inkonsistenz* der Aussagen. Was heißt es, daß der Grund des Widerspruchs *logischer Art* ist? Es heißt, daß der Widerspruch aufgrund einer logischen Form der Aussagen zustandekommt. Hier läßt sich nun weiter spezifizieren, nämlich hinsichtlich der Art der für den Widerspruch verantwortlichen logischen Form. So gibt es beispielsweise den aussagenlogischen Widerspruch zweier Aussagen, den ich nachher gleich ausführlicher behandeln werde, oder den prädikatenlogischen Widerspruch.

Zum anderen läßt sich der Begriff des Widerspruchs selbst weiter differenzieren, nämlich in eine stärkere und eine schwächere Variante; dabei spielen die spezifischen Gründe, die für den Widerspruch verantwortlich sind, keine Rolle. Entsprechend gibt es die oben genannten verschiedenen Varianten des Widerspruchs alle in beiden Stärkegraden. Diese beiden Stärkegrade des Widerspruchs werden der *konträre* und der *kontradiktorische* Widerspruch genannt. Ich führe diese beiden Widerspruchsbegriffe jetzt für den aussagenlogischen Fall ein.

a) *Konträrer aussagenlogischer Widerspruch*

Der ‚konträre a.l. Widerspruch' ist der schwächere der beiden Widerspruchsbegriffe. Die Idee ist, daß zwei Aussagen zwar nicht zugleich wahr sein können (wie vom allgemeinen Widerspruchsbegriff verlangt), daß man aber die Möglichkeit zuläßt, daß beide zugleich *falsch* sind. Der Grund für dieses Verhältnis der beiden Aussagen ist beim konträren *aussagenlogischen* Widerspruch eine aussagenlogische Form der Aussagen. Betrachten wir das folgende Beispiel:

Beispiel 2.30: A: Martin ging in die Stadt und Martin ging ins Kino.
B: Martin ging nicht ins Kino.

Ganz offensichtlich schließt die Wahrheit von A die von B aus und umgekehrt; es liegt also ein Widerspruch zwischen diesen Aussagen vor. Es ist aber möglich, daß beide Aussagen falsch sind, daß es also außer A und B noch (mindestens) eine weitere Möglichkeit gibt. Z.B. könnte Martin in ein Kino auf dem Lande gegangen sein, was die erste Teilaussage von A und damit A selbst falsch macht, und natürlich auch B falsch macht. Es ist hier natürlich zu vermuten, daß dieses Verhältnis der beiden Aussagen eine Konsequenz der aussagenlogischen Form $p \wedge q$ von A und $\neg q$ von B ist. Das ist in der Tat der Fall. Wenn A und B nicht zugleich wahr sein dürfen, dann heißt das, daß ihre Konjunktion nicht wahr sein kann, also falsch sein muß. Betrachten wir also die Formel $(p \wedge q) \wedge \neg q$. Diese Formel ist tatsächlich eine logische Falschheit (Übung 2.14). Zwei Aussagen A und B, die solche logische Formen haben, daß $A \wedge B$ logisch falsch ist, können aufgrund dieser logischen Formen niemals gemeinsam wahr sein; nicht ausgeschlossen ist dabei, daß beide falsch sind. Damit lautet die gesuchte Definition:

Definition 2.13: Seien A und B Aussagen oder a.l. Formeln. A und B stehen in *konträrem aussagenlogischen Widerspruch* genau dann, wenn $A \wedge B$ aussagenlogisch falsch ist.

b) *Kontradiktorischer aussagenlogischer Widerspruch*

Beim kontradiktorischen aussagenlogischen Widerspruch ist mehr verlangt als beim konträren Widerspruch; entsprechend handelt es sich um einen stärkeren Widerspruchsbegriff. Hier dürfen die beiden Aussagen nicht nur nicht zugleich wahr sein, sondern zusätzlich auch nicht zugleich falsch sein. Mit anderen Worten und viel einfacher: die beiden Aussagen müssen immer entgegengesetzte Wahrheitswerte haben, oder: Die eine Aussage muß die Negation der anderen Aussage sein.

Beispiel 2.31: A: Der Mond ist aufgegangen.
B: Der Mond ist nicht aufgegangen.

Wenn man hier von den Übergangsfällen absieht, wo der Mond gerade halb über den Horizont blinzelt, dann können diese beiden Aussagen weder zugleich wahr noch zugleich falsch sein; ihre Wahrheitswerte sind einander gerade entgegengesetzt. Das ist natürlich deshalb der Fall, weil B die Negation von A ist. Dieses Verhältnis der beiden Aussagen läßt sich einfach mittels des Bikonditionals formulieren: Das entsprechende Bikonditional muß logisch falsch sein. Damit erhalten wir die Definition:

Definition 2.14: Seien A und B Aussagen oder a.l. Formeln. A und B stehen in *kontradiktorischem aussagenlogischen Widerspruch* genau dann, wenn $A \leftrightarrow B$ aussagenlogisch falsch ist.

Übung 2.20 Zeigen Sie mittels der Definitionen 2.13 und 2.14: Zwei Aussagen, die in kontradiktorischem a.l. Widerspruch stehen, stehen auch in konträrem a.l. Widerspruch.

2.7 Logische Konsistenz

Der Begriff der Konsistenz ist der Gegenbegriff zu dem des Widerspruchs: Zwei Aussagen sind (miteinander) konsistent, wenn sie miteinander verträglich sind, d. h. wenn gerade keine Wahrheitskonkurrenz, also kein Widerspruch zwischen ihnen besteht. Wieder ist es so, daß hier nur ein Verhältnis zweier Aussagen untereinander angesprochen ist, nicht aber die Wahrheit oder Falschheit der einen oder der anderen Aussage. So können ohne weiteres eine falsche und eine wahre Aussage miteinander konsistent sein, wie etwa in

Beispiel 2.32: A: Zürich ist die Hauptstadt von Andorra.
B: Paris ist die Hauptstadt von Frankreich.

Mit dem Begriff der Konsistenz wird lediglich ausgedrückt, daß sich die beiden Aussagen hinsichtlich ihres Wahrheitsanspruchs nicht gegenseitig im Wege stehen; das schließt natürlich nicht aus, daß man andere Gründe hat, eine der Aussagen oder sogar beide zu verwerfen. Nun läßt sich der Begriff der Konsistenz ebenfalls weiter differenzieren, nämlich hinsichtlich der Analyseinstrumente, mit denen man einen möglichen Widerspruch zwischen Aussagen diagnostiziert. Beispielsweise können Aussagen, wenn man sie lediglich hinsichtlich ihrer aussagenlogischen Formen betrachtet, miteinander konsistent sein. In diesem Fall findet sich *auf der Abstraktionsebene der aussagenlogischen Formen* nichts, was der gleichzeitigen Behauptung dieser Aussagen im Wege steht (inhaltlich können sich die Aussagen durchaus widersprechen; siehe weiter unten). Die Aussagen stehen dann nicht im Verhältnis des aussagenlogischen konträren oder gar des kontradiktorischen Widerspruchs (siehe Übung 2.20, S. 147). Entsprechend ist die a.l. Konsistenz gerade als die Negation des konträren a.l. Widerspruchs (Def. 2.13, S. 146) definiert:

Definition 2.15: Seien A und B Aussagen oder a.l. Formeln. A und B sind *aussagenlogisch konsistent* genau dann, wenn A ∧ B nicht aussagenlogisch falsch ist.

Wenn zwei Aussagen aussagenlogisch konsistent sind, dann weiß man noch nicht allzuviel über ihr Verhältnis. Wohl weiß man, daß die beiden Aussagen *nicht aus aussagenlogischen Gründen* miteinander in Wahrheitskonkurrenz stehen, und das heißt, daß sie nicht aufgrund einer ihrer a.l. Formen in Konkurrenz stehen, aber es gibt sehr viele andere Gründe, warum Aussagen miteinander unverträglich sein können. So sind die beiden Aussagen des folgenden Beispiels *aussagenlogisch* durchaus miteinander konsistent:

Beispiel 2.33: A: Niemand kann dieses Buch in drei Tagen lesen.
B: Eine fleißige Studentin kann dieses Buch in drei Tagen lesen.

Der Grund für ihre a.l. Konsistenz ist, daß die feinkörnigste a.l. Form ihrer Konjunktion p ∧ q ist, und das ist keine a.l. Falschheit. Die Inkonsistenz dieser beiden Aussagen (die unter der Voraussetzung besteht, daß es überhaupt fleißige Studentinnen gibt, woran ich aber keine Sekunde zweifle), spielt sich demnach auf einer Ebene ab, die von der Aussagenlogik nicht erfaßt werden kann. Wie ist das möglich? Allgemein gesagt ist der Grund, daß eine aussagenlogische Form das

Resultat eines Abstraktionsprozesses ist, und daß die Inkonsistenz von Aussagen gerade in etwas liegen kann, was diesem Abstraktionsprozeß zum Opfer fiel. Konkret gesagt liegt die Inkonsistenz in 2.33 natürlich darin, daß in der einen Aussage behauptet wird, *niemand* könne ..., während in der anderen behauptet wird, *eine fleißige Studentin* könne sehr wohl ... Von der Bedeutung von ‚niemand' und ‚eine fleißige Studentin' wird beim Übergang zu a.l. Formen der Aussagen aber abstrahiert, so daß „mit der Brille der Aussagenlogik betrachtet" die beiden Aussagen konsistent sind. Man benötigt für die Diagnose der Inkonsistenz solcher Aussagen demnach eine Analyse, die atomare Aussagen hinsichtlich ihrer Bestandteile untersucht und eventuelle Inkonsistenzen ausfindig machen kann, die von diesen Bestandteilen herrühren. Die Inkonsistenz der beiden Aussagen von Beispiel 2.33 wird erst mit den Mitteln der Prädikatenlogik erfaßbar sein (siehe Kap. III). Andere Inkonsistenzen können mit den Mitteln der Logik überhaupt nicht erfaßt werden, wie in dem folgenden

Beispiel 2.34: A: Hans ist ein Riese.
B: Hans ist ein Zwerg.

Diese beiden Aussagen sind nicht aufgrund irgendeiner ihrer logischen Formen (aus welchem Gebiet der Logik auch immer) inkonsistent, sondern aufgrund der Bedeutung der in ihnen vorkommenden Begriffe; es handelt sich um einen begrifflichen (oder semantischen) Widerspruch.

2.8 Logische Abhängigkeit

Wenn davon die Rede ist, daß zwei Aussagen voneinander abhängig sind, dann meint man, daß man aus der Wahrheit oder Falschheit der einen Aussage etwas über die Wahrheit oder Falschheit der anderen entnehmen kann. Für diese Abhängigkeit von Aussagen kann es verschiedene Gründe geben. Einer der möglichen Gründe ist, daß die Abhängigkeit aufgrund von logischen Formen der Aussagen besteht. Insbesondere kann zwischen den Aussagen oder ihren Negationen die logische Folgerungsbeziehung bestehen. Logisch abhängig sind A und B also z. B., wenn $A \models B$ oder $B \models A$ oder $A \models \neg B$ oder $\neg B \models A$ gilt. In diesen Fällen kann aus der Wahrheit von A die Wahrheit bzw. Falschheit von B, bzw. aus der Wahrheit oder Falschheit von B die Wahrheit von A erschlossen werden. Kombinatorisch gibt es nun noch vier weitere Möglichkeiten, nämlich $\neg A \models B$, $B \models \neg A$, $\neg A \models \neg B$ und $\neg B \models \neg A$. Jedoch liefern die letzteren Möglichkeiten gegenüber den vorher genannten keine neuen Abhängigkeiten, da jede von ihnen mit einer der früheren äquivalent ist. Beispielsweise ist $\neg A \models B$ mit $\neg B \models A$ gleichwertig. Das sieht man leicht folgendermaßen:

$\neg A \models B$ bedeutet: $\neg A \rightarrow B$ ist logisch wahr.

$\neg B \models A$ bedeutet: $\neg B \rightarrow A$ ist logisch wahr.

Die Aussagen $\neg A \rightarrow B$ und $\neg B \rightarrow A$ aber sind wegen des Transpositionsgesetzes und des Prinzips der doppelten Negation logisch äquivalent: $\neg A \rightarrow B \equiv \neg B \rightarrow \neg\neg A \equiv \neg B \rightarrow A$. Logisch äquivalente Aussagen haben unter allen Umständen die gleichen Wahrheitswerte; daher ist die logische Wahrheit der einen untrennbar mit der logischen Wahrheit der anderen verknüpft.

Damit erhalten wir folgende Definition:

Definition 2.16: Seien A und B Aussagen oder a.l. Formeln. A und B heißen *aussagenlogisch abhängig* genau dann, wenn $A \models B$ oder $B \models A$ oder $A \models \neg B$ oder $\neg B \models A$ gilt.

Hier nun zwei wichtige Spezialfälle der logischen Abhängigkeit.

Definition 2.17: Seien A und B Aussagen oder a.l. Formeln. A ist *aussagenlogisch notwendig* für B genau dann, wenn B ⊨ A gilt.

Man beachte, daß das für B *Notwendige* logisch aus B *folgt*! Das liegt daran, daß etwas für B *Notwendiges* immer dann vorliegen muß, wenn B vorliegt, d. h., daß aus dem Vorliegen von B das Vorliegen von A erschlossen werden kann. Der umgekehrte Fall, bei dem aus dem Vorliegen von A das Vorliegen von B geschlossen werden kann, ist in der folgenden Definition formuliert.

Definition 2.18: Seien A und B Aussagen oder a.l. Formeln. A ist *aussagenlogisch hinreichend* für B genau dann, wenn A ⊨ B gilt.

Die ungenügende Differenzierung und die Verwechslung von Notwendigem und Hinreichendem, insbesondere von notwendigen bzw. hinreichenden Bedingungen, ist ein häufiger Fehler in Argumentationen. Man kann die beiden Bedingungsverhältnisse auch kombinieren zu notwendigen *und* hinreichenden Bedingungen. Man kann zeigen, daß A genau dann notwendig und hinreichend für B ist, wenn A ≡ B gilt (Übung 2.21).

Übung 2.21 Zeigen Sie:

1. A ist genau dann notwendig und hinreichend für B, wenn A ≡ B gilt.

2. Zwei a.l. Formeln, die logisch äquivalent sind oder in konträrem oder kontradiktorischem logischen Widerspruch stehen, sind voneinander logisch abhängig.

3 Rückblick und Ausblick

3.1 Rückblick

Was haben wir bisher in der Aussagenlogik gemacht? Zunächst haben wir auf der Ebene der Aussagen, der Objektebene, extensionale Verknüpfungen identifiziert (darunter auch das Konditional), den auf sie zugeschnittenen Begriff der aussagenlogischen Form eingeführt und schließlich den dazu passenden Begriff der extensionalen Interpretation diskutiert und eingeübt. Auf der metalogischen Ebene haben wir dann zunächst die Begriffe der aussagenlogischen Wahrheit und der aussagenlogischen Falschheit expliziert; dabei wurden die Begriffe der aussagenlogischen Form und der extensionalen Interpretation wesentlich verwendet. Die darauf folgenden metalogischen Begriffe benutzten ihrerseits alle den Begriff der logischen Wahrheit, so daß sich dieser Begriff als der grundlegende Begriff der Metalogik herausgestellt hat. Beim Begriff der logischen Folgerung stellten sich einige Komplikationen ein, die vom extensionalen Charakter des Konditionals, das in die Definition eingeht, herrühren. Dieser Problemkomplex konnte nur ein Stück weit diskutiert, nicht aber abschließend geklärt werden. Die Definition der übrigen metalogischen Begriffe erfolgte problemlos, stets unter Verwendung des Begriffs der aussagenlogischen Wahrheit.

Ich möchte nun noch drei allgemeine Bemerkungen zur Aussagenlogik machen. Zunächst werde ich auf ein Problem zurückkommen, das ich bereits in Abschnitt I.3.1 (S. 32 ff.) angesprochen hatte, nämlich was man in der Aussagenlogik unter einer Aussage verstehen soll, anders gesagt, was eigentlich der Gegenstand der Aussagenlogik ist (3.2). Dann werde ich auf die Frage zu sprechen kommen, ob und in welchem

Sinn die Logik eine Rechtfertigung des logischen Schließens liefert (3.3). Schließlich wird sich damit die Frage ein Stück weit beantworten lassen, ob man es bei der Entwicklung der Logik nicht notwendigerweise mit einem zirkulären Verhältnis von Objekt- und Metaebene zu tun hat (3.4).

3.2 Aussagen in der Aussagenlogik

In der Aussagenlogik ergibt sich das Zwingende korrekter Folgerungen vor allem durch die Wiederholung bestimmter extensional verknüpfter (Teil-)Aussagen. Wir hatten diesen Umstand aber bisher nur an Beispielen gesehen und sind daher nicht über eine gewisse Plausibilität dieser Behauptung hinausgelangt (siehe Abschnitt II.2.4.b, Adäquatheitsbedingung 1, S. 100). Tatsächlich aber läßt sich beweisen, daß eine aussagenlogische Formel nur dann logisch wahr sein kann, wenn mindestens ein Satzbuchstabe in ihr mehr als einmal vorkommt (wobei vorausgesetzt werden muß, daß in der Formel keine Junktoren vorkommen, deren Wahrheitstafeln nur w's oder nur f's enthalten); der Beweis für diesen Satz findet sich im Anhang (S. 273 ff.). Mit anderen Worten: In a.l. wahren Aussagen und in a.l. korrekten Schlüssen muß mindestens eine (Teil-)Aussage wiederholt vorkommen. Nun ist dieser Sachverhalt für das am Anfang in Kap. I, Abschnitt 3.1, S. 32 ff., genannte Problem, was eigentlich eine Aussage im Sinne der Aussagenlogik ist, von einiger Bedeutung. Damit nämlich überhaupt davon gesprochen werden kann, daß eine Aussage wiederholt vorkommt, muß eine Aussage etwas sein, das *einer Wiederholung fähig* ist. Damit aber kann in der Aussagenlogik das mit dem Begriff ‚Aussage‘ Gemeinte kein physisches Vorkommnis wie eine konkrete Äußerung (eine in einem bestimmten Zeitintervall an einem bestimmten Ort vorkommende Lautfolge) oder eine physisch vorliegende Inschrift sein. Ein solches physisches Vorkommnis ist notwendigerweise historisch einmalig und kann daher nicht wiederholt werden. Der für die Aussagenlogik einschlägige Begriff der Aussage muß demnach etwas Abstrakteres bezeichnen, eben etwas, das der Wiederholung fähig ist. Man könnte beispielsweise die in einem Schluß wiederholt vorkommenden Aussagen als verschiedene Instantiierungen ein und desselben Aussageschemas ansehen. Damit ist natürlich noch nicht geklärt, wie man dieses Schema näher zu bestimmen hat, ob als Inschriftenschema, als Äußerungsschema, oder als Urteilsaktschema. Eine andere Möglichkeit besteht darin, den Aussagesinn, also den in einer konkreten Äußerung oder Inschrift gemeinten Sachverhalt (worin immer er genau besteht), als dasjenige anzusehen, was in der Aussagenlogik als ‚Aussage' angesprochen wird. Das in einer bestimmten Äußerung bzw. Inschrift Gemeinte ist ja etwas, das tatsächlich wiederholt geäußert bzw. aufgeschrieben werden kann.

Ich kann der Frage, welche der letztgenannten Möglichkeiten nun als der für die Aussagenlogik einschlägige Sinn von ‚Aussage' angesehen werden sollte, hier nicht mehr weiter nachgehen. Interessant ist an der bisherigen Klärung einmal, daß man sich in der Logik von vornherein, d. h. aufgrund des zu behandelnden Gegenstandes, notwendig auf der Ebene einer bestimmten Abstraktion gegenüber den physischen Vorkommnissen in der Welt bewegt: Aussagen im Sinne der Aussagenlogik können nicht konkrete physische Vorkommnisse irgend einer Art sein, weil diese alle historisch einmalig sind. Zum anderen ist bemerkenswert, daß sich diese Bestimmung des Gegenstands der Aussagenlogik *aus dem formalen Apparat der Aussagenlogik selbst* ergibt, und nicht etwa aus irgendwelchen an die Logik gewissermaßen von außen herangetragenen Überlegungen.

3.3 Logik als Rechtfertigung des Schließens?

Früher wurde die Logik vielfach als die Lehre vom richtigen Denken bezeichnet. Diese Charakterisierung der Logik ist heute weitgehend in Ungnade gefallen, weil hier das Mißverständnis der Logik als einer Verstandesschulung u. ä nahegelegt wird. Von solchen psychologischen Obertönen aber will man in der modernen Logik gar nichts wissen (sie waren vor allem im 19. Jahrhundert sehr verbreitet, wurden aber von Frege und Husserl erfolgreich zurückgewiesen). Statt dessen wird die Logik heute vielfach als eine Lehre von den korrekten Schlüssen oder von der Folgerichtigkeit bezeichnet. Diese Bezeichnung ist auch ganz in Ordnung, aber sie führt auf gewisse Probleme. Natürlich will man in der Aussagenlogik die korrekten Schlüsse von den inkorrekten unterscheiden. Aber diese Unterscheidung soll nicht willkürlich erfolgen, sondern sie soll begründet sein: Es darf nicht willkürlich festgelegt werden, ob eine bestimmte Schlußweise korrekt ist, sondern man sollte ein möglichst zwingendes Argument für die Korrektheit einer bestimmten Schlußweise geben können. Mit anderen Worten: Man kann sich in der Logik nicht mit einer *Deskription*, etwa einer (vollständigen) Auflistung korrekter Schlüsse begnügen, sondern man sollte auch *rechtfertigen* können, warum bestimmte Schlußformen korrekt sind und andere nicht. Aber genau dies scheint die Logik, so wie wir sie hier kennengelernt haben, auf vorzügliche Weise zu leisten: Die Gültigkeit eines Schlusses läßt sich, jedenfalls wenn keine sprachlichen Mehrdeutigkeiten vorliegen, zweifelsfrei überprüfen. ‚Zweifelsfrei überprüfen' heißt hier: Man kann mit der Auswertung der Wahrheitstafel der entsprechenden Formel (einer a.l. Form von ‚Prämissenkonjunktion → Konklusion') einen mathematischen Beweis für bzw. gegen die Korrektheit der jeweiligen Schlußform führen. Die kognitive Sicherheit, die mathematische Beweise bieten, scheint aber für den menschlichen Geist unüberbietbar zu sein – das ist jedenfalls die Lektion, die man aus etwa zweieinhalbtausend Jahren Mathematik-, Wissenschafts- und Philosophiegeschichte beziehen kann. In der Aussagenlogik können demnach die korrekten Schlüsse nicht nur *beschrieben*, sondern ihre Korrektheit auch zweifelsfrei *gerechtfertigt* werden. Wo also sind die Probleme?

Diese Probleme beginnen sichtbar zu werden, wenn man sich fragt, was eigentlich Beweise sind. Beweise sind *logische Schlußfolgerungen* aus bestimmten *Prämissen*; der Beweis für die Wahrheit einer bestimmten Behauptung setzt voraus, daß die entsprechenden Prämissen wahr und die verwendeten Schlußfolgerungen korrekt sind. Was sind die Prämissen für einen Beweis, daß eine bestimmte Schlußform korrekt bzw. unkorrekt ist? Die wesentliche Prämisse für diesen Beweis ist die Definition 2.11 der logischen Folgerung, die den Maßstab für die Korrektheit von a.l. Folgerungen darstellt: Erfüllt eine Folgerung die Definition, so ist sie korrekt; erfüllt sie sie nicht, so ist sie jedenfalls keine aussagenlogisch korrekte Folgerung. Wie wurde Definition 2.11 begründet? Zunächst einmal ist festzuhalten, daß sie tatsächlich begründet wurde, weil der spezifische Charakter von Definition 2.11 dies verlangte: Es handelt sich um eine Explikation und nicht etwa um eine mehr oder weniger willkürliche synthetische Definition (siehe Abschnitt II.2.4.a, S. 94 ff.). Die Begründung erfolgte durch die Adäquatheitsbedingungen; tatsächlich ergab sich Definition 2.11 zwingend aus den Adäquatheitsbedingungen 1 bis 4 (siehe Abschnitt II.2.4.d, S. 105 ff.). Aber wie wurden die Adäquatheitsbedingungen begründet? Die Adäquatheitsbedingungen wurden mit einigen wenigen Beispielen von Schlüssen plausibel gemacht, insbesondere mit dem als korrekt unterstellten Schluß in Beispiel 2.19: Hans war betrunken oder er stand unter Drogeneinfluß; Hans war nicht betrunken; also: Hans stand unter Drogeneinfluß. Dieser Schluß wurde als korrekt *unterstellt*, d.h., seine Korrektheit stand nie in Frage, und seine unterstellte Korrektheit war die Basis für die Formulierung der Adäquatheitsbedingungen, die ihrerseits die Basis für Definition 2.11 waren. Mit anderen Worten: Die argumentative Basis für die Definition 2.11 der korrekten logischen Folgerung war eine kleine Menge von Beispielen, deren Korrektheit (bzw. Inkorrektheit im Fall von Beispiel 2.21) von vorneherein unterstellt war. Es ist nicht zu sehen, wie man sich ohne eine gewisse Vertrautheit mit dem Phänomen des korrekten Schlußfolgerns, also ohne die Kenntnis einiger korrekter und einiger unkorrekter Schlüsse, die Adäquatheit der vier Adäquatheitsbedingungen plausibel machen könnte. Es ist kein Zufall und auch kein bloßer didaktischer Trick, daß Logik-Lehrbücher mit Beispielen korrekter und inkorrekter Schlüsse zu beginnen pflegen; diese Beispiele bilden die unaufgebbare argumentative Basis der Logik. Unter diesen Voraussetzungen wäre es völlig absurd zu behaupten, wir hätten mit der Anwendung von Definition 2.11 auf Beispiel 2.19 (Abschnitt II.2.4.d, S. 110f.) die Korrektheit dieses Schlusses *bewiesen*. Vielmehr haben wir mit dieser Anwendung lediglich gezeigt, daß uns keine gravierenden Fehler unterlaufen sind, was die an Beispiel 2.19 abgelesene Plausibilität von Definition 2.11 anlangt: Die Kriterien für korrekte Schlüsse wurden an Beispiel 2.19 gewonnen, und es ist daher auch kein Wunder, daß sie auf dieses Beispiel erfolgreich anwendbar sind. Die unterstellte Korrektheit von Beispiel 2.19 ist also durch die erfolgreiche Anwendung von Definition 2.11 um keinen Deut sicherer geworden; eine Rechtfertigung der Korrektheit des Schlusses hat nicht stattgefunden.

Wie ist dann aber das Verhältnis von Definition 2.11 zu verschiedenen konkreten Schlüssen oder Schlußformen zu beschreiben? Unzutreffend wäre sicherlich die Beschreibung dieses Verhältnisses als eines nur in eine Richtung verlaufenden Rechtfertigungsverhältnisses. Denn zum einen ist es nicht so, daß mit Definition 2.11 alle korrekten Schlußformen ihre Rechtfertigung fänden, weil manche von ihnen in die Begründung von Definition 2.11 eingeflossen sind. Zum anderen aber eignet sich Definition 2.11 doch auch zur Beurteilung von Schlüssen: Wir können durch sie beispielsweise auf verführerische Fehlschlüsse aufmerksam werden. Das Verhältnis von Definition 2.11 zu den konkreten Anwendungsfällen ist daher, mit einem treffenden Ausdruck des Philosophen John Rawls, das eines *reflexiven Gleichgewichts*. Im Licht von Beispielen korrekter Schlüsse formuliert man eine allgemeine Definition für die Korrektheit von Schlüssen, die man anschließend auf weitere Beispiele anwendet. Dabei kann dreierlei geschehen. Bei Schlüssen, bei denen man *keine Vormeinung* hinsichtlich ihrer Korrektheit hat, liefert die Definition eine Beurteilung. Bei Schlüssen, bei denen man eine Vormeinung hinsichtlich ihrer Korrektheit hat, kann die Anwendung der Definition zum einen diese Vormeinung *bestätigen*; dies erzwingt keine weitere theoretische Aktion. Die Anwendung der Definition kann aber zum andern ein Ergebnis haben, das von der Vormeinung *abweicht*. In diesem Fall muß sowohl die Möglichkeit in Betracht gezogen werden, daß die Vormeinung irrtümlich besteht, als auch die Möglichkeit, daß die Definition inadäquat ist. Welche dieser beiden Möglichkeiten zutrifft, kann nicht im voraus entschieden werden; es kann sogar einen langanhaltenden Dissens hinsichtlich dieser Alternative geben. Der Theoriebildungsprozeß ist beendet, wenn die eventuell korrigierten Vormeinungen über bestimmte Beispiele und die allgemeine Definition miteinander übereinstimmen, wenn also diese Annahmen alle untereinander *kohärent* sind; dann ist das reflexive Gleichgewicht (zwischen allgemeiner Definition und konkreten Anwendungsfällen) erreicht. Es ist genau dieses Verfahren, das wir in den Abschnitten II.2.4.b bis II.2.4.f angewendet haben. Und der mögliche Dissens bei einer Diskrepanz von Definition und Beispielsfällen ist in der Logik rauhe Wirklichkeit: Es ist der Dissens hinsichtlich der sogenannten Paradoxien der Implikation (Abschnitt II.2.4.f, S. 120ff.).

3.4 Zum Verhältnis von Objekt- und Metaebene in der Logik

Es gibt nun noch einen weiteren Grund, warum die Rede von den Beweisen oder Rechtfertigungen von Schlußformen durch die formale Logik äußerst problematisch ist. Ich hatte oben gesagt, daß Beweise logische Schlußfolgerungen aus bestimmten Pramissen sind, und im vorangegangen Abschnitt wurde dann eine wesentliche Prämisse von Beweisen für die Korrektheit von Schlüssen untersucht. In diesem Abschnitt soll nun auch das andere Element solcher Beweise betrachtet werden, nämlich die in ihnen verwendeten logischen Schlußfolgerungen. Das sich ergebende Problem entsteht folgendermaßen. Die Logik wird häufig als die Lehre vom korrekten Argumentieren bezeichnet. Dies ist zwar nicht ganz richtig (weil manche korrekte Schlüsse nicht zugleich Argumente für die Konklusion sind, z. B. der Schluß $A \models A$). Dennoch wird man davon ausgehen können, daß die Logik wesentliches zu den Grundlagen des Argumentierens beiträgt. Wenn das der Fall ist, dann entsteht in der Logik eine eigentümlich zirkuläre Struktur. Auf der einen Seite habe ich in dieser Einführung in die Logik dauernd argumentiert und versucht, jeden Schritt, z. B. eine neue Unterscheidung, zu begründen. Auf der anderen Seite soll diese Logik eine gewisse Grundlage für das Argumentieren liefern – aber wie kann sie das, so fragt man sich, wenn das erfolgreiche, d. h. korrekte Argumentieren dabei die ganze Zeit schon vorausgesetzt wird?

Eine besondere Schärfe scheint diese Schwierigkeit bei den „Beweisen" für die Korrektheit bestimmter Schlußformen anzunehmen (ich setze Anführungszeichen um das Wort ‚Beweise', weil wir schon aus dem vorangehenden Abschnitt wissen, daß ihr tatsächlicher Beweis-Status problematisch ist). Um den Beweis zu führen, muß man neben bestimmten Prämissen auch bestimmte Schlußregeln verwenden. Der Beweis soll nun die Korrektheit bestimmter Schlußregeln etablieren. Das führt nicht notwendig sofort zu einer Zirkularität, weil die im Beweis *verwendeten* Schlußregeln ja nicht die gleichen sein müssen wie diejenigen, die durch den Beweis *begründet* werden. Aber die Zirkularität wird unabweisbar, wenn man nach der Korrektheit der in den Beweisen verwendeten Schlußregeln fragt. Entweder macht der Versuch eines Beweises für sie von eben diesen Schlußregeln Gebrauch, dann ist der Beweis zirkulär und damit nach dem gängigen Verständnis ungültig. Oder aber es kann kein Beweis für die in der Logik verwendeten Schlußregeln gegeben werden, und dann hängen diese in der Luft. Wenn man aber die Schlußregeln, die man für die in der Logik geführten Beweise verwendet, nicht rechtfertigen kann, dann ist der Status dieser Beweise selbst ebenfalls dubios.

In vielen Logikbüchern wird dieses Problem schlicht unterschlagen; in anderen wird es auf folgende Weise behandelt. Man müsse in der Logik strikt unterscheiden zwischen der Logik, die unser Untersuchungsgegenstand ist – etwa die Aussagenlogik –, und der Logik, die wir bei diesen Untersuchungen *verwenden*; terminologisch wird dieser Unterschied etwa als der zwischen einer „Objektlogik" und einer „Beobachterlogik" festgehalten. Die Unterscheidung ist die zwischen einer Objektebene und einer zugehörigen Metaebene, wie wir sie auch innerhalb der Logik vorgenommen haben (siehe Abschnitt II.2.1, S. 77). Es ist natürlich richtig, daß man diese beiden Ebenen voneinander unterscheiden kann, aber das Problem, um das es hier geht, ist mit dieser Unterscheidung allein nicht schon völlig aus der Welt geschafft. Ich möchte das mit einem besonders eklatanten Beispiel demonstrieren.

Wir haben den Begriff der a.l. Äquivalenz zweier Formeln bzw. Aussagen A und B als die a.l. Wahrheit des Bikonditionals A ↔ B eingeführt (Abschnitt II.2.5.a, S. 131). Nun stelle ich folgende Behauptung auf: A und B sind genau dann a.l. äquivalent, wenn A ⊨ B und B ⊨ A gelten. Diese Behauptung bedarf eines Beweises. Ein Beweis für eine Behauptung der Form ‚X genau dann, wenn Y', wie wir sie hier vor uns haben, wird geführt, indem man zeigt, daß X eine logische Konsequenz von Y ist und Y eine logische Konsequenz von X (in unserem Fall muß man also zeigen, daß aus A ≡ B die Beziehungen A ⊨ B und B ⊨ A logisch folgen, und daß aus A ⊨ B und B ⊨ A die Beziehung A ≡ B logisch folgt; der Beweis erfolgt mittels Wahrheitstafeln). Doch damit verwendet man in der Beobachterlogik genau diejenige Äquivalenz, die man in der Objektlogik beweisen möchte. Natürlich ist richtig, daß die Äquivalenz in der Beobachterlogik *verwendet* wird und sie in der Objektlogik *Gegenstand der Untersuchung* ist, aber dies ändert nichts an der Tatsache, daß man sich fragen kann, warum man sie denn in der Objektlogik überhaupt beweisen soll, wenn man sie in der Beobachterlogik bereits voller Vertrauen in ihre Geltung verwendet. Schließlich ist diese Äquivalenz entweder in der Objektlogik *und* der Beobachterlogik wahr, oder sie ist es in *beiden* Bereichen nicht. Wieder fragt man sich, ob man es wirklich mit einem Beweis zu tun hat, genau wie bei der Überprüfung der Korrektheit der Folgerung Beispiel 2.19 mittels Definition 2.11, wo doch Beispiel 2.19 bereits in die Definition 2.11 eingegangen ist (siehe Abschnitt II.3.3, S. 157).

Tatsächlich aber ist die Situation im Falle der zu beweisenden Äquivalenz nicht ganz so zirkulär wie bei Beispiel 2.19, wo der „Beweis“ der Korrektheit der Folgerung in Wirklichkeit überhaupt nichts zur Sicherung der unterstellten Korrektheit des Schlusses beitrug. Denn die Verwendung einer Regel in der Beobachterlogik erzwingt keineswegs, daß diese Regel für die Objektlogik beweisbar wird; nur in diesem Fall aber läge eine Zirkularität vor, die die angeblichen Beweise zur Farce machte. Das kann man leicht an einem Beispiel sehen. Nehmen wir an, wir glaubten folgende Behauptung: $A \equiv B$ genau dann, wenn $B \models A$. „Wir glauben“ heißt hier: Wir verwenden diese Behauptung in der Beobachterlogik, verlangen aber einen Beweis für sie in der Objektlogik. Also auf zum Beweis! Die ‚genau dann, wenn‘-Behauptung ist eine Äquivalenz, für die wir in der Beobachterlogik gleich die Behauptung verwenden. Demnach ist zu beweisen: Aus $B \models A$ folgt logisch $A \equiv B$. Doch diese Behauptung läßt sich nicht beweisen, weil sie falsch ist. Das würde uns vermutlich dazu führen, in der Beobachterlogik über die behauptete Äquivalenz nachzudenken und sie dann auch dort aufzugeben.

Dennoch mag man ein gewisses Unbehagen hinsichtlich des Verhältnisses von Objektlogik und Beobachterlogik nicht loswerden, was die tatsächliche Rechtfertigungskraft von Beweisen für objektlogische Behauptungen anlangt. Eine erste Beruhigung dieses Unbehagens kann eintreten, wenn man sich klarmacht, daß die Verwendung von Schlußregeln in den Beweisen einen analogen Status besitzt wie die Verwendung von Beispielen für als korrekt unterstellte Schlüsse, die ich im letzten Abschnitt diskutiert habe. Beweise sind nicht zum Nulltarif zu haben, und Beweise für Schlußregeln bilden hierzu keine Ausnahme. Man kann also realistischerweise nicht erwarten, daß sich die Logik voraussetzungslos entwickeln und begründen läßt. Man wird also in der Beobachterlogik gewisse Schlußregeln als gültig unterstellen müssen, damit das Unternehmen der Objektlogik überhaupt in Gang kommen kann. Auch im Fall des Verhältnisses von Schlußregeln der Beobachterlogik zu denen der Objektlogik wird man bestenfalls ein reflexives Gleichgewicht erreichen können und nicht etwa eine strikte Rechtfertigung in einer bestimmten Richtung. Wie wir an dem obigen Beispiel gesehen haben, besteht nämlich durchaus die Möglichkeit, daß wir von der Objektlogik aus die Beobachterlogik korrigieren können, obwohl die Objektlogik nur aufgrund der Beobachterlogik überhaupt in Gang hat kommen können. Allerdings setzt die Etablierung eines reflexiven Gleichgewichts zwischen Objekt- und Beobachterlogik voraus, daß man einen klaren Überblick über die in der Beobachterlogik eingesetzten Mittel hat. Diesen Überblick haben wir an dieser Stelle aber nicht, denn wir haben uns über die in der Beobachterlogik eingesetzten argumentativen Mittel eigentlich an keiner Stelle Rechenschaft gegeben. Das ließe sich im Prinzip nachholen, wäre aber unsäglich kompliziert, weil wir jedes verwendete Argument auf seine konstitutiven Bestandteile hin untersuchen müßten. Wir werden statt dessen in Kapitel IV, das den mathematischen Zugang zur (Aussagen-)Logik behandelt, einen Zugang zur Logik kennenlernen, bei dem die in der Beobachterlogik verwendeten Mittel von vorneherein explizit gemacht werden.

III
Prädikatenlogik

Zunächst muß man verstehen, warum es in der Logik überhaupt noch etwas zu tun gibt, wo wir die Aussagenlogik doch abgeschlossen haben: Wir haben ja das in der Einleitung formulierte Programm eingelöst und die wichtigsten metalogischen Begriffe, insbesondere den der logischen Folgerung, expliziert. Die Motivation für eine Weiterführung der formalen Logik ergibt sich, wenn wir nochmals unser Einleitungsbeispiel von Abschnitt I.1, S. 14, betrachten:

Beispiel 3.1: Alle Logiker sind Menschen.
Alle Menschen sind schlafbedürftig.

Also: Alle Logiker sind schlafbedürftig.

Wir hatten in der Einleitung diesen Prototyp einer korrekten logischen Folgerung für den ersten Einstieg in die Logik verwendet. Wenn wir jedoch jetzt die Korrektheit dieser Folgerung mittels der Aussagenlogik nachprüfen wollen, dann erleben wir eine herbe Enttäuschung. Da es sich in 3.1 in den Prämissen und der Konklusion um Aussagen ohne wahrheitsfunktionale Verknüpfungen handelt, ist die feinkörnigste a.l. Form der Prämissenkonjunktion $p \wedge q$, und die der Konklusion r. Für die Gültigkeit des Schlusses ist also zu prüfen, ob $p \wedge q \rightarrow r$ eine logische Wahrheit ist, und das ist diese Formel nicht. Offenbar werden die für die Korrektheit des Schlusses entscheidenden logischen Eigenschaften von 3.1 durch *aussagenlogische* Formen nicht erfaßt. Das liegt daran, daß die Korrektheit von 3.1 nicht vom mehrfachen Vorkommen von Teilaussagen und von extensionalen Verknüpfungen lebt, wie das bei aussagenlogischen Schlüssen der Fall ist. Vielmehr sind es hier, wie wir in der Einleitung gesehen haben, wiederholt vorkommende Begriffe (auf deren Bedeutung es aber nicht ankommt) und Wörter wie ‚alle' und ‚einige', die den Mechanismus des Schlusses ausmachen. Wir hatten in der Einleitung schon gesehen, daß das Zwingende des Schlusses nichts dadurch verliert, daß man die Begriffe ‚Logiker', ‚Menschen' und ‚schlafbedürftig' durch Buchstaben ersetzt:

Beispiel 3.2:	Alle A sind B.
	Alle B sind C.
Also:	Alle A sind C.

Dagegen ist es für die Gültigkeit von Beispiel 3.1 tödlich, wenn irgendeiner der wiederholt vorkommenden Begriffe an nur *einer* Stelle durch einen anderen ersetzt wird, also z.B. das zweite ‚Menschen' durch ‚Rekruten':

Beispiel 3.3:	Alle Logiker sind Menschen.
	Alle Rekruten sind schlafbedürftig.
Also:	Alle Logiker sind schlafbedürftig.

Es kommt in solchen Schlüssen wie Beispiel 3.1 bzw. 3.2 also neben Wörtern wie ‚alle' und ‚einige' auf das wiederholte Vorkommen von Begriffen an. Zur Analyse solcher Schlüsse benötigen wir demnach einen Begriff der logischen Form, der gerade diese Elemente, die für die Gültigkeit von Beispiel 3.1 und ähnlichen Schlüssen relevant sind, herauspräpariert und vom Rest abstrahiert. Dieser Begriff wird der Begriff der ‚prädikatenlogischen Form' sein; diese Bezeichnung wird erst später verständlich werden. Der Aufbau der Prädikatenlogik wird dem der Aussagenlogik ganz analog sein, denn es handelt sich im grundsätzlichen um den gleichen Gedankengang: Die Rolle der Junktoren werden hauptsächlich Wörter wie ‚alle', die Rolle wiederholt vorkommender Teilaussagen werden wiederholt vorkommende Begriffe spielen (vgl. Abschnitt II.2.2.a, Bemerkung 3, S. 82, Abschnitt II.2.4.b, Bedingung 1, S. 100, sowie Abschnitt II.3.2, S. 153). Allerdings wird es an einigen Stellen auch zu wesentlichen Unterschieden zwischen Aussagen- und Prädikatenlogik kommen.

1 Das Zeichensystem der Prädikatenlogik

1.1 Klassifikation von Aussagen

Wir betrachten in der Prädikatenlogik zunächst nur Aussagen, in denen keine Aussageverknüpfungen (extensionale oder intensionale) vorkommen; solche Aussagen sind früher ‚unzusammengesetzte Aussagen' bzw. ‚atomare Aussagen' genannt worden (Abschnitt I.3.2, S. 37). Bei den atomaren Aussagen unterscheiden wir zuallererst drei Sorten; ihr Unterschied liegt in der sogenannten ‚Quantität' der Aussage. Damit ist, etwas vorläufig gesagt, die Anzahl der Objekte gemeint, auf die sich die Aussage bezieht. Insbesondere kann sich eine Aussage auf ein bestimmtes, spezifiziertes Objekt beziehen, oder sie kann die Existenz von mindestens einem Objekt mit bestimmten Eigenschaften behaupten, oder sie kann sich auf alle Objekte aus einem spezifizierten Bereich beziehen. Mit dieser Dreifach-Unterscheidung sind natürlich nicht alle Möglichkeiten ausgeschöpft, über wie viele Objekte eine Aussage sprechen kann, aber aus Gründen, die erst später klar werden können, genügt diese dreifache Einteilung.

Die Unterscheidung der Quantität von Aussagen ist der Unterscheidung verschiedener wahrheitsfunktionaler Verknüpfungen in der Aussagenlogik in folgendem Sinne analog (vgl. Abschnitt II.1.1, S. 41 ff.). Die Gültigkeit der aussagenlogischen Schlüsse beruht ja einmal auf der Bedeutung der im Schluß vorkommenden Junktoren und zum anderen auf der Wiederholung bestimmter (Teil-)Aussagen. Deshalb wurden verschiedene Junktoren unterschieden und mittels ihrer Wahrheitstafeln charakterisiert. Analog werden nun hier verschiedene Quantitäten von Aussagen unterschieden, weil sie für die Gültigkeit der prädikatenlogischen Schlüsse mitverantwortlich sind.

a) *Singuläre Aussagen*

Betrachten wir wieder einen Beispielsatz:

Beispiel 3.4: Sokrates ist ein Mensch.

In dieser Aussage wird *über etwas* gesprochen, nämlich über Sokrates. Dafür gibt es in der Logik eine eigene Bezeichnung:

Definition 3.1: Dasjenige, worüber in einer Aussage gesprochen wird, heißt das *logische Subjekt* der Aussage.

Das Wort ‚Subjekt' hat in der Philosophie eine lange und bewegte Geschichte; wörtlich bedeutet es ‚das Zugrundeliegende'. Die bewegte Geschichte des Subjektbegriffs in der Philosophie ergibt sich daraus, daß man sehr verschiedener Meinung sein kann, was in einer bestimmten Situation das Zugrundeliegende im Sinne des Fundamentalen ist. Wie dem auch sei, einer Aussage liegt das logische Subjekt in dem Sinn zugrunde, daß, bevor etwas ausgesagt werden kann, zunächst feststehen muß, worüber etwas ausgesagt werden soll. Bei *singulären Aussagen* ist das logische Subjekt ein *(Einzel-)Gegenstand*, ein *Individuum*. Die Wörter ‚(Einzel-)Gegenstand' und ‚Individuum' sind hier allerdings in einem viel weiteren als dem umgangssprachlichen Sinn zu nehmen: Normalerweise ist mit ‚Gegenstand' ja ein materielles Ding, mit ‚Individuum' ein einzelner Mensch gemeint. In der Prädikatenlogik dagegen werden diese beiden Wörter gleichbedeutend verwendet, und zwar in einem weiten Sinn von *jeglichem Einzelnen* (worunter materielle Dinge oder Lebewesen, aber auch Sachverhalte, Ideen, Prozesse etc. fallen).

Definition 3.2: Ein *Individuum* oder *Gegenstand* im Sinne der Prädikatenlogik ist jegliches Einzelne.

In diesem Sinn sind also beispielsweise die Demokratie, die Zahl 17, Gott, die Idee der Freiheit, mein Kopfweh, der schleichende Zerfall der Akropolis, mein Nachbar und die Menge aller endlichen Mengen Individuen bzw. Gegenstände. Die Namen von Individuen werden folgendermaßen bezeichnet:

Definition 3.3: Wörter, die Individuen bezeichnen, heißen *Individuennamen* oder *Individuenkonstanten*.

(Die letztere Bezeichnung ‚Individuenkonstante' wird erst später ganz verständlich werden.) In Beispiel 3.4 ist dementsprechend das Wort ‚Sokrates' ein Individuenname, und Sokrates selbst, das logische Subjekt der Aussage, ist ein Gegenstand oder Individuum im Sinn von Definition 3.2.

In Beispiel 3.4 wird nun dem logischen Subjekt der Aussage, Sokrates, etwas zugesprochen, nämlich die Eigenschaft, ein Mensch zu sein. Bei einer verneinten Aussage, also etwa ‚Sokrates ist kein Tier', wird ihm eine Eigenschaft abgesprochen, eben die, ein Tier zu sein. Für dieses Zu- oder Abgesprochene gibt es nun wieder ein eigene Bezeichnung:

Definition 3.4: Das in einer Aussage dem logischen Subjekt Zu- bzw. Abgesprochene heißt das *logische Prädikat* der Aussage.

Die Bezeichnung ‚Prädikat' leitet sich vom lateinischen ‚praedicere' her, das ‚zusprechen' bedeutet.

Der Begriff des logischen Prädikats wird in der Logik aber in einem weiteren Sinn verwendet, als bislang sichtbar ist. Bisher sieht es ja so aus, als wäre dieser Begriff nur eine etwas ausgefallene Bezeichnung für das, was man gemeinhin Eigenschaften nennt. Tatsächlich aber umfaßt der Begriff des logischen Prädikats auch die *Relationen,* d.h. Beziehungen zwischen verschiedenen Individuen. Betrachten wir das folgende Beispiel:

Beispiel 3.5: Der Bodensee liegt zwischen Nordsee und Mittelmeer.

Hier wird eine bestimmte Beziehung behauptet, nämlich eine Lagebeziehung, die zwischen drei Individuen besteht, eben dem Bodensee, der Nordsee und dem Mittelmeer. Bodensee, Nordsee und Mittelmeer bilden miteinander das logische Subjekt von 3.5, wobei es auf die Reihenfolge der drei Objekte aber ankommt. Eine Menge von drei Objekten unter Berücksichtigung ihrer Reihenfolge heißt ein *Tripel* (allgemein von n Objekten: ein *n-Tupel*); als Schreibweise hat sich eingebürgert, die Namen der Objekte in der entsprechenden Reihenfolge in runde Klammern zu setzen. Das logische Subjekt von 3.5 ist demnach das Tripel (Bodensee, Nordsee, Mittelmeer). Das logische Prädikat von Beispiel 3.5 ist ‚... liegt zwischen ... und ...', das dem genannten logischen Subjekt zugesprochen wird. Prädikate können nun danach unterschieden werden, wie vielen Individuen sie gleichzeitig zugesprochen werden müssen; hier die entsprechenden Bezeichnungen:

Definition 3.5: Prädikate, die einem aus einem Individuum bestehenden logischen Subjekt zugesprochen werden, heißen *einstellige Prädikate*; die anderen *mehrstellige Prädikate* oder *Relationen*. Besteht das logische Subjekt eines mehrstelligen Prädikats aus n Individuen, so heißt es auch *n-stelliges Prädikat*.

Das obengenannte ‚... ist ein Mensch' ist demnach ein einstelliges Prädikat, während ‚... liegt zwischen ... und ...' ein dreistelliges Prädikat ist.

Hier nun noch eine Vereinfachung der Schreibweise von Prädikaten. Statt der Darstellung des für einen Individuennamen freigehaltenen Platzes durch Pünktchen wie bei ‚... ist ein Mensch' setzt man einen Platzhalter für Individuennamen, z. B. ‚x'. Das ergibt als Schreibweise für das Prädikat: ‚x ist ein Mensch'. Der Platzhalter muß dabei nicht am Anfang stehen; so ist beispielsweise auch ‚Anton haßt x' ein Prädikat: Einem Individuum x (was immer es ist) wird zugesprochen, daß Anton es haßt. Analog verwendet man für mehrstellige Prädikate mehrere Platzhalter; für die oben verwendete geographische Lagebeziehung kann man also schreiben: ‚x liegt zwischen y und z'.

Übung 3.1 Bestimmen Sie in den folgenden Sätzen das logische Subjekt, das Prädikat und seine Stellenzahl (bisweilen gibt es mehrere Möglichkeiten):

1. Verena sitzt am Tisch.
2. Verena und Stefan sitzen am Tisch.
3. Verena sitzt Stefan gegenüber.
4. Konstanz liegt am Bodensee.
5. Drei Muscheln liegen am Strand.

6. Dozentin S. beginnt ihre Vorlesung gewöhnlich sehr pünktlich.
7. Der Spatz in der Hand ist besser als die Taube auf dem Dach.
8. Zwei Spatzen in der Hand sind besser als zwei Tauben auf dem Dach.
9. Es regnet.
10. Jemand sitzt am Tisch.
11. Niemand sitzt am Tisch.

Zu den soeben eingeführten Begriffen sind folgende Bemerkungen zu machen.

1. Am Beispiel der singulären Aussage sind wir auf einen Aspekt aufmerksam geworden, der für unser Denken und Sprechen allgemein zu gelten scheint und von zentraler Bedeutung ist: die *prädikative Struktur von Aussagen*. Es scheint ein Charakteristikum unseres Denkens und Sprechens zu sein, daß es von etwas handelt (logisches Subjekt), dem etwas zu- oder abgesprochen wird (logisches Prädikat). Hierzu lassen sich verschiedene Fragen stellen. Zunächst einmal kann man fragen, ob diese prädikative Struktur primär eine Eigenschaft des Denkens ist *oder* des Sprechens bzw. der Sprache. Sollte es sich um eine Eigenschaft der Sprache handeln, so kann man fragen, ob sie allen Sprachen zukommt oder vielleicht nur den indoeuropäischen Sprachen, und darum auch dem Deutschen? Sollte es sich um eine Eigenschaft des Denkens handeln, so läßt sich ähnlich fragen, wie universell dieses Phänomen ist: Ist es kulturell begrenzt oder universell menschlich oder sogar eine Eigenschaft, die jeglichem Denken zukommt, soweit es diesen Namen überhaupt verdient? Oder sind schon diese Fragen

weit überzogen, weil es auch in unserem Kulturkreis ein nicht-prädikatives Denken gibt, das nur nicht so offensichtlich zutage liegt, weil es sich nicht in Aussagen fassen läßt? Gibt es vielleicht ein vorprädikatives Denken, das sogar die Voraussetzung des prädikativen Denkens bildet? Diese Fragen führen offensichtlich weit aus der Logik selbst heraus, sie werden aber durch die Logik sichtbar – jedenfalls, wenn man sich hinsichtlich der Befunde der Logik weitere Fragen zu stellen gestattet.

2. Die Identifikation von logischem Subjekt und logischem Prädikat in einer Aussage kann, muß aber nicht eindeutig sein. Eindeutig ist sie beispielsweise in Beispiel 3.4 ‚Sokrates ist ein Mensch': Es gibt nur die Möglichkeit, daß Sokrates das logische Subjekt und ‚x ist ein Mensch' das logische Prädikat ist. Anders aber im Falle von Beispiel 3.5: ‚Der Bodensee liegt zwischen Nordsee und Mittelmeer'. Denn bei diesem Beispiel läßt sich auch sagen, daß vom Bodensee allein die Rede ist (logisches Subjekt) und zwar mittels des einstelligen Prädikats ‚x liegt zwischen Nordsee und Mittelmeer'. Eine weitere Möglichkeit ist beispielsweise, als logisches Subjekt das Paar (Bodensee, Mittelmeer) anzusehen und dementsprechend als zweistelliges Prädikat ‚x liegt zwischen Nordsee und y'. Die Tatsache, daß wir bei vielen Aussagen auf verschiedene Weisen zwischen logischem Subjekt und logischem Prädikat unterscheiden können, wird zur Folge haben, daß die prädikatenlogische Form einer Aussage im allgemeinen nicht eindeutig bestimmt ist. Auch hier besteht also eine direkte Parallele zur Aussagenlogik (vgl. Abschnitt II.1.2.b, Punkt 6, S. 63 f.).

3. Die Begriffe ‚logisches Subjekt' und ‚logisches Prädikat' kennzeichnen eine ganz spezifische Rolle, die Begriffe in Aussagen spielen. Man kann diese Rolle von Begriffen ihre ‚logische Rolle' nennen, wie wir später bei der Explikation des prädikatenlogischen Folgerungsbegriffs sehen werden.

Wegen dieses sehr spezifischen Blickwinkels der Logik deckt sich die *logische* Unterscheidung von Subjekt und Prädikat nicht mit der ähnlichen *grammatischen* Unterscheidung der beiden Satzteile Subjekt und Prädikat. Das ist ganz offensichtlich bei Beispiel 3.5: ‚Der Bodensee liegt zwischen Nordsee und Mittelmeer', wo das grammatische Subjekt ‚Der Bodensee' und das grammatische Prädikat ‚liegt' ist, während ‚zwischen Nordsee und Mittelmeer' eine adverbiale Bestimmung des Ortes ist. Ebenfalls deckt sich die Unterscheidung von logischem Subjekt und Prädikat nicht mit irgendwelchen Unterscheidungen von *Wortarten*.

4. Ein und dasselbe Wort kann zum Ausdruck von Prädikaten verschiedener Stellenzahl dienen. Das Wort ‚liegen' beispielsweise diente in Beispiel 3.5 dazu, ein dreistelliges Prädikat auszudrücken (jedenfalls ist das eine Möglichkeit, wie man die Aussage analysieren kann). Aber mit dem Wort ‚liegen' kann man auch ein einstelliges Prädikat formulieren, z.B. in ‚Theophil liegt'.

5. In der Geschichte der Logik wird die sogenannte „klassische Logik" von der „modernen" oder „mathematischen Logik" unterschieden. Die letztere Bezeichnung rührt daher, daß diese Logik vor allem im Zusammenhang mit Grundlagenproblemen der Mathematik entwickelt worden ist, und zwar seit der Mitte des 19. Jahrhunderts. Einer der vielen Unterschiede zwischen diesen Logiken besteht in den Auffassungen des logischen Prädikats. Die *klassische* Logik versteht unter einem logischen Prädikat einen Begriff; sie unterscheidet drei Glieder einer elementaren Aussage. Beim Beispiel ‚Sokrates ist ein Mensch' ist ‚Sokrates' der Subjektbegriff, ‚(ein) Mensch' der Prädikatbegriff, und das Wort ‚ist' ist die sogenannte Kopula, das Subjekt und Prädikat verbindende Element. Die Form, in der die klassische Logik singuläre Aussagen darstellt, ist daher ‚S ist P'. Hingegen unterscheidet die *moderne* Logik bei solchen Aussagen nur logi-

sches Subjekt und logisches Prädikat: Beim Beispiel ist ebenfalls ‚Sokrates' das Subjekt, aber das Prädikat besteht aus dem Rest des Satzes, also ‚(Leerstelle) ist ein Mensch'. Die Frage, warum es in der modernen Logik diese Änderung in der Auffassung des logischen Prädikats gegeben hat, diskutiere ich jedoch hier nicht, denn sie würde uns zu weit wegführen.

6. Wir wollen nun unsere Redeweise etwas vereinfachen. Da im Kontext der Prädikatenlogik immer nur vom *logischen* Subjekt und Prädikat die Rede ist und nicht vom grammatischen, werde ich das Adjektiv ‚logisch' vielfach weglassen.

7. Zum Abschluß dieses Abschnitts noch die Definition zweier Begriffe, die für die Prädikatenlogik von wesentlicher Bedeutung sind:

Definition 3.6:
1. Die *Intension* eines Prädikats ist der Sinn (oder die Bedeutung) des Prädikates.
2. Die *Extension* eines Prädikats ist die Menge der Gegenstände, auf die das Prädikat zutrifft.

Beispielsweise ist die Intension des Prädikats ‚x ist rot' die Eigenschaft des Rot-Seins; die Extension von ‚x ist rot' ist die Menge derjenigen Dinge, auf die das Prädikat zutrifft, also die Menge der roten Dinge. Etwas komplizierter ist die Lage bei mehrstelligen Prädikaten, also z. B. bei ‚x liegt zwischen y und z'. Die Intension dieses dreistelligen Prädikates ist die Lagebeziehung des Dazwischenliegens. Was ist seine Extension? Das Prädikat trifft auf bestimmte Tripel zu, also etwa auf (Bodensee, Nordsee, Mittelmeer). Natürlich gibt es noch viele andere Tripel, auf die das Prädikat zutrifft, und deren Gesamtheit ist die Extension dieses dreistelligen Prädikats. Allgemein ist die Extension eines n-stelligen Prädikats eine

Menge von n-Tupeln, also von geordneten Mengen von n Elementen.

Die Begriffe ‚Intension' und ‚Extension' treten in der modernen Logik an die Stelle der älteren, aber immer noch gebräuchlichen Begriffe ‚Begriffsinhalt' und ‚Begriffsumfang'; sie decken sich aber nicht ganz mit diesen Begriffen.

Allem Anschein nach gilt zwischen Intension und Extension die folgende Beziehung: Die Intension eines Prädikats determiniert seine Extension, denn die Bedeutung des Prädikates bestimmt die Menge der Gegenstände, auf die es zutrifft. Beispielsweise ist beim Prädikat ‚x ist rot' durch die Eigenschaft ‚Rot-Sein' die Menge der roten Gegenstände bestimmt. (Allerdings ist anzumerken, daß in der neueren sprachphilosophischen Diskussion auch die Position vertreten wird, daß die Intension die Extension nicht bestimmt; die Argumente hierfür müssen uns aber jetzt nicht interessieren.) Dagegen gilt die Umkehrung dieses Satzes sicher *nicht*: die Extension determiniert die Intension nicht, oder: Prädikate *gleicher* Extension können *verschiedene* Intensionen haben. Ein klassisches Beispiel sind die beiden Prädikate ‚x ist gleichseitig' und ‚x ist gleichwinklig', bezogen auf ebene Dreiecke. Beide Prädikate haben die gleiche Extension, da alle ebenen gleichseitigen Dreiecke auch gleichwinklig sind und umgekehrt. Dagegen sind die Intensionen der beiden Prädikate, also die von ihnen angesprochenen Eigenschaften von Dreiecken, verschieden: Gleichwinkligkeit ist etwas anderes als Gleichseitigkeit, auch wenn beide Eigenschaften bei ebenen Dreiecken immer zusammen vorkommen. Der eigenartige Charakter des Streits, ob eine bestimmte Flasche halb voll oder halb leer ist, läßt sich mit der Unterscheidung von Extension und Intension aufklären. Extensional betrachtet besteht überhaupt kein Streit: Alle halb vollen Flaschen sind zugleich halb leer, und umgekehrt. Intensional betrachtet dagegen besteht tatsächlich ein Unterschied, der –

die entsprechende Motivation vorausgesetzt – eine Quelle nicht enden wollender Diskussionen sein kann.

Es sei hier nur darauf hingewiesen, daß der Begriff der Prädikats-Intension ein sehr problematischer Begriff ist, ganz ähnlich, wie der Begriff der Aussage ein problematischer Begriff ist (vgl. Abschnitt I.3.1, S. 32 ff.). Wenn man nämlich danach fragt, was denn die Bedeutung eines Prädikats eigentlich ist, woraus sie besteht, wie sie sich zur Verwendung des Prädikats verhält etc., dann bewegt man sich in einem in der Philosophie hochkontroversen Feld. Aber ähnlich wie bei den Problemen des Aussagebegriffs ist man in der formalen Logik von solchen Problemen weitgehend unbehelligt, in dem Sinn nämlich, daß sich diese Probleme auf die Möglichkeit, die Prädikatenlogik hier weiterzuführen, nicht störend auswirken.

b) *Universelle Aussagen*

Eine *universelle Aussage* oder *Allaussage* haben wir in dem folgenden Beispiel vor uns:

Beispiel 3.6: Alle Leser dieses Buches langweilen sich.

Das ‚Alle' in dieser Aussage, so wissen wir schon aus der Einleitung, ist logisch relevant, d. h., die Gültigkeit bzw. Ungültigkeit von Folgerungen aus dieser Aussage hängt von ihm ab. Es wird dementsprechend zur prädikatenlogischen Form dieser Aussage gehören und nicht zum Inhalt, von dem mit Blick auf die Gültigkeit von Folgerungen abstrahiert werden kann. Doch zunächst müssen wir fragen, worüber in Beispiel 3.6 eigentlich gesprochen wird. Hier gibt es zwei Möglichkeiten: Es könnte von der Menge der Leser dieses Buches als ganzer die Rede sein, also von einem Kollektiv, oder es könnte von jedem einzelnen Element dieser Menge die Rede sein. Offenbar ist die zweite Möglichkeit die angemessene, denn es können sich ja nur einzelne langweilen, nicht aber eine Menge. (Anders ist es natürlich bei Aussagen wie ‚Die Menge der Zwerge Schneewittchens hat sieben Elemente': Bei solchen Aussagen ist tatsächlich von der Menge als Ganzer die Rede, denn die Eigenschaft, sieben Elemente zu haben, kommt nur der Menge, nicht aber den Elementen zu.) Demnach bezieht sich in Beispiel 3.6 die Prädikation wieder auf einzelne, und das ‚alle' verlangt, daß man diese Prädikation auf *jeden* einzelnen Leser bezieht.

Zur Darstellung von Allaussagen wie Beispiel 3.6 führt man in der Prädikatenlogik eine spezielle Schreibweise ein (analog den Zeichen für die Junktoren in der Aussagenlogik), die sich später bei der Darstellung der prädikatenlogischen Form als besonders praktisch herausstellen wird. Man benutzt den sogenannten *Allquantor* und einen zugehörigen (*Gegenstands-* oder *Individuen-*)*Bereich*. Das Zeichen für den Allquantor ist ‚$\bigwedge$'. Geschrieben wird Beispiel 3.6 dann folgendermaßen:

Beispiel 3.6a: $\bigwedge$ x (x langweilt sich)
Bereich: Leser dieses Buches.

Gelesen wird in 3.6a der Allquantor ‚$\bigwedge$ x' als ‚Für alle x gilt'. In der Literatur findet man für den Allquantor auch das Zeichen ‚∀' (ein umgekehrtes ‚A' für ‚Alle') bzw. für ‚Für alle x gilt' ein ‚x' in runden Klammern, also ‚(x)'. Der Bereich gibt an, welche Individuen x mit dem ‚alle' gemeint sind, in diesem Fall nicht etwa alle Langhaardackel, sondern eben die Leser dieses Buches. Das Zeichen für den Allquantor erinnert nicht zufällig an das Zeichen für die Konjunktion, denn hier besteht eine enge Verwandtschaft. So besagt 3.6a ja nichts anderes als:

Beispiel 3.6b: Leser_1 langweilt sich ∧ Leser_2 langweilt sich ∧ Leser_3 …

Bei 3.6a bzw. 3.6b ist es eindeutig, worauf sich die Prädikation bezieht: auf jeden einzelnen Leser x dieses Buches. Die Variable ‚x', so wie sie in Beispiel 3.6a vorkommt, trägt einen besonderen Namen:

Definition 3.7: Eine Variable, auf die sich ein Quantor bezieht und die einen bestimmten Individuenbereich durchläuft, heißt (*durch den Quantor*) *gebundene Individuenvariable.*

‚Individuen*variable*' wird ‚x' genannt, weil es kein festes Individuum bezeichnet, sondern einen bestimmten Bereich durchläuft und insofern variabel ist; ‚gebunden' wird diese Variable genannt, weil das ‚x' vom Quantor abhängt, der sagt, auf welche Weise das ‚x' variieren soll.

Übung 3.2 Schreiben Sie mittels Allquantor(en) und Bereichsangabe (bisweilen gibt es mehrere Möglichkeiten):

1. Alle Brücken sind schön.
2. Alle großen Brücken sind schön.
3. Alle Menschen lieben Hans.
4. Hans liebt alle Menschen.
5. Jeder Mensch liebt Hans.
6. Jedermann war damals unglücklich.
7. Alle Punkte auf dem Kreisumfang haben den gleichen Abstand vom Kreismittelpunkt.

c) *Existenzaussagen*

Die dritte Gruppe unzusammengesetzter Aussagen sind die Existenzaussagen, die traditionellerweise auch *partikuläre Aussagen* heißen.

Beispiel 3.7: Es gibt mindestens einen lungenkranken Großstadtbewohner.

Zur Darstellung von Aussagen wie Beispiel 3.7 wird ganz analog dem Allquantor der *Existenzquantor* und ein zugehöriger Bereich eingeführt. Das Zeichen für den Existenzquantor ist ‚$\bigvee$' (oder auch ‚$\exists$', ein umgedrehtes ‚E' für ‚Existiert'). Geschrieben wird Beispiel 3.7 dann folgendermaßen:

Beispiel 3.7a: $\bigvee$ x (x ist lungenkrank)
Bereich: Großstadtbewohner.

Gelesen wird in 3.7a der Existenzquantor als ‚Für (mindestens) ein x gilt' oder ‚Es gibt (mindestens) ein x, so daß' oder ‚Einige x sind' oder ‚Manche x sind'. Allerdings sind die beiden letzteren Lesarten etwas irreführend, weil sie mit ‚Es gibt (mindestens) ein x, so daß' nicht genau gleichbedeutend sind, und dies aus zwei Gründen. Erstens ist im Deutschen mit ‚Einige x sind das und das' und mit ‚Manche x sind das und das' wohl gemeint, daß es mindestens *zwei* x gibt, die die entsprechende Eigenschaft haben. Wenn man beispielsweise sagt: ‚Einige Logiker sind gebildet', so würde man diesen Satz kaum für wahr erachten, wenn es auf der ganzen Welt gerade einen einzigen Logiker gäbe, der außer der Logik noch etwas Mozart und die Beatles kennt; das absolute Minimum, um den deutschen Satz guten Gewissens behaupten zu können, wäre wohl die Existenz mindestens zweier gebildeter Logiker (aber auch das wäre noch recht dürftig!). Zweitens ist im Deutschen mit ‚Einige x sind das und das' wohl immer mitgemeint ‚... aber nicht alle x sind das und das'. Wer sagt: ‚Einige Unternehmen der Chemiebranche sind sehr umweltbewußt', drückt damit gleichzeitig aus – wenn auch indirekt –, daß nicht *alle* Unternehmen der Chemiebranche besonders umweltbewußt sind. Die Implikation des ‚nicht alle' fehlt aber beim Existenzquantor: Er besagt lediglich, daß es mindestens ein x mit der entsprechenden Eigenschaft gibt, läßt aber völlig offen, wie viele es darüber hinaus gibt oder eben auch nicht gibt.

Das Zeichen für den Existenzquantor erinnert nicht zufällig an das Zeichen für die Adjunktion, denn hier besteht eine enge Verwandtschaft zur Adjunktion. So besagt Beispiel 3.7a ja nichts anderes als

Beispiel 3.7b: Großstadtbewohner$_1$ ist lungenkrank $\vee$
Großstadtbewohner$_2$ ist lungenkrank $\vee$
Großstadtbewohner$_3$ ist …

Das ‚Es existiert mindestens ein x, so daß' benötigt man oft, weshalb es sinnvoll ist, dem Existenzquantor diese Bedeutung zu geben; beispielsweise ist es früher in einigen Definitionen aufgetaucht. Die hinter dem Existenzquantor stehende Variable ‚x' wird wieder als eine (*durch den Quantor*) *gebundene Individuenvariable* bezeichnet.

Übung 3.3 Schreiben Sie mittels Existenzquantor(en) und Bereichsangabe (bisweilen gibt es mehrere Möglichkeiten):

1. Manche Häuser sind schön.
2. Einiges ist schön.
3. Jemand besteigt das Matterhorn.
4. Hans sieht jemanden.
5. Jemand sieht Hans.
6. Bisweilen lügt Karl-Adam.
7. Niemand ist im Haus.
8. Keiner kennt den Räuber.
9. Keine Rose ohne Dornen.

10. Zwischen dem Nordkap und Sizilien gibt es so manche schöne Stadt.
11. Es gibt Hunde und Katzen.

Übung 3.4 Formulieren Sie die folgenden Prädikate umgangssprachlich (auf möglichst elegante Weise); der Bereich sei ‚Menschen':

1. $\bigwedge$ x (x vertraut y)
2. $\bigwedge$ y (x vertraut y)
3. $\bigwedge$ x (x mißtraut y)
4. $\bigwedge$ y (x mißtraut y)
5. $\bigvee$ x (x vertraut y)
6. $\bigvee$ y (x vertraut y)
7. $\bigwedge$ y (x schlägt y).

Übung 3.5 Benutzen Sie die zweistelligen Prädikate ‚x liebt y', ‚x kennt y' und ‚x hilft y', um die folgenden einstelligen Prädikate auszudrücken:

1. x ist ein Misanthrop.
2. x ist ein bunter Hund.
3. x ist ein Philanthrop.
4. x ist „in".
5. x ist nicht ungeliebt.
6. x ist ein Idol.
7. x ist keine unbekannte Größe.
8. x ist auf dem Helfertrip.
9. x wird von allen geholfen.
10. x ist durchaus hilfsbereit.

d) *Bemerkungen und Ergänzungen zur Einführung der Quantoren*

Zu dieser Einführung der Quantoren sind folgende Bemerkungen und Ergänzungen zu machen.

1. Die Prädikatenlogik bezieht ihren Namen daher, daß es bei ihr wiederholt vorkommende Prädikate sind, die einen wesentlichen Teil des „Mechanismus" prädikatenlogischer Schlüsse ausmachen – analog der Bezeichnung ‚Aussagenlogik'. Ein anderer wesentlicher Teil dieses „Mechanismus", die Quantoren, liefert die ebenfalls gängige Bezeichnung ‚Quantorenlogik', analog der Bezeichnung ‚Junktorenlogik'.

2. Offensichtlich ist die Klassifikation unzusammengesetzter Aussagen in singuläre, universelle und Existenzaussagen keineswegs eine vollständige Einteilung aller unverknüpften Aussagen gemäß ihrer Quantität. Beispielsweise paßt die folgende Aussage in keine der bisher definierten Schubladen, jedenfalls nicht auf einigermaßen zwanglose Weise:

Beispiel 3.8: Es gibt genau 9 Planeten im Sonnensystem.

Man könnte nun überlegen, ob man vielleicht für solche Fälle besondere Quantoren einführen sollte, um zu einer vollständigen Klassifikation unzusammengesetzter Aussagen zu kommen. Man könnte beispielsweise einen Quantor einführen, der ‚Es gibt genau ein x, so daß' bedeutet, einen für ‚Es gibt genau zwei x, so daß' usw. Allerdings könnten wir damit auch nicht dauerhaft glücklich sein, denn was machen wir dann mit Aussagen wie ‚Es gibt mehr als 10 x mit der Eigenschaft A' oder ‚Es gibt zwischen 7 und 29 x mit der Eigenschaft B'? Offensichtlich benötigen wir in der resultierenden Logik eine unendliche Menge verschiedener Quantoren. Tatsächlich hat man herausgefunden, daß es hier einen viel eleganteren Weg gibt, um Aussagen über solche quantitativen Verhältnisse in die Prädikatenlogik einzubauen. Und zwar muß man als einziges weiteres Element die Identität ‚=‘ einführen, so daß von Gegenständen a und b ausgesagt werden kann, sie seien identisch: a = b, bzw. sie seien nicht identisch: ¬ (a = b). Die Identität erlaubt es, zusammen mit den schon eingeführten Quantoren alle quantitativen Angaben in den genannten Beispielen zu formulieren. Die resultierende Logik heißt die *Prädikatenlogik mit Identität.*

Übung 3.6 Drücken Sie folgende Aussagen mittels Quantoren und Identität aus:

a) Es gibt mehr als zwei Demokratien.

b) Es gibt genau zwei Geschlechter.

Sie benötigen dazu auch Junktoren; dies wird in der folgenden Bemerkung erklärt.

3. Zwischen Aussagen- und Prädikatenlogik läßt sich auf einfache Weise ein Zusammenhang stiften, indem man Junktoren und Quantoren gleichzeitig verwendet. Man sieht das am einfachsten an einem Beispiel:

Beispiel 3.9: In Konstanz lebt mindestens ein Philosoph.

Diese Aussage läßt sich so verstehen, daß die Existenz von (mindestens) einem Menschen behauptet wird, der in Konstanz lebt und Philosoph ist. Mit dem Existenzquantor und der Konjunktion läßt sich das so schreiben:

Beispiel 3.9a: $\bigvee$ x (x lebt in Konstanz ∧ x ist Philosoph)
Bereich: Menschen.

‚x lebt in Konstanz ∧ x ist Philosoph‘ kann dabei als *ein* Prädikat aufgefaßt werden, das auf ein Individuum a genau dann zutrifft, wenn sowohl das Prädikat ‚x lebt in Konstanz‘ als auch das Prädikat ‚x ist Philosoph' auf a zutreffen. Diese etwas umständliche Erklärung für einen anscheinend offenkundigen Sachverhalt ist deshalb notwendig, weil die Konjunktion ursprünglich als eine *Aussage*verknüpfung eingeführt worden ist, die hier für die Verknüpfung von *Prädikaten* verwendet wird. Auch die anderen Junktoren lassen sich für solche Verknüpfungen von Prädikaten verwenden. Verknüpfungen von Prädikaten benötigt man nicht nur für die vielleicht etwas künstlich anmutende Schreibweise 3.9a von Beispiel 3.9, sondern auch in anderen Fällen, wie aus der folgenden Bemerkung hervorgeht.

4. Man kann mittels der Junktoren den Bereich, den eine Individuenvariable durchläuft, vergrößern oder verkleinern, ohne daß sich dadurch der Sinn der Aussage (und damit ihr Wahrheitswert) verändert. Solche Veränderungen von Bereichen werden wir später benötigen (siehe Bemerkung 9). Betrachten wir das folgende Beispiel:

Beispiel 3.10: Es gibt mindestens einen friedfertigen Menschen.

Die naheliegendste Schreibweise mit dem Existenzquantor ist

Beispiel 3.10a: $\bigvee$ x (x ist friedfertig)
Bereich: Menschen.

Diese Aussage läßt sich aber auch mit einem größeren Bereich, z. B. Lebewesen, folgendermaßen schreiben:

Beispiel 3.10b: $\bigvee$ x (x ist Mensch $\wedge$ x ist friedfertig)
Bereich: Lebewesen.

Mit 3.10b ist genau das gleiche gesagt wie mit 3.10a. Ein notwendiger, wenn auch nicht hinreichender Test dafür ist, daß 3.10b unter den genau gleichen Umständen wie 3.10a wahr ist. Bei 3.10b muß man im Bereich der Lebewesen suchen, ob man ein Exemplar findet, das zugleich Mensch und friedfertig ist; eine außerordentlich friedfertige weiße Taube beispielsweise macht 3.10b noch nicht wahr, weil dann das erste Konjunktionsglied falsch ist. An diesem Beispiel läßt sich die Regel für die Bereichserweiterung von Existenzaussagen ablesen:

Regel für die Bereichserweiterung einer Existenzaussage:

> Forme die ursprüngliche Bereichsangabe des Existenzquantors in ein Prädikat um und bilde die Konjunktion mit dem schon verwendeten Prädikat.

Bei der Bereichserweiterung von Allaussagen ist eine andere Regel zu verwenden. Betrachten wir folgendes Beispiel:

Beispiel 3.11: Alle Philosophen können den Handstand.

Naheliegend ist wieder die Formulierung

Beispiel 3.11a: $\bigwedge$ x (x kann den Handstand)
Bereich: Philosophen.

Für die jetzt zu versuchende Bereichserweiterung auf den Bereich Menschen ist es natürlich irrelevant, daß 3.11 wahrscheinlich falsch ist. Versuchen wir die Erweiterung wie vorhin mit der Konjunktion:

Beispiel 3.11b: $\bigwedge$ x (x ist Philosoph $\wedge$ x kann den Handstand)
Bereich: Menschen.

Wann ist diese Aussage wahr? Offenbar dann, wenn für jedes beliebige Exemplar aus dem Bereich der Menschen gilt, daß es zugleich Philosoph ist und den Handstand beherrscht. Dies wollten wir mit 3.11a natürlich nicht behaupten, sondern nur, daß in den Fällen, wo sich ein Mensch als Philosoph herausstellt, er oder sie auch den Handstand kann. Versuchen wir, dieses Bedingungsverhältnis mit dem Konditional zu formulieren:

Beispiel 3.11c: $\bigwedge$ x (x ist Philosoph → x kann den Handstand)
Bereich: Menschen.

Wenn nun x den Bereich der Menschen durchläuft, dann trifft es auf Leute, die keine Philosophen sind, und für diese ist der Klammerausdruck wahr, gleichgültig ob sie den Handstand können oder nicht. Trifft das x nun auf einen Philosophen, dann ist der Klammerausdruck nur dann wahr, wenn auch das Hinterglied des Konditionals wahr ist, d. h., wenn dieser Philosoph tatsächlich den Handstand kann. Das ist es offenbar, was wir mit 3.11 für alle Philosophen sagen wollten. Demnach lautet die Regel für die Bereichserweiterung hier:

Regel für die Bereichserweiterung einer Allaussage:

Forme die ursprüngliche Bereichsangabe des Allquantors in ein Prädikat um und setze es als Vorderglied des Konditionals mit dem schon verwendeten Prädikat als Hinterglied ein.

5. Die gerade behandelte Bereichserweiterung kann uns ein Problem lösen helfen, das die lückenlose Definition des Allquantors betrifft. Nehmen wir einmal an, daß es eigentlich gar keine wirklichen Philosophen gibt, sondern allenfalls Leute, die als Philosophen bezahlt werden. In diesem Fall wird man die Aussage 3.11 ‚Alle Philosophen können den Handstand' hinsichtlich ihrer Wahrheit als *unbestimmt* ansehen, weil sich die Frage: ‚Können alle Philosophen den Handstand?' nicht beantworten läßt – weil es keine Philosophen gibt. Nun nehmen wir an Beispiel 3.11a mechanisch die Bereichserweiterung zu 3.11c vor, ohne zu fragen, ob es eigentlich Philoso-

phen gibt. Beispiel 3.11c ‚$\bigwedge$ x (x ist Philosoph → x kann den Handstand) Bereich: Menschen' hat nun aber einen Wahrheitswert, nämlich ‚wahr', weil gemäß Voraussetzung das Vorderglied des Konditionals für alle Elemente des Bereichs falsch ist. Wenn nun 3.11a und 3.11c genau das Gleiche bedeuten sollen, dann muß man die Konvention treffen, daß 3.11a *wahr* sein soll, wenn es keine Philosophen gibt. Allgemein gesagt lautet diese Konvention:

Konvention:

> Der Ausdruck ‚$\bigwedge$ x Fx Bereich B' ist wahr, wenn B = Ø (die leere Menge).

Mit dieser Konvention kann man dann beliebige Bereichserweiterungen und Bereichseinschränkungen vornehmen, ohne sich darum kümmern zu müssen, ob irgendwo ein leerer Bereich auftritt.

6. Die im letzten Punkt dargestellte Konvention bildet übrigens einen wesentlichen Unterschied zu dem Teil der sogenannten klassischen Logik, der der Prädikatenlogik entspricht, nämlich der auf Aristoteles zurückgehenden Syllogistik. In der Syllogistik wird grundsätzlich vorausgesetzt, daß bei einem Satz der Art ‚Alle S sind P' die Menge der S nicht leer ist, d. h. also, daß es mindestens ein S gibt. Diese Voraussetzung hat ihren Ursprung in der Orientierung der Syllogistik an Aussagen des Alltags, bei denen bei Aussagen der Art ‚Alle S sind P' stillschweigend und selbstverständlich vorausgesetzt wird, daß es mindestens ein S gibt. Wer beispielsweise sagt: ‚Alle Higgs-Teilchen haben mindestens 50 Protonenmassen', setzt stillschweigend die Existenz von Higgs-Teilchen voraus; gibt es keine Higgs-Teilchen, so weiß man nicht so recht, was man mit der Aussage anfangen soll – sie ist weder wahr noch falsch. Möchte man dagegen offenlassen, ob es tatsächlich Higgs-Teilchen gibt, so muß man zum genann-

ten Satz etwa hinzufügen: ‚falls es sie überhaupt gibt', sonst werden die Hörer des Satzes irregeführt. (Ich bin mir im klaren darüber, daß ich Sie, liebe Leserin oder lieber Leser, damit auf schmerzliche Weise daran erinnere, daß Sie hinsichtlich der Existenz von Higgs-Teilchen womöglich noch unentschieden sind.) Die Prädikatenlogik ist dagegen primär an Aussagen der Mathematik orientiert, wo man bei Aussagen der Form ‚Alle S sind P' keine Existenzvoraussetzung hinsichtlich der S macht; vielmehr gilt in der Mathematik die Aussage ‚Alle S sind P' als (trivial) wahr, wenn es keine S gibt (warum man universelle Aussagen in der Mathematik so auffaßt, muß uns hier nicht weiter interessieren).

Dieser Unterschied zwischen Syllogistik und Prädikatenlogik hat zur Folge, daß die eine Logik Schlüsse als gültig beurteilt, die in der anderen nicht gelten. So gilt in der Syllogistik beispielsweise folgender Schluß:

Beispiel 3.12: Alle A sind B.
Alle B sind C.

Also: Einige C sind A.

‚Einige C sind A' ist dabei die in der Syllogistik übliche Formulierung für ‚Es gibt mindestens ein C, das A ist'. Der Schluß 3.12 ist in der Syllogistik gültig, weil dort die Prämisse ‚Alle A sind B' so verstanden wird, daß ihre Wahrheit die Existenz von mindestens einem A voraussetzt. Solche A's sind nun aufgrund der inhaltlichen Aussage der ersten Prämisse insbesondere B und aufgrund der zweiten Prämisse dann auch C, so daß es tatsächlich mindestens ein C gibt, das A ist, wie es die Konklusion behauptet. Die Wahrheit der Prämissen, so wie sie in der Syllogistik verstanden werden, garantiert also die Wahrheit der Konklusion. In der Prädikatenlogik ist der Schluß 3.12 dagegen nicht gültig, weil durch die erste Prämisse die Existenz von A's nicht garantiert ist.

Sollte es keine A's geben, dann ist die erste Prämisse trivial wahr, aber die Konklusion ist falsch; der Schluß ist somit nicht gültig.

Dieser Unterschied zwischen Syllogistik und moderner Prädikatenlogik ist aber kein besonders aufregender Sachverhalt, den man zum Ausgangspunkt tiefschürfender Überlegungen über eine möglicherweise bestehende Relativität der Logik machen könnte. Vielmehr ist ganz klar, daß man aus Aussagen, die bestimmte Existenzvoraussetzungen machen, z.T. andere Folgerungen ableiten kann als aus Aussagen, die diese Existenzvoraussetzungen nicht machen.

7. Man kann nun nicht nur Quantoren und Junktoren zusammen verwenden, sondern auch mehrere Quantoren. Betrachten wir

Beispiel 3.13: Alle Menschen sind sterblich.

Naheliegend ist die Umformulierung

Beispiel 3.13a: $\bigwedge$ x (x ist sterblich) Bereich: Menschen.

Man kann die ganze Sache aber auch ein wenig komplizierter machen, indem man verlangt, daß das zweistellige Prädikat ‚y ist das Todesdatum von x' verwendet werden soll. ‚x ist sterblich' muß dann offenbar als ‚x hat ein Todesdatum y' formuliert werden, oder genauer als ‚$\bigvee$ y (y ist das Todesdatum von x)'. Baut man dies in 3.13a ein, so erhält man

Beispiel 3.13b: $\bigwedge$x [$\bigvee$ y (y ist Todesdatum von x)]
Bereich$_x$: Menschen; Bereich$_y$: Zeitpunkte.

Hier sind nun zwei Quantoren hintereinandergeschaltet. Offensichtlich haben sie verschiedene Bereiche, und das muß bei der Bereichsangabe berücksichtigt werden.

8. Wenn mehrere Quantoren hintereinander vorkommen, dann ist ihre Reihenfolge vielfach wesentlich. Vertauschen wir probehalber in Beispiel 3.13b, das ja ‚Alle Menschen sind

sterblich' bedeutet, die Reihenfolge der Quantoren. Wir erhalten

Beispiel 3.14: $\bigvee y \, [\bigwedge x$ (y ist Todesdatum von x)]
Bereich$_x$: Menschen; Bereich$_y$: Zeitpunkte.

Was besagt 3.14? Nun, daß es einen Zeitpunkt gibt, so daß dieser Zeitpunkt für alle Menschen das Todesdatum ist: Das wäre grob gesprochen – aus der Perspektive der Menschheit – der Weltuntergang („grob gesprochen', weil 3.14 ja behauptet, daß *alle* Menschen zu diesem Zeitpunkt sterben: das aber ist unmöglich, weil einige von ihnen schon tot sind, manche von ihnen schon ziemlich lange, man denke nur an Aristoteles!). Offensichtlich ist der Unterschied zwischen 3.14 und 3.13b nicht unerheblich.

Übung 3.7 Schreiben Sie mit dem Prädikat ‚x gefällt y':

1. a und b gefallen sich gegenseitig.
2. a gefällt b, aber nicht umgekehrt.
3. a gefällt sich selbst nicht.
4. a gefällt irgendwem.
5. a gefällt jemandem nicht.
6. Niemandem gefällt a.
7. a gefällt allen.
8. Es gibt jemand, der jemandem gefällt.
9. Jedem gefällt irgendwer.
10. Jemand gefällt allen.
11. Niemandem gefällt jeder.
12. Jemand gefällt niemandem.
13. Jeder gefällt sich selbst.

9. In einer Aussage, die mit mehreren Quantoren formuliert ist, können Individuenvariablen vorkommen, die verschiedenen Bereichen angehören. Das ist etwa der Fall bei den Beispielen 3.13b und 3.14: x bezieht sich hier auf den Bereich ‚Menschen', y auf den Bereich ‚Zeitpunkte'. Ebenfalls können Individuenkonstanten aus anderen Bereichen als denen der Quantoren stammen. Die p.l. Formeln, die aus solchen Aussagen durch den Abstraktionsschritt zu einer p.l. Form entstehen, gehören der *mehrsortigen Prädikatenlogik* an, eben weil verschiedene Sorten von Individuen vorkommen. Wenn es nur eine Sorte von Individuen gibt, dann betreibt man *einsortige Prädikatenlogik*, und viele Definitionen der Metalogik werden wesentlich einfacher. Es ist demnach erstrebenswert, es immer nur mit der einsortigen Prädikatenlogik zu tun zu haben. Tatsächlich kann mit der Technik der Bereichserweiterung, die wir vorher unter Punkt 4 kennengelernt haben, eine Aussage mit verschiedensortigen Individuen in eine Formel mit nur einer Sorte von Individuen umgewandelt werden. Wie das vor sich geht, läßt sich an Beispiel 3.14 vorführen. Wir benötigen bei diesem Beispiel drei Schritte.

1. Schritt: Als einen neuen Bereich definieren wir die Vereinigungsmenge aller vorher verwendeten Bereiche. Die *Vereinigungsmenge* zweier Mengen ist die Menge aller Elemente, die der einen *oder* der anderen Menge angehören; das für die Vereinigungsoperation gebräuchliche Zeichen ist ‚∪'. Bei Beispiel 3.14 wird der neue Bereich also {Menschen} ∪ {Zeitpunkte}; nennen wir diesen Bereich zur Abkürzung B.

2. Schritt: Jetzt erweitern wir bei 3.14 den Bereich der Variablen, die vom ersten vorkommenden Quantor gebunden sind, zum neuen Bereich B; dieser Quantor wird auch der *äußerste* Quantor genannt. Es ist dies der Bereich von y, der zum Bereich B erweitert werden muß. Da y von einem Existenzquantor gebunden ist, müssen wir gemäß der Regel von

Punkt 4 die alte Bereichsangabe in ein Prädikat umwandeln und die Konjunktion mit dem schon verwendeten Prädikat bilden. Wir erhalten

Beispiel 3.14a: $\bigvee$ y [y ist ein Zeitpunkt $\wedge$ $\bigwedge$ x (y ist Todesdatum von x)]
Bereich$_x$: Menschen; Bereich$_y$: B.

3. Schritt: Jetzt erweitern wir den Bereich des nächstinneren Quantors. Bei 3.14 ist dies der Bereich von x, der zu B erweitert werden muß. Da x von einem Allquantor gebunden ist, müssen wir gemäß der Regel von Punkt 4 die alte Bereichsangabe in ein Prädikat umwandeln und es als Vorderglied des Konditionals mit dem schon verwendeten Prädikat als Hinterglied einsetzen. Wir erhalten

Beispiel 3.14b: $\bigvee$ y [y ist ein Zeitpunkt $\wedge$ $\bigwedge$ x (x ist Mensch $\rightarrow$ y ist Todesdatum von x)]
Bereich$_x$: B; Bereich$_y$: B.

Damit ist Beispiel 3.14 in die einsortige Prädikatenlogik übergeführt. Wenn noch weitere Quantoren vorkommen würden, müßten auch ihre Bereiche sukzessive erweitert werden, bis sich alle Quantoren auf den gleichen Bereich beziehen. Offensichtlich ist die Aussage 3.14 nach der Bereichserweiterung, also Beispiel 3.14b, in gewissem Sinne komplizierter als vorher, da zusätzliche Junktoren hinzugekommen sind. Der Vorteil der einsortigen Prädikatenlogik liegt aber in einer begrifflichen Vereinfachung, die erst in der Metalogik sichtbar werden kann (jedenfalls wenn man sich die Mühe macht, die metalogischen Definitionen für die mehrsortige Prädikatenlogik, die wesentlich komplizierter sind als die der einsortigen Prädikatenlogik, tatsächlich hinzuschreiben). Weil man die mehrsortige Prädikatenlogik mit der Technik der Bereichserweiterung ohne Verlust von Allgemeinheit in die einsortige Prädikatenlogik überführen kann, werden wir nur die einsortige behandeln.

Wenn man strikt nur die einsortige Prädikatenlogik verwenden möchte, dann ergibt sich die Notwendigkeit der Bereichserweiterung auch für den Fall, daß bestimmte Individuen nicht dem Bereich angehören, aus dem die durch Quantoren gebundenen Variablen kommen. Der Grund hierfür ist, daß in der einsortigen Prädikatenlogik *alle* betrachteten Individuen aus dem gleichen Bereich kommen müssen. Betrachten wir zur Illustration

Beispiel 3.15: Anton ißt Kuchen.

Gemeint ist mit dieser Aussage offenbar, daß es einen Kuchen gibt, den Anton ißt. Mit dem zweistelligen Prädikat ‚x ißt y' und der Individuenkonstante ‚a' (für ‚Anton') formuliert ergibt sich

Beispiel 3.15a: $\bigvee$ k (a ißt k) Bereich$_k$: Kuchen.

Das bestimmte Individuum a kommt nun offenbar nicht aus dem Bereich der Kuchen (wie süß jemand auch den guten Anton finden mag!), und wir müssen daher den Bereich erweitern. Naheliegenderweise wählt man einen Bereich B, der die Vereinigungsmenge der Kuchen mit der Menge der Menschen ist: B = {Kuchen} ∪ {Menschen}. Jetzt erweitern wir den Bereich gemäß der Regel für die Bereichserweiterung für eine Existenzaussage:

Beispiel 3.15b: $\bigvee$ k (k ist Kuchen ∧ a ißt k) Bereich: B.

Wenn man später beim Übergang zur prädikatenlogischen Form von der Bedeutung von a abstrahiert, dann weiß man nur noch, daß a dem gleichen Bereich wie die Variable k angehört; man verliert damit also die Information, daß a einer bestimmten Teilmenge von B angehört, eben der der Menschen. Wenn man diese Information festhalten will, dann kann mittels Konjunktion anfügen, daß a ein Mensch ist. Das ergibt:

Beispiel 3.15c: a ist Mensch $\wedge \bigvee$ k (k ist Kuchen $\wedge$ a ißt k)
Bereich: B.

Damit ist Beispiel 3.15 endgültig für den Abstraktionsschritt zur prädikatenlogischen Form der einsortigen Prädikatenlogik vorbereitet.

Übung 3.8 Formulieren Sie die folgenden Sätze in der einsortigen Prädikatenlogik, wobei Sie das Prädikat ‚x liebt y' benutzen:

1. Hans ist ein Tierfreund.
2. Manche Berge werden von allen geliebt.
3. Es ist nicht wahr, daß jeder Mensch wenigstens ein Tier liebt.
4. Jeder Autoliebhaber liebt außer sich selbst auch sein Auto.

10. Wir haben bisher nur Beispiele behandelt, in denen sich die Quantoren ausschließlich auf Individuenvariablen bezogen; die Prädikate, die diesen Individuen zu- oder abgesprochen werden, waren immer fixiert. In diesem Fall spricht man von der *elementaren Prädikatenlogik* oder der *Prädikatenlogik 1. Stufe*. Nun gibt es aber Aussagen, in denen neben den Quantoren, die sich auf die Individuen des jeweiligen Bereichs beziehen, auch Quantoren vorkommen, die sich auf die Prädikate beziehen, die man den Individuen zu- bzw. abspricht. Betrachten wir das folgende Beispiel:

Beispiel 3.16: Jedes Ding hat (mindestens) eine Eigenschaft.

Das heißt: Für jedes Ding gibt es mindestens eine Eigenschaft, so daß das Ding diese Eigenschaft hat. Offenbar muß man hier neben einem Allquantor, dessen Bereich alle Dinge sind, einen Existenzquantor einführen, dessen Bereich alle Eigenschaften sind, die den genannten Dingen zu- bzw. abgesprochen werden können. Entsprechend muß man auch Prädikatenvariable einführen und man erhält:

Beispiel 3.16a: $\bigwedge$ x [$\bigvee$ F (x hat die Eigenschaft F)]
Bereich$_x$: Dinge; Bereich$_F$: Eigenschaften.

Beispiel 3.16a gehört nun der *Prädikatenlogik 2. Stufe* an. Diese Bezeichnung ergibt sich daraus, daß hier Quantoren vorkommen, die sich nicht auf Individuen, sondern auf die Prädikate beziehen, mittels derer über diese Individuen gesprochen wird. In der *Prädikatenlogik 3. Stufe* führt man dementsprechend auch Quantoren für Prädikate ein, mit denen über diejenigen Prädikate gesprochen wird, die den Individuen eines bestimmten Individuenbereichs zu- und abgesprochen werden. Allgemein bezeichnet man die Prädikatenlogik ab der zweiten Stufe als die *höhere Prädikatenlogik*; sind n Stufen involviert, in denen quantifiziert wird, so handelt es sich um die *Prädikatenlogik n-ter Stufe*. In der *elementaren Prädikatenlogik* oder der *Prädikatenlogik 1. Stufe* dürfen sich die Quantoren also nur auf Individuen beziehen; die Prädikate sind fest. In der höheren Prädikatenlogik wird diese Einschränkung dagegen fallengelassen. Allerdings ist die höhere Prädikatenlogik ungleich komplizierter als die elementare; wir können sie hier nicht behandeln.

1.2 Prädikatenlogische Form

a) *Definition*

Der Begriff der prädikatenlogischen Form wird im folgenden streng analog zum Begriff der aussagenlogischen Form eingeführt (vgl. Abschnitt II.1.2, S. 57 ff.). Aufgrund der anderen Bedingungen in der Prädikatenlogik sind allerdings die Vorbereitungen zum Übergang von einer Aussage zu einer p.l. Form der Aussage viel umfangreicher. Zunächst muß nämlich die Aussage mit den Mitteln, die im letzten Abschnitt eingeführt worden sind, artikuliert werden. Das heißt auf gut deutsch, daß die Aussage mittels Quantoren, gebundenen Individuenvariablen, einsortigem Individuenbereich, Individuenkonstanten, Junktoren und Prädikaten umgeschrieben werden muß. Diese Vorbereitung der Aussage für den Übergang zu einer p.l. Form ist bei weitem der schwierigste Schritt.

Übung 3.9 Formulieren Sie die folgenden Aussagen mittels Quantoren, Prädikaten etc., wobei Sie so weit wie möglich auflösen (beispielsweise: statt des Prädikats ‚x liebt alle Menschen' ist zu nehmen: ‚$\bigwedge$ y (x liebt y) Bereich$_y$: Menschen'):

1. Die dümmsten Bauern ernten die dicksten Kartoffeln.
2. Wer den Wagen hat, braucht für den Schrott nicht zu sorgen.
3. Auch ein blindes Huhn findet manchmal ein Korn.
4. In der Nacht sind alle Katzen grau.
5. Jung gefreit, nie gereut.
6. Wer andern eine Grube gräbt, fällt selbst hinein.

7. Man soll den Tag nicht vor dem Abend loben.
8. Wie man in den Wald hineinruft, so schallt es heraus.
9. Lieber reich und gesund als arm und krank.
10. Reden ist Silber, Schweigen ist Gold.
11. Unrecht Gut gedeiht nicht.
12. Was Hänschen nicht lernt, lernt Hans nimmermehr.
13. Wenn das Wörtchen ‚wenn' nicht wär, wär mein Vater Millionär.
14. Jeder ist seines Glückes Schmied.

Der Übergang zur logischen Form selbst im Anschluß daran ist relativ einfach. Bevor ich das an einem Beispiel demonstriere, hier die Definition von ‚p.l. Form einer Aussage':

Definition 3.8: Eine *prädikatenlogische (p.l.) Form* einer Aussage entsteht durch Abstraktion vom Inhalt des Individuenbereichs (Art und Anzahl der Individuen), vom Sinn der Prädikate und vom Sinn der Individuenkonstanten; jedoch gehören die Stellenzahl der Prädikate sowie Gleichheit und Verschiedenheit von Individuen und Prädikaten mit zur p.l. Form.

Man sieht wieder die Parallele zur Aussagenlogik (Definition 2.1, S. 58): In beiden Fällen wird vom Inhalt bzw. Sinn von etwas abstrahiert, dessen Gleichheit bzw. Verschiedenheit aber beibehalten wird. Die Rolle, die in der Aussagenlogik mehrfach vorkommende Teilaussagen spielen, haben in der Prädikatenlogik Individuenvariablen, Individuenkonstanten und Prädikate; daher darf von ihrer Gleichheit bzw. Verschiedenheit nicht abstrahiert werden. Implizit ist in der

Abstraktionsanweisung gesagt, daß *Quantoren zur p.l. Form gehören*. Mit anderen Worten: Von der Quantität einer Aussage wird beim Übergang zur logischen Form nicht abstrahiert. Wir können in Definition 3.8 von *dem* Individuenbereich sprechen, weil wir nur die einsortige Prädikatenlogik behandeln (vgl. Abschnitt III.1.1.d, Punkt 9, S. 191 ff.).

Die Darstellung von p.l. Formen geschieht, wieder analog zur Aussagenlogik, mittels Formeln. Dazu muß man zwei Sorten Buchstaben einführen:

- Buchstaben ‚a', ‚b', ‚c', ... als *Individuenplatzhalter* oder *(schematische) Individuenbuchstaben* oder *freie Individuenvariable*; sie stehen da, wo vor dem Abstraktionsschritt zur p.l. Form Individuenkonstanten standen. Die letztere Bezeichnung ‚freie Individuenvariable' ist etwas irreführend, da es sich tatsächlich um Platz*halter* handelt und nicht um Variable, die den Bereich tatsächlich durchlaufen (wie eine durch einen Quantor gebundene Individuenvariable es tut). Allerdings müssen an einer späteren Stelle auch die Individuenkonstanten das Laufen lernen und den ganzen Bereich durcheilen, so daß man sich auch mit der Bezeichnung ‚freie Individuenvariable' anfreunden kann. Zudem kann man dann in den Fällen, in denen man sowohl gebundene Individuenvariablen als auch Individuenplatzhalter ansprechen will, summarisch und einfach von ‚Individuenvariablen' sprechen.

- Buchstaben ‚A', ‚B', ‚C', ... als *Prädikatenplatzhalter* oder *(schematische) Prädikatbuchstaben*; sie stehen da, wo vor dem Abstraktionsschritt Prädikate standen. In einer prädikatenlogischen Formel ist demnach etwa ‚A' keine Abkürzung für ein Prädikat, sondern hält den Platz für ein Prädikat frei. Die Individuenbuchstaben bzw. -variablen, auf die sich der Prädikatbuchstabe bezieht, werden immer hinter den Prädikatbuchstaben gesetzt, also z.B ‚Fa' für einen einstelligen Prädikatbuchstaben, oder ‚Rxy' für einen zweistelligen Prädikatbuchstaben.

Betrachten wir nun einige elementare Beispiele, wobei wir einen geschwungenen Pfeil ‚⇝' für den Übergang von einer Aussage zu einer p.l. Form verwenden (dies ist *keine* Standardnotation, die man in Lehrbüchern oder der Logik-Literatur finden kann). Bei Beispiel 3.4: ‚Sokrates ist ein Mensch' sind keine weiteren Vorbereitungsschritte nötig. Als Platzhalter für die Individuenkonstante ‚Sokrates' nehmen wir den schematischen Individuenbuchstaben a, als Platzhalter für das Prädikat ‚x ist ein Mensch' den schematischen Prädikatbuchstaben M bzw. Mx (wenn man die Individuenvariable x dazuschreibt). Das ergibt:

Beispiel 3.17: Sokrates ist ein Mensch ⇝ Ma.

Die Stellenzahl des Prädikats ‚x ist ein Mensch', von der wir ja laut Definition 3.8 nicht abstrahieren dürfen, ist damit ausgedrückt, daß auf den Prädikatbuchstaben M nur *ein* Individuenbuchstabe, nämlich a, folgt. Für ein mehrstelliges Prädikat folgen auf den Prädikatbuchstaben so viele Individuenbuchstaben bzw. -variablen, wie das Prädikat Stellen hatte. Also:

Beispiel 3.18: y ist das Todesdatum von x ⇝ Tyx.

Die Reihenfolge der Individuenbuchstaben bzw. -variablen nach dem Prädikatbuchstaben gibt die Reihenfolge der Individuen wieder, die das logische Subjekt der Aussage bildeten, und muß daher beibehalten werden. Betrachten wir als letztes Beispiel den Übergang zu einer p.l. Form an Beispiel 3.14b, der Weltuntergangsaussage, wobei man als Prädikatbuchstaben natürlich mnemotechnisch zweckmäßige Buchstaben wählen kann:

Beispiel 3.19: $\bigvee$ y [y ist ein Zeitpunkt $\wedge \bigwedge$ x (x ist Mensch $\rightarrow$ y ist Todesdatum von x)] Bereich$_{x,y}$: B
$\rightsquigarrow \bigvee$ y [Zy $\wedge \bigwedge$ x (Mx $\rightarrow$ Tyx)].

In der Formel sind die Bereichsangabe und der Sinn der Prädikate weggefallen; die Quantoren, die Junktoren, die Klammern, die Gleichheit und Verschiedenheit von Individuenvariablen und Prädikatbuchstaben sowie die Stellenzahl der Prädikate bleiben erhalten.

b) *Bemerkungen und Ergänzungen zum Begriff der prädikatenlogischen Form*

1. Wie schon die a.l. Formen haben auch p.l. Formen einer Aussage keinen Wahrheitswert. Der Grund ist, wie dort, daß beim Übergang zu einer p.l. Form von Bestandteilen der Aussage abstrahiert wird, die unabdingbare Voraussetzung für ihr Wahr- oder Falschsein sind.

2. Bei der Darstellung einer p.l. Form sind für gleiche bzw. verschiedene Individuen und Prädikate gleiche bzw. verschiedene Buchstaben zu verwenden. Auch diesbezüglich besteht eine vollständige Parallele zur Aussagenlogik. Wie dort kann es bei der *Feststellung* der entsprechenden Identität bzw. Differenz Schwierigkeiten geben.

3. Die p.l. Form einer Aussage ist im allgemeinen nicht eindeutig bestimmt. Betrachten wir erneut Beispiel 3.15:

Beispiel 3.15: Anton ißt Kuchen.

Ich hatte dieses Beispiel in Abschnitt III.1.1.d, S. 193 f., für die Formalisierung in der einsortigen Prädikatenlogik vorbereitet, und dabei das zweistellige Prädikat ‚x ißt y' verwendet. Dies führte zu

Beispiel 3.15c: $\bigvee$ k (k ist Kuchen $\wedge$ a ist Mensch $\wedge$ a ißt k) Bereich: B.

Führt man nun den zur p.l. Form führenden Abstraktionsschritt durch, so erhält man

Beispiel 3.15d: $\bigvee$ k (Kk ∧ Ma ∧ Iak).

Man kann aber auch ein einstelliges Prädikat ‚x ißt Kuchen' verwenden, was dann zu

Beispiel 3.15e: a ißt Kuchen

und schließlich nach dem Abstraktionsschritt zu der naheliegenden p.l. Form

Beispiel 3.15f: Ka

führt. Wie in der Aussagenlogik kann man daher nicht von *der* p.l. Form einer Aussage sprechen, eben weil es vielfach mehrere Möglichkeiten gibt.

4. Hier die Definition von vier in der Prädikatenlogik häufig verwendeten, weil praktischen Begriffen. Wie in der Aussagenlogik führt man den Begriff der p.l. Formel ein:

Definition 3.9: Die Darstellung einer p.l. Form mittels Individuenvariablen, Individuenbuchstaben, Prädikatbuchstaben, Quantoren, Junktoren und Klammern heißt eine *prädikatenlogische (p.l.) Formel.*

Ein Beispiel für eine etwas kompliziertere Formel ist etwa

Beispiel 3.20: $\bigvee$ x [$\bigwedge$ y (Ky → Gxy) ∧ $\bigwedge$ z (¬ Sz → ¬ Gxz)].

Ein Quantor bezieht sich nur auf diejenige Teilformel, die unmittelbar nach ihm steht. In Beispiel 3.20 bezieht sich der Allquantor vor y auf den Formelteil (Ky → Gxy), der Allquantor vor z auf den Formelteil (¬ Sz → ¬ Gxz), während sich der Existenzquantor auf den ganzen in eckigen Klammern stehenden Formelteil bezieht. Man definiert:

Definition 3.10: Der nach einem Quantor stehende Formelteil, auf den sich der Quantor bezieht, heißt sein *Geltungsbereich.*

Prädikatenlogische Formeln lassen sich danach unterscheiden, ob sie schematische Individuenbuchstaben enthalten oder nicht:

Definition 3.11: P.l. Formeln, die (ungebundene) schematische Individuenbuchstaben enthalten, heißen *offene Formeln,* sonst *geschlossene Formeln.*

Beispiele für geschlossene Formeln sind etwa $\bigwedge$ x Fx oder Beispiel 3.20; Beispiele für offene Formeln sind etwa Fa oder $\bigvee$ x Txb.

5. Es gibt Ähnlichkeiten und Unterschiede zwischen der grammatischen und der prädikatenlogischen Form. Betrachten wir die Aussage

Beispiel 3.21: Theophil liegt.

Bei dieser singulären Aussage unterscheiden sich die grammatische und die p.l. Form nicht voneinander: Das grammatische Subjekt ist auch das logische Subjekt, das grammatische Prädikat auch das logische Prädikat. Die grammatische Form schreibt man etwa ‚Subjekt-Prädikat', die prädikatenlogische ‚Lt'. Nun zum folgenden Beispiel:

Beispiel 3.22: Niemand liegt.

3.22 hat offensichtlich die gleiche grammatische Form wie 3.21, aber seine p.l. Form ist davon sehr verschieden. Der Grund ist, daß ‚niemand' kein Individuenname ist und daher Beispiel 3.22 im Unterschied zu 3.21 *keine* singuläre Aussage, sondern eine verneinte Existenzaussage ist. Umformuliert lautet 3.22:

Beispiel 3.22a: Es ist nicht der Fall, daß [$\bigvee$x (x liegt) Bereich: Menschen].

Als naheliegende p.l. Form ergibt sich:

Beispiel 3.22b: $\neg \bigvee$x Lx.

Ähnlich ist eine naheliegende p.l. Form von ‚Jemand liegt': $\bigvee$ x Lx, wenn man das ‚jemand' als ‚Es gibt mindestens eine Person, die' liest. Ein weiteres Beispiel für den Unterschied von grammatischer und p.l. Form ist das schon früher verwendete

Beispiel 3.15: Anton ißt Kuchen.

Die grammatische Form von 3.15 ist Subjekt-Prädikat-Objekt, während naheliegende p.l. Formen Ka bzw. Ma $\wedge$ $\bigvee$ k (Kk $\wedge$ Iak) sind (vgl. S. 193 f. und S. 200 f.).

c) *Beispiel für eine relativ komplizierte p.l. Formalisierung*

Jetzt soll noch eine relativ komplizierte p.l. Formalisierung vorgeführt werden. Dieses Beispiel zeigt gut, daß die logische Reflexion, d.h. die Überlegung, welche logischen Formen eine Aussage hat, geeignet ist, den Sinn der Aussage zu klären. Wir hatten diese Erfahrung schon in der Aussagenlogik gemacht (vgl. Abschnitt II.1.2.b, Punkt 5, S. 62 f.). Die zu formalisierende Aussage lautet:

Beispiel 3.23: In Gesellschaften ohne soziale Schichtung gelten gewisse Gesetze von Klassengesellschaften nicht.

Der Sinn dieser Aussage scheint völlig klar zu sein; wir werden sehen, ob die logische Analyse dies bestätigt. Wir führen die Vorbereitungsschritte für den Übergang zu einer prädikatenlogischen Form durch, indem wir eine Reihe von Fragen stellen.

1. Kommen in 3.23 Junktoren zwischen selbständigen Teilaussagen vor? Dies ist anscheinend nicht der Fall. Also ist ausschließlich die Prädikatenlogik zuständig.

2. Handelt es sich bei der (unzusammengesetzten) Aussage um eine singuläre, eine universelle oder eine Existenzaussage? Dies ist der erste Schritt beim Übergang zu einer p.l. Form. Am *naheliegendsten* ist es, 3.23 als eine Existenzaussage aufzufassen (es gibt aber durchaus auch andere Möglichkeiten):

Beispiel 3.23a: Es gibt gewisse Gesetze von Klassengesellschaften, die in Gesellschaften ohne soziale Schichtung nicht gelten.

3. Was wird über diese(s) als existent behauptete(n) Gesetz(e) gesagt, oder vornehmer: Was wird ihnen prädiziert? Zweierlei: Daß sie Gesetze von Klassengesellschaften (ab jetzt abgekürzt: KG) sind und daß sie in Gesellschaften ohne soziale Schichtung (ab jetzt: GosS) nicht gelten.

4. Wie sind diese beiden Prädikationen miteinander verknüpft? Am naheliegendsten ist es vielleicht, hier eine Konjunktion von zwei Prädikaten anzunehmen: Das fragliche Gesetz ist ein Gesetz von KG *und* gilt nicht in GosS. Was soll ‚ein Gesetz von KG' eigentlich bedeuten? Doch wohl, daß dieses Gesetz in KG gilt. Damit können wir 3.23a folgendermaßen schreiben:

Beispiel 3.23b: $\bigvee$ x (x gilt in KG $\wedge$ x gilt nicht in GosS)
Bereich: Gesetze.

An dieser Stelle könnten wir bereits zu einer von 3.23b suggerierten p.l. Form von 3.23 übergehen, z. B. zu

Beispiel 3.23c: $\bigvee x\, (Kx \wedge \neg Gx)$.

Wir können aber mit dem Blick darauf, daß in beiden Prädikaten in 3.23b noch das ‚in einer Gesellschaft gelten' drinsteckt, weitere Analyseschritte anschließen.

5. In wie vielen KG bzw. in wie vielen GosS soll das fragliche Gesetz gelten bzw. nicht gelten? Hier wird es heikel. Ist in 3.23 gemeint, daß ‚Gesetze von KG‘ solche Gesetze sind, die in *allen* KG gelten? Oder sind Gesetze gemeint, die zwar charakteristisch für KG sind in dem Sinne, daß sie in anderen Gesellschaftsformen nicht gelten, die aber innerhalb der Menge der KG *nicht* universell sind? Hier sehen wir, daß wir durch die prädikatenlogisch angeleitete Reflexion eine Unklarheit von Beispiel 3.23 aufdecken können: Es ist gar nicht klar, was mit ‚Gesetzen von KG‘ genau gemeint ist. Übrigens ändert sich der Charakter von 3.23 wesentlich in Abhängigkeit davon, wie man ‚Gesetze von KG‘ versteht. Sind nämlich Gesetze gemeint, die im obigen Sinne charakteristisch für KG sind, also *ausschließlich* in KG gelten, so ist 3.23 eine Trivialität: Natürlich gelten diese Gesetze dann in GosS nicht. Fassen wir also ‚Gesetze von KG‘ als solche Gesetze auf, die in *allen* KG gelten, wobei offen ist, ob sie auch in anderen Gesellschaftsformen gelten. Damit können wir das ‚x gilt in KG‘ von 3.23b so umschreiben:

$\bigwedge$ y (x gilt in y) Bereich$_y$: KG.

Weil nachher noch von anderen Gesellschaftsformen als KG die Rede sein wird, können wir gleich eine Bereichserweiterung zum Bereich aller Gesellschaften vornehmen. Gemäß der Regel dafür (Abschnitt III.1.1.d, Punkt 4, S. 186) erhalten wir:

$\bigwedge$ y (y ist KG $\rightarrow$ x gilt in y) Bereich$_y$: Gesellschaften.

Hinsichtlich der Geltung der betrachteten Gesetze in GosS ist dagegen die Aussage 3.23 ziemlich klar: Sie sollen in *keiner* GosS gelten (ich sage nur, die Aussage sei *ziemlich* klar, weil man vielleicht meinen könnte, die Aussage würde besagen, die fraglichen Gesetze sollen nicht in *allen* GosS gelten). Damit können wir das ‚x gilt nicht in GosS‘ von 3.23b so umschreiben:

$\bigwedge$ z (x gilt nicht in z) Bereich$_z$: GosS.

Mit Bereichserweiterung zum Bereich aller Gesellschaften erhalten wir:

$\bigwedge$ z (z ist GosS $\rightarrow$ x gilt nicht in z) Bereich$_z$: Gesellschaften.

Jetzt benutzen wir noch die Negation für das Hinterglied des Konditionals und erhalten:

$\bigwedge$ z (z ist GosS $\rightarrow \neg$ [x gilt in z]) Bereich$_z$: Gesellschaften.

Nun können wir diese Zwischenergebnisse in 3.23b einsetzen und erhalten:

Beispiel 3.23d: $\bigvee$ x {$\bigwedge$ y [y ist KG $\rightarrow$ x gilt in y]
$\wedge$ $\bigwedge$ z [z ist GosS $\rightarrow \neg$ (x gilt in z)]}
Bereich$_x$: Gesetze; Bereich$_{y,z}$: Gesellschaften.

6. Das bisherige Ergebnis hat noch den Schönheitsfehler, daß wir zwei verschiedene Bereiche verwenden. Wir müssen daher noch eine Bereichserweiterung vornehmen. Mit dem neuen Bereich B : = {Gesetze} $\cup$ {Gesellschaften} erhält man unter Beachtung der Regeln für die Bereichserweiterung:

Beispiel 3.23e: $\bigvee$ x {x ist Gsz $\wedge$ [$\bigwedge$ y ⟨y ist Gsl $\rightarrow$
(y ist KG $\rightarrow$ x gilt in y)⟩ $\wedge$
$\bigwedge$ z ⟨ z ist Gsl $\rightarrow$ (z ist GosS $\rightarrow$
$\neg$ (x gilt in z))⟩]} Bereich$_{x,y,z}$: B.

Dabei habe ich für ‚Gesetz' die Abkürzung ‚Gsz' und für ‚Gesellschaft' die Abkürzung ‚Gsl' verwendet.

7. Der Übergang zur p.l. Form ist jetzt natürlich ein Kinderspiel; die einzige intellektuelle Herausforderung ist die Wahl praktischer Prädikatbuchstaben. Wenn man hierzu die englische Sprache beizieht, in der die entsprechenden Wörter zufällig alle verschiedene Anfangsbuchstaben haben (Gesetz: law; Gesellschaft: society; Klasse(ngesellschaft): class (so-

ciety); gelten: hold; Gesellschaft ohne soziale Schichtung: egalitarian society), so ist auch diese Herausforderung zu meistern. Wir erhalten zu guter Letzt:

Beispiel 3.23f: $\bigvee x \{Lx \wedge [\bigwedge y \langle Sy \rightarrow (Cy \rightarrow Hxy)\rangle \wedge \bigwedge z \langle Sz \rightarrow (Ez \rightarrow \neg Hxz)\rangle]\}$.

Wir können uns zum Abschluß dieses Abschnitts den Beitrag der formallogischen Reflexion zur Klärung des Sinnes von Aussagen deutlich machen. Tatsächlich ist dieser Beitrag ziemlich gewichtig. Überlegt man beispielsweise, an welchen Stellen welche Quantoren eingesetzt werden müssen, so können verdeckte Unklarheiten bzw. Zweideutigkeiten einer Aussage bewußt werden. Wir haben diese Erfahrung an Beispiel 3.23 machen können. So sehr man diesen Beitrag der formalen Logik zur Sinnklärung schätzen mag, so ist doch festzuhalten, daß er in einer wesentlichen Hinsicht grundsätzlich begrenzt ist. Denn nicht nur die Verhältnisse von Begriffen innerhalb einer Aussage sind klärungsbedürftig, sondern auch die Begriffe selbst. Beispielsweise wäre in Beispiel 3.23 zu fragen, was eigentlich Klassengesellschaften und was Gesellschaften ohne soziale Schichtung sind und von welcher Art gesellschaftlicher Gesetze eigentlich die Rede ist. Für die Beantwortung dieser Fragen bietet die formale Logik zunächst einmal keine Hilfe, weil ihr Beitrag da einsetzt, wo man von den Begriffs*bedeutungen* abstrahiert hat.

1.3 Interpretation von prädikatenlogischen Formen

Im folgenden werden wir *grundsätzlich*, d.h. der Idee und dem Ziel nach, genau so vorgehen wie im korrespondierenden Abschnitt II.1.3, S. 67 ff., der Aussagenlogik. Wie dort kann man intensionale von extensionalen Interpretationen unterscheiden (wobei mit Blick auf den Begriff der logischen Folgerung die extensionalen Interpretationen die eigentlich interessierenden sind). Allerdings werden wegen der doch erheblichen Differenzen von a.l. und p.l. Formen in den gewissermaßen technischen Einzelheiten erhebliche Abweichungen auftreten.

a) *Intensionale Interpretation*

Bei der intensionalen Interpretation einer p.l. Formel soll der Abstraktionsschritt, der von der Aussage zu ihr geführt hat, vollständig rückgängig gemacht werden. Dazu muß man angeben: einen Individuenbereich (bei der einsortigen Prädikatenlogik), Individuen für die Individuenbuchstaben und Prädikate für die Prädikatbuchstaben. Fassen wir das (der Ordnung halber!) in einer Definition zusammen:

Definition 3.12: Eine *intensionale Interpretation einer p.l. Formel* besteht aus der Angabe eines Individuenbereichs, der Zuordnung von Individuennamen zu den Individuenbuchstaben und von Prädikatintensionen zu den Prädikatbuchstaben der Formel; dabei müssen gleichen Buchstaben gleiche Individuennamen bzw. Prädikatintensionen zugeordnet werden.

Soll das Ergebnis einer intensionalen Interpretation tatsächlich eine Aussage im Sinne der Logik sein, d.h. ein wahrheitsdefiniter Satz, so müssen die verschiedenen gewählten Elemente auch zueinander passen. Das bedeutet konkret, daß die gewählten Individuen tatsächlich aus dem Individuenbereich stammen und daß die gewählten Prädikate für jedes Element des Individuenbereichs (bzw. jedes n-tupel) entweder zutreffen oder nicht zutreffen. Nur so ist gewährleistet, daß der interpretierten Formel tatsächlich eindeutig ein Wahrheitswert zugeordnet ist. Zur Illustration: Man gebe der Formel $\bigvee$x Fx die folgende intensionale Interpretation: Bereich: Natürliche Zahlen; Fx: x ist flüssig. Dann besagt die interpretierte Formel, daß es eine flüssige natürliche Zahl gibt. Dieser Satz ist aber keine Aussage im Sinne der Logik, weil das Prädikat Flüssig-Sein natürlichen Zahlen weder zu- noch abgesprochen werden kann: Der Satz ist weder wahr noch falsch, vielmehr ist er unsinnig.

Damit ist dieser kurze Abschnitt über die intensionale Interpretation p.l. Formen auch schon abgeschlossen. Bei der folgenden Diskussion der extensionalen Interpretation wird es nicht ganz so hurtig gehen.

b) *Extensionale Interpretation*

Die Idee der extensionalen Interpretation ist es, genau wie in der Aussagenlogik den Abstraktionsschritt, der zur p.l. Form geführt hat, gerade so weit umzukehren, daß der Formel als ganzer ein Wahrheitswert zugeordnet ist. In der Aussagenlogik war das auf ganz einfache Weise möglich: Jedem Satzbuchstaben wurde ein Wahrheitswert zugeordnet. In der Prädikatenlogik müssen wir erheblich mehr nachdenken. Wir benötigen vier Schritte.

1. Beginnen wir mit dem *Individuenbereich*, der dem Übergang zur p.l. Form zum Opfer gefallen war. Aus ihm sind die Elemente zu nehmen, auf die sich die Prädikate beziehen, d. h. denen die Prädikate zu- bzw. abgesprochen werden können. Die Minimalangabe, die sich hier machen läßt, ist die Angabe der Anzahl der Elemente, die der Individuenbereich B haben soll. In der in der Mengenlehre üblichen Notation zählt man bei endlich vielen Elementen der Menge diese Elemente der Reihe nach auf und setzt das Ganze in geschwungene Klammern. Eine Menge B, die aus m Elementen

$a_1, \ldots, a_m$ besteht, wird demnach $B = \{a_1, \ldots, a_m\}$ geschrieben; m ist dabei eine natürliche Zahl, die angibt, wie viele Elemente die Menge B enthält. Enthält die Menge B (abzählbar) unendlich viele Elemente, so schreibt man $B = \{a_1, a_2, a_3, \ldots\}$, wobei die Punkte andeuten, daß die Reihe zu keinem Ende kommt (bei der konkreten Angabe einer Menge von unendlich vielen Elementen muß natürlich klar sein, um welche Elemente es sich bei den a_3 folgenden Elemente handelt). Wir geben also als ersten Schritt einer extensionalen Interpretation einer p.l. Formel eine bis auf die Anzahl ihrer Elemente unspezifizierte Menge $B = \{a_1, \ldots, a_m\}$ oder $B = \{a_1, a_2, a_3, \ldots\}$ an.

2. Für offene Formeln sind als nächstes den *Individuenbuchstaben* bestimmte Elemente aus B zuzuordnen, also für jeden Individuenbuchstaben ein bestimmtes Element aus dem unter Punkt 1 fixierten Bereich B.

3. Nun sind die schematischen *Prädikatbuchstaben* an der Reihe; beginnen wir mit den Prädikatbuchstaben, die beim Übergang zur p.l. Form durch Abstraktion von *einstelligen* Prädikaten entstanden sind. Damit einem Ausdruck der Form Fa mit einem a aus dem Bereich B ein Wahrheitswert zugeordnet ist, muß man nur wissen, ob a in der Extension von F liegt oder nicht (liegt es darin, so ist Fa wahr; sonst ist es falsch). Demnach genügt es für die extensionale Interpretation von p.l. Formeln, den einstelligen Prädikatbuchstaben Prädikatextensionen zuzuordnen, d. h. diejenige Teilmenge von B anzugeben, auf die das Prädikat zutreffen soll. Die extensionale Interpretation eines einstelligen Prädikatbuchstaben besteht also nicht in der vollständigen Zuordnung eines Prädikates, was die Zuordnung einer Prädikat*bedeutung* (und damit *auch* einer Extension) wäre; vielmehr besteht sie lediglich aus der Zuordnung einer Teilmenge des Bereichs B.

4. Für die Interpretation von Prädikatbuchstaben, die durch Abstraktion von *n-stelligen* Prädikaten entstanden

sind, ist die Zuordnung der Sache nach gleich, lediglich technisch etwas komplizierter. Ein n-stelliges Prädikat ist eine Relation zwischen n Elementen einer bestimmten Menge, hier des Bereichs B. Dementsprechend trifft ein n-stelliges Prädikat auf bestimmte n-Tupel $(a_1, \ldots, a_n)$ zu, wobei die a_i Elemente von B sind; die Extension eines n-stelligen Prädikats ist also eine Menge von n-Tupeln. Die Menge *aller* n-Tupel, die aus den Elementen einer bestimmten Menge B gebildet werden können, wird als das *n-fache Produkt von B mit sich selbst* bezeichnet und $B \times B \times \ldots \times B$ oder kürzer: B^n geschrieben (‚B hoch n' gesprochen). Mit der in der Mengenlehre üblichen Schreibweise kann man B^n schreiben als

$$B^n = \{(a_1, \ldots, a_n) \mid a_i \in B, i = 1, \ldots, n\}.$$

Das bedeutet: B^n ist eine Menge (das besagen die geschweiften Klammern), die aus Elementen $(a_1, \ldots, a_n)$ besteht, die folgende Eigenschaft haben (diese Eigenschaft folgt nach dem senkrechten Strich): a_i ist ein Element von B, was für alle i von 1 bis n gilt. Die Extension eines n-stelligen Prädikates ist, so läßt sich jetzt ganz kurz sagen, eine Teilmenge von B^n. Entsprechend wird bei der extensionalen Interpretation einer p.l. Formel einem Prädikatbuchstaben, der durch Abstraktion von einem n-stelligen Prädikat entstanden ist, eine Teilmenge von B^n zugeordnet.

Fassen wir nun den Begriff der extensionalen Interpretation einer p.l. Formel noch in einer Definition zusammen:

Definition 3.13: Eine *extensionale Interpretation einer p.l. Formel* besteht aus der Angabe einer (endlichen oder unendlichen) Menge B als Individuenbereich, der Zuordnung von Elementen aus B zu den Individuenbuchstaben und der Zuordnung von Prädikatextensionen zu den Prädikatbuchstaben (jeweils eine Teilmenge von B^n zu einem n-stelligen Prädikatbuchstaben); dabei müssen gleichen Buchstaben gleiche Elemente bzw. Teilmengen zugeordnet werden.

Offenbar ist eine extensionale Interpretation einer prädikatenlogischen Formel notwendig und hinreichend dafür, daß der Formel ein Wahrheitswert zugeordnet wird. Prädikatenlogische Formeln bestehen ja im wesentlichen aus offenen Teilformeln Fa, geschlossenen Teilformeln Gx (jeweils im einstelligen Fall), Junktoren und Quantoren. Durch die Zuordnung von Extensionen zu den Prädikatbuchstaben werden nun allen Teilformeln der obigen Form Wahrheitswerte zugeordnet (den geschlossenen Teilformeln in Verbindung mit den jeweiligen Quantoren). Da die Junktoren wahrheitsfunktional sind, ist damit der gesamten Formel ein Wahrheitswert zugeordnet.

Betrachten wir zur Illustration ein Beispiel. Die zu interpretierende Formel sei die folgende offene Formel:

Beispiel 3.24: $\bigvee x\,[(Ax \rightarrow Cx) \wedge Aa]$.

Diese Formel werde folgendermaßen extensional interpretiert (Der geschätzte Leser und die geschätzte Leserin mögen sich nicht daran stoßen, daß diese Interpretation *völlig* willkürlich ist. Sie können also nicht sinnvoll fragen: „Warum interpretiert er denn diese Formel nun gerade so? Gibt es dafür eine Begründung?"):

1. Der Individuenbereich bestehe aus 9 Elementen $a_1, \ldots, a_9$, also: $B = \{a_1, a_2, \ldots, a_9\}$. Weitere Angaben über die a_i müssen nicht gemacht werden.

2. Dem Individuenbuchstaben a werde das Element a_2 zugeordnet.

3. Die dem Prädikatbuchstaben A zugeordnete Extension sei die Menge $E_A := \{a_1, \ldots, a_5\} \subset B$. Mit der Schreibweise A_I für den extensional interpretierten Prädikatbuchstaben A be-

deutet das, daß A_Ia_1 wahr ist, und ebenso $A_Ia_2, \ldots, A_Ia_5$. Die dem Prädikatbuchstaben C zugeordnete Extension sei die Menge $E_C := \{a_5, \ldots, a_9\} \subset B$.

4. Der letzte Schritt entfällt, weil die Formel keine Prädikatbuchstaben mehrstelliger Prädikate enthält.

Jetzt sollte der Formel 3.24 ein Wahrheitswert zugeordnet sein; eine extensionale Interpretation ist ja gerade so konstruiert. Welcher Wahrheitswert ist nun 3.24 zugeordnet? Weil es sich beim interpretierten 3.24 um eine Existenzaussage handelt, muß man im Bereich B suchen, ob man dort tatsächlich ein Element x findet, so daß $(A_Ix \rightarrow C_Ix) \wedge A_Ia_2$ wahr ist (A_I bzw. C_I ist das interpretierte A bzw. C und a_2 das y zugeordnete Element aus B). Bei $(A_Ix \rightarrow C_Ix) \wedge A_Ia_2$ handelt es sich um eine Konjunktion; a_2 liegt in E_A, und daher ist A_Ia_2 wahr. Also ist $(A_Ix \rightarrow C_Ix) \wedge A_Ia_2$ genau dann wahr, wenn auch das andere Konjunktionsglied wahr ist, wenn man also ein x findet, das $A_Ix \rightarrow C_Ix$ wahr macht. $A_Ix \rightarrow C_Ix$ ist nun genau dann wahr, wenn A_Ix falsch oder C_Ix wahr ist. A_Ix ist falsch für $x = a_6, \ldots, a_9$; C_Ix ist wahr für $x = a_5, \ldots, a_9$. Also ist die Formel 3.24 bei der betrachteten Interpretation wahr: Die Existenzbehauptung wird von $x = a_5, \ldots, a_9$ erfüllt.

c) Wahrheitswertanalyse

Die Ermittlung des Wahrheitswertes einer Formel für eine extensionale Interpretation ist bei einer prädikatenlogischen Formel im allgemeinen wesentlich aufwendiger als bei einer aussagenlogischen Formel; das konnten wir in Ansätzen schon beim soeben diskutierten Beispiel sehen. In der Aussagenlogik benötigt man für die Wahrheitswertanalyse einer extensional interpretierten Formel mit n Junktorzeichen höchstens n Schritte. In jedem Schritt wird dabei einer Teilformel ein Wahrheitswert zugeordnet, also unter den entsprechenden Junktor der zugeordnete Wahrheitswert geschrieben, und damit ist man bei n Junktoren nach n Schritten fertig. Bei der Wahrheitswertanalyse einer p.l. Formel hängt die Anzahl der nötigen Schritte wesentlich von der Größe des Individuenbereichs ab, der bei der Interpretation der Formel zugeordnet wird. Enthält die Formel etwa einen Allquantor, so muß die durch diesen Quantor gebundene Variable den ganzen Individuenbereich durchlaufen. Ist der Individuenbereich unendlich groß, so benötigt man dafür, wenn man keine Abkürzungen machen kann, unendlich viele Schritte.

Noch viel drastischer wird der Unterschied zwischen der Aussagen- und der Prädikatenlogik aber bei der Wahrheitswertanalyse für *alle* extensionalen Interpretationen einer Formel. Wir werden in der Metalogik der Prädikatenlogik Formeln für alle möglichen extensionalen Interpretationen untersuchen müssen, genau wie wir das in der Metalogik der Aussagenlogik getan haben. In der Aussagenlogik gibt es für eine Formel mit m verschiedenen Satzbuchstaben 2^m verschiedene Interpretationen, die ausgewertet werden müssen (siehe Abschnitt II.1.3.c, S. 71); bei einer Formel mit n Junktorzeichen benötigt man pro Interpretation maximal n Schritte, wie oben gesagt. Demnach benötigt man für die vollständige Wahrheitswertanalyse einer a.l. Formel mit m verschiedenen Satzbuchstaben und n Junktorzeichen maximal $2^m \cdot n$ Schritte. Das ist bei kleineren Formeln nicht so schrecklich viel. Bei Übung 2.12 (S. 73) beispielsweise waren die arbeitsintensivsten Fälle Formeln mit 3 verschiedenen Satzbuchstaben und 5 Junktorzeichen, und für die Wahrheitswertanalyse für alle möglichen Interpretationen benötigt man damit höchstens $2^3 \cdot 5 = 40$ Schritte. Für längere a.l. Formeln kann man die Wahrheitswertanalyse auch dem Computer überlassen, denn das Auswertungsverfahren ist ganz „mechanisch“ und damit auf dem Computer programmierbar.

In der Prädikatenlogik dagegen ist die Situation hinsichtlich aller möglicher Interpretationen einer Formel grundsätzlich anders. In der Prädikatenlogik gibt es nämlich für jede Formel, auch die allereinfachste, *überabzählbar unendlich viele* verschiedene extensionale Interpretationen. Um zu erklären, was das heißen soll, muß ich den Begriff des ‚überabzählbar Unendlichen‘ erläutern. Im Bereich der physischen Dinge hat man es im allgemeinen nur mit endlich großen Mengen zu tun, also etwa mit fünf Eiern im Kühlschrank, zweiundzwanzig Gästen auf der Party oder fünftausendvierhundert fliegenden Ameisen im Badezimmer. In der Mathematik stößt man dagegen schnell auf Mengen mit unendlich vielen Elementen, am ehesten bei den natürlichen Zahlen 1, 2, 3 *usw.* Das ‚und so weiter‘ besagt dabei gerade, daß die Zahlenreihe nicht aufhört, sie ist ohne Ende, eben unendlich. Vielfach ist diese Unendlichkeit einer Menge von der Art, daß man die Elemente der Menge durchnumerieren kann, so daß jedes Element der Menge eine eigene Zahl trägt. Beispielsweise ist die Menge der Primzahlen unendlich groß, und diese Menge läßt sich etwa so durchnumerieren: Die *erste* Primzahl ist 2, die *zweite* Primzahl ist 3, die *dritte* Primzahl ist 5, die *vierte* Primzahl ist 7, usw. Mengen, die unendlich viele Elemente enthalten, die sich aber durchnumerieren lassen, heißen *abzählbar unendliche* Mengen.

Nun scheint diese Durchnumerierung der Elemente einer unendlichen Menge eine eigentlich triviale Sache zu sein, sie ist es aber ganz und gar nicht. Es hat sich nämlich gezeigt, daß es unendliche Mengen gibt, die derart viele Elemente enthalten, daß sich die Elemente *nicht einmal durchnumerieren lassen.* Damit ist gemeint, daß man von jedem Numerierungsverfahren zeigen kann, daß es prinzipiell nicht alle Elemente der Menge erwischen kann, man kann so lange weiternumerieren, wie man will. Mengen, die unendlich viele Elemente enthalten, aber so viele, daß sich diese Elemente nicht einmal mehr durchnumerieren lassen, heißen *überabzählbar unendliche* Mengen. Hier ein paar Beispiele. Die Menge der natürlichen Zahlen, also 1, 2, 3, ... ist klarerweise abzählbar unendlich. Das gleiche gilt für die ganzen Zahlen ..., –3, –2, –1, 0, 1, 2, 3, ... Man kann sie beispielsweise folgendermaßen in eine Reihenfolge bringen: 0, 1, –1, 2, –2, 3, usw. Die Menge der rationalen Zahlen, also der Brüche ganzer Zahlen, ist ebenfalls abzählbar unendlich. Dagegen ist die Menge der reellen Zahlen überabzählbar unendlich; reelle Zahlen sind solche Zahlen, die auf der Zahlengerade durch einen Punkt repräsentiert sind. Sogar jedes beliebige endliche Intervall der reellen Zahlen ist überabzählbar unendlich. So ist beispielsweise die Menge der reellen Zahlen zwischen 0 und 1, also der Zahlen zwischen 0 und 1, die sich als (unendliche) Dezimalbrüche darstellen lassen, überabzählbar unendlich. Man kann diese Menge auf der Zahlengerade als die Menge der Punkte im Intervall zwischen 0 und 1 darstellen.

Nun noch ein letztes mathematisches Resultat, bevor wir wieder zur Prädikatenlogik zurückkehren können. Man hat herausgefunden, daß man aus einer Menge mit abzählbar unendlich vielen Elementen durch eine einfache Vorschrift eine Menge mit überabzählbar unendlich vielen Elementen konstruieren kann. Das geht folgendermaßen. Gegeben sei eine abzählbar unendliche Menge, nennen wir sie A (wie ‚abzählbar unendlich'). Dann definiere man die Menge U als die Menge aller Teilmengen von A, also $U := \{T \mid T \subset A\}$ (also: U ist definiert als die Menge derjenigen T's, die Teilmengen von A sind). Dann gilt: U ist überabzählbar unendlich. Kurz: Die Teilmengen einer abzählbar unendlichen Menge bilden eine überabzählbar unendliche Menge. Dieses Resultat der Mengenlehre benötigen wir, um zu zeigen, daß es für jede p.l. Formel überabzählbar viele extensionale Interpretationen gibt.

Betrachten wir dazu die einfachstmögliche p.l. Formel,

nämlich Fa; F ist ein Prädikatbuchstabe, a ein Individuenbuchstabe. Um alle Interpretationen der Formel Fa zu durchlaufen, muß man sie für alle möglichen Bereichsgrößen interpretieren, also für den Bereich mit nur einem Element, für den Bereich mit zwei Elementen, usw., und schließlich den Bereich mit abzählbar unendlich vielen Elementen. Dem Prädikatbuchstaben F müssen dann in jedem Bereich B alle möglichen Extensionen zugeordnet werden, also alle möglichen Teilmengen von B. Jetzt genügt es, den Bereich mit abzählbar unendlich vielen Elementen zu betrachten. Die in diesem Bereich möglichen Extensionen von F sind gerade die Teilmengen von B, und das sind, wie oben gesagt, *überabzählbar unendlich* viele Teilmengen. Also gibt es allein beim Bereich mit abzählbar unendlich vielen Elementen überabzählbar unendlich viele mögliche Extensionen von F und damit *überabzählbar unendlich viele extensionale Interpretationen* der Formel Fa.

Hier zeigt sich also ein Unterschied von Aussagen- und Prädikatenlogik, der aber bloß quantitativer Natur zu sein scheint. A.l. Formeln haben jeweils endlich viele verschiedene extensionale Interpretationen, p.l. Formeln deren überabzählbar unendlich viele. Tatsächlich aber hat dieser quantitative Unterschied einen tiefgreifenden *qualitativen* Unterschied zur Folge. Wir werden darauf in Abschnitt II 2.2 zu sprechen kommen.

1.4 Zusammenfassung

Das Vorgehen bei der Prädikatenlogik war dem der Aussagenlogik streng analog. In der Aussagenlogik begannen wir mit einer Unterscheidung verschiedener Junktoren; hier unterschieden wir singuläre, universelle und Existenzaussagen. Diese Unterscheidungen dienten dazu, bestimmte Elemente der Aussagen herauszupräparieren, die für logische Schlüsse relevant sind: dort die Junktoren, hier neu dazu die Quantoren. Als nächstes folgte der Übergang zur logischen Form, in dem diese für bestimmte Klassen von Schlüssen relevanten Elemente der Aussagen herausgehoben und der Rest weggelassen wird. In der Aussagenlogik bedeutete das, grob gesagt, die Abstraktion vom Sinn von Teilaussagen und die Beibehaltung der sie verknüpfenden Junktoren, in der Prädikatenlogik die Abstraktion vom Sinn von Prädikaten und Individuen und die Beibehaltung von Quantoren und Junktoren. Schließlich kam der Schritt der partiellen Rückgängigmachung des Übergangs zur logischen Form durch extensionale Interpretationen; es geht dabei darum, einer Formel von dem, was beim Abstraktionsschritt zur logischen Form wegabstrahiert wurde, gerade so viel zurückzugeben, daß ihr wieder ein Wahrheitswert zugeordnet ist. Der Grund für die Konstruktion dieser eigentlich merkwürdigen Prozedur war, daß sie für die Explikation der metalogischen Begriffe benötigt wird. In der Aussagenlogik war die extensionale Interpretation ein leicht mechanisch durchführbares Verfahren, auch wenn man alle extensionalen Interpretationen einer a.l. Formel untersuchen will. In der Prädikatenlogik ist eine einzelne extensionale Interpretation ebenfalls unproblematisch. Wenn man aber *alle* Interpretationen einer p.l. Formel betrachten will, so stößt man auf die Schwierigkeit, daß es schon für die einfachste p.l. Formel überabzählbar unendlich viele verschiedene extensionale Interpretationen gibt. Entsprechend schwieriger wird es sein, einen Überblick über alle möglichen Interpretationen einer Formel zu gewinnen. Wie schwierig das genau sein wird, wird unter anderem das Thema der jetzt folgenden Metalogik der Prädikatenlogik sein.

2 Metalogik der Prädikatenlogik

2.1 Die Parallele zur Metalogik der Aussagenlogik

Das Vorgehen, das jetzt für die Explikation der metalogischen Begriffe der Prädikatenlogik gewählt wird, ist dem Vorgehen in der Aussagenlogik streng analog. Tatsächlich kommt kein neuer Gedanke hinzu. Dies wird sich darin zeigen, daß viele der folgenden Definitionen ihrem Wortlaut nach mit den entsprechenden Definitionen der Aussagenlogik fast identisch sind: Hier wie dort handelt es sich darum, die metalogischen Begriffe mittels eines Begriffs der logischen Form zu definieren. Als Konsequenz ist in den entsprechenden Definitionen dann von *prädikatenlogischen* Formeln bzw. Formen die Rede und nicht von aussagenlogischen, aber ansonsten sind die Definitionen gleich. Allerdings muß unter einer extensionalen Interpretation einer p.l. Formel natürlich das Verfahren verstanden werden, das in Abschnitt III.1.3.c, S. 209 ff., erläutert wurde, und dieser Umstand wird eine wichtige Konsequenz haben.

2.2 Logische Wahrheit

a) *Definition*

Betrachten wir, um zur Definition der prädikatenlogischen Wahrheit zu gelangen, wie üblich zunächst ein Beispiel.

Beispiel 3.25: Für jede natürliche Zahl gilt, daß sie eine Primzahl oder keine Primzahl ist.

Dieser nicht besonders geistreiche Satz ist natürlich keine gehaltvolle Aussage über die natürlichen Zahlen, denn eine

Zahl ist entweder nur durch 1 und durch sich selbst teilbar oder sie ist es nicht; entweder hat sie diese Eigenschaft oder sie hat sie nicht. Die Wahrheit von Beispiel 3.25 ergibt sich aus der Aussage selbst; ein Bezug auf andere Aussagen oder Tatsachen irgendwelcher Art, die von der Aussage selbst verschieden sind, ist unnötig. Wir haben es mit einer logischen Wahrheit zu tun, aber nicht mit einer aussagenlogischen, denn in 3.25 finden sich keine extensional verknüpften Teilaussagen. Der Ausdruck ‚sie ist (k)eine Primzahl' ist ohne die Quantifikation ‚Für jede natürliche Zahl gilt …' keine Teil*aussage*, weil kein bestimmtes logisches Subjekt vorhanden ist. Bezieht man die Quantifikation jeweils gesondert auf die beiden folgenden Ausdrücke, so erhält man durchaus zwei extensional verknüpfte Teilaussagen:

Beispiel 3.26: Für jede natürliche Zahl gilt, daß sie eine Primzahl ist, oder für jede natürliche Zahl gilt, daß sie keine Primzahl ist.

Aber Beispiel 3.26 besagt etwas ganz anderes als Beispiel 3.25, nämlich daß alle natürlichen Zahlen Primzahlen sind oder daß sie allesamt keine Primzahlen sind. Dies ist natürlich keine logische Wahrheit, es ist auch keine andersartige Wahrheit, es ist vielmehr schlicht falsch, weil *manche* Zahlen Primzahlen sind und *manche* nicht. Eine naheliegende p.l. Form von 3.25 ist

Beispiel 3.25a: $\bigwedge z\,(Pz \vee \neg Pz)$.

Denkt man 3.25a als eine Konjunktion, also als

Beispiel 3.25b: $(Pz_1 \vee \neg Pz_1) \wedge (Pz_2 \vee \neg Pz_2) \wedge (Pz_3 \vee \neg Pz_3) \wedge \ldots$,

so sieht man sofort, warum 3.25 bzw. 3.25a eine logische Wahrheit ist: Es handelt sich um eine Konjunktion von logischen Wahrheiten (allerdings um eine Konjunktion von unbestimmter Länge und daher um keine „richtige" Konjunktion). Daß dagegen Beispiel 3.26 keine logische Wahrheit ist, sieht man vielleicht deutlicher an dessen prädikatenlogischer Form:

Beispiel 3.26a: $\bigwedge z\, Pz \vee \bigwedge z \neg Pz$.

Beispiel 3.25a ist also ein Kandidat für eine prädikatenlogisch wahre Formel. Es sollte sich hier um eine Formel handeln, die – dem Fall der aussagenlogischen Wahrheit analog – für alle extensionalen Interpretationen wahr ist, wobei hier als extensionale Interpretationen natürlich die der Prädikatenlogik zu nehmen sind. Daß 3.25a tatsächlich für alle extensionalen Interpretationen den Wahrheitswert ‚wahr' ergibt, ist ganz offensichtlich: Wie groß immer der gewählte Bereich ist und welche Extension, d.h. welche Teilmenge dieses Bereichs man dem Prädikatbuchstaben P auch zuordnet, $(Pz \vee \neg Pz)$ ist für alle z aus diesem Bereich wahr, weil immer eines der beiden Adjunktionsglieder wahr ist (z liegt entweder in der Extension von P oder eben nicht). Die logische Wahrheit einer p.l. Formel ist demnach nichts anderes als die Wahrheit für alle Interpretationen; insbesondere müssen dabei auch alle möglichen Bereiche durchlaufen werden.

Hierzu ist allerdings noch ein Zusatz anzubringen. Es gibt nämlich p.l. Formeln, die man als logisch wahr klassifizieren möchte, die aber nicht wirklich unter *allen* Interpretationen wahr sind. Betrachten wir

Beispiel 3.27: $\bigwedge x\, Fx \rightarrow \bigvee y\, Fy$.

Dies ist eine p.l. Formel, die eigentlich logisch wahr sein sollte, denn wenn alle Elemente irgendeines Bereichs B die Eigenschaft F haben, dann gibt es natürlich auch in diesem Bereich ein Element, das die Eigenschaft F hat – was immer der Bereich B ist und was immer die Eigenschaft F. Und doch ist 3.27 falsch, wenn man als den der Interpretation zugrundeliegenden Bereich die leere Menge nimmt. Gemäß der in Abschnitt III.1.1.d, Punkt 5, S. 187, eingeführten Konvention ist das Vorderglied des Konditionals in 3.27 wahr, wenn der Bereich leer ist, das Hinterglied aber falsch, weil es in diesem Bereich überhaupt keine Elemente gibt, damit auch keines mit der Eigenschaft F. Die Interpretation mit dem leeren Bereich verbietet es also zu sagen, daß 3.27 für *alle* Interpretationen wahr ist. Nun ist die prädikatenlogische Interpretation mit einem leeren Bereich ohnehin etwas merkwürdig, und es liegt in unserem Ermessen, sie einfach auszuschließen, damit sie uns das Leben nicht vermiesen kann. Das werden wir tun, indem wir von prädikatenlogisch wahren Formeln nur verlangen werden, daß sie unter allen Interpretationen *mit nicht-leeren* Bereichen wahr sind; dann ist nämlich Beispiel 3.27 ebenfalls eine p.l. wahre Formel. Und jetzt sind wir soweit, die Definition der prädikatenlogischen Wahrheit ordnungsgemäß formulieren zu können:

Definition 3.14: 1. Eine p.l. Form(-el) heißt *logisch wahr* (oder *allgemeingültig*, *gültig* oder *tautologisch*) genau dann, wenn sie für alle extensionalen Interpretationen mit nicht-leeren Bereichen wahr ist.

2. Eine Aussage heißt *prädikatenlogisch wahr* genau dann, wenn sie (mindestens) eine logisch wahre p.l. Form hat.

Als Zeichen für die p.l. Wahrheit wird das gleiche Zeichen wie in der Aussagenlogik verwendet: $\models$. Ist eine Verwechslung möglich, so kann man an das Zeichen den Index ‚AL‘ bzw. ‚PL‘ anhängen (also $\models_{AL}$ bzw. $\models_{PL}$), um aussagen- bzw. prädikatenlogische Wahrheit eindeutig zu kennzeichnen.

Wenden wir diese Definition gleich auf ein Beispiel an. Die auf logische Wahrheit zu untersuchende Formel sei

Beispiel 3.28: $\bigwedge y\,(Fy \rightarrow \bigvee x\,Fx)$.

Der Beweis für die Allgemeingültigkeit läßt sich folgendermaßen führen. Wir müssen Beispiel 3.28 gemäß Definition 3.14 für alle extensionalen Interpretationen mit nicht-leeren Bereichen untersuchen. Sei also eine beliebige extensionale Interpretation von 3.28 mit einem beliebigen Bereich B gegeben; B ist also eine beliebige endliche oder unendliche Menge. Sei $E_F = \{x \in B \mid F_I x \text{ ist wahr}\}$ die Extension des (extensional) interpretierten Prädikatbuchstabens F, also von F_I. Nun kann man bezüglich E_F die folgende Fallunterscheidung machen:

1. $E_F = \emptyset$. Das heißt, daß $F_I\, y$ für alle $y \in B$ falsch ist. Dann ist die Formel 3.28 wahr, weil das Vorderglied des in ihr enthaltenen Konditionals falsch ist.
2. $E_F \neq \emptyset$. Das heißt, daß es ein $x \in B$ gibt, so daß $F_I x$ wahr ist. Dann ist die Formel 3.28 wahr, weil das Hinterglied des in ihr enthaltenen Konditional wahr ist.

Demnach ist die Formel für alle möglichen Interpretationen wahr. qed.

Wie kommt man auf einen solchen Beweis? Die Fallunterscheidung ist offenbar von dem in der Formel vorkommenden Konditional inspiriert. Man sieht sofort, daß die Formel für ein falsches Vorderglied und für ein wahres Hinterglied des Konditionals wahr ist. Deshalb beginnt man etwa mit der Isolation des Falles, in dem das Vorderglied falsch ist und sieht dann nach, welche Fälle übrig bleiben. Beim obigen Beispiel ist dies besonders einfach, weil gerade die andere leicht überblickbare Klasse von Fällen übrigbleibt, bei denen das Hinterglied und damit die Formel wahr ist.

Übung 3.10 Beweisen Sie für folgende p.l. Formeln ihre Allgemeingültigkeit:

1. $\bigwedge z\,(Pz \vee \neg Pz)$
2. $\bigwedge x\,Fx \rightarrow \bigvee y\,Fy$
3. $[\bigwedge x\,(Dx \rightarrow Hx) \wedge Dm] \rightarrow Hm$
4. $\neg \bigwedge x\,(Sx) \leftrightarrow \bigvee x\,(\neg Sx)$.

b) *Der Zusammenhang mit der Aussagenlogik*

Wir müssen nun noch eine Frage hinsichtlich des Zusammenhangs von Aussagen- und Prädikatenlogik stellen, nämlich hinsichtlich der Abhängigkeitsverhältnisse von aussagenlogischer und prädikatenlogischer Wahrheit. In einer Richtung ist dieses Verhältnis klar: Wenn eine Aussage eine prädikatenlogische Wahrheit ist, dann muß sie noch lange keine aussagenlogische Wahrheit sein. Ein Beispiel war Beispiel 3.25 ‚Für jede natürliche Zahl gilt, daß sie eine Primzahl oder keine Primzahl ist'. Während die aussagenlogische Wahrheit durch spezielle Kombinationen von Teilaussagen mittels extensionaler Aussageverknüpfungen zustande kam, kommt eine typische prädikatenlogische Wahrheit wie Beispiel 3.25 durch Elemente zustande, die mittels der Aussagenlogik gar nicht analysiert werden können. Die Existenz solcher Elemente, die logisch relevant sind, aber mittels der Aussagenlogik nicht in den Blick kommen können, war ja das am Anfang dieses Kapitels genannte Motiv, warum man über die Aussagenlogik hinausgehen möchte. Aber wie steht es mit der umgekehrten Richtung: Wenn eine Aussage eine aussagenlogische Wahrheit ist, ist sie dann auch eine prädikatenlogische Wahrheit? Genau dies ist der Fall.

Betrachten wir dazu eine beliebige aussagenlogische Wahrheit A, also eine Aussage, die eine aussagenlogisch wahre aussagenlogische Form hat. Wenn wir diese Aussage *prädikatenlogisch* analysieren wollen, dann müssen wir zunächst alle extensional verknüpften Teilaussagen der Aussage identifizieren, und hinsichtlich dieser Teilaussagen kann die Prädikatenlogik verwenden, also diese Teilaussagen mittels Quantoren, Individuenvariablen und -konstanten, Prädikaten und einem Bereich analysieren. Betrachten wir nun die feinkörnigste a.l. Form von A, also diejenige a.l. Form, bei der von keinem Junktor, der Teilaussagen verknüpft, abstrahiert wurde (siehe Abschnitt II.2.2.b, S. 86). Es handelt sich hierbei um eine a.l. Formel, die Satzbuchstaben p_1, p_2, ..., p_n enthält. Gemäß dem Korollar zum Substitutionstheorem ist auch diese Formel aussagenlogisch wahr (siehe Abschnitt II.2.2.b, S. 86). Nun unterscheidet sich eine prädikatenlogische Form der Aussage A von der feinkörnigsten a.l. Form von A nur dadurch, daß anstelle der dort stehenden Satzbuchstaben p_1, p_2, ..., p_n irgendwelche prädikatenlogischen Formeln P_1, P_2, ..., P_n stehen. Jetzt kann man sinngemäß das Substitutionstheorem anwenden (siehe Abschnitt II.2.2.b, S. 86), weil die p.l. Form gerade durch Substitution der Satzbuchstaben p_i durch p.l. Formeln P_i hervorgeht (der Beweis des Substitutionstheorems gilt offenbar auch, wenn man p.l. Formeln für Satzbuchstaben substituiert). Also ist auch die betrachtete p.l. Form der Aussage logisch wahr und damit auch die Aussage selbst p.l. wahr.

Der hier gestiftete Zusammenhang zwischen aussagenlogischer und prädikatenlogischer Wahrheit besteht auch für die anderen metalogischen Begriffe. Der Grund ist, daß in der Prädikatenlogik die anderen metalogischen Begriffe genau gleich wie in der Aussagenlogik mittels des Begriffs der p.l. Wahrheit (anstelle der a.l. Wahrheit) definiert werden. Demnach gilt: Wenn ein metalogischer Begriff aussagenlogisch zutrifft, dann trifft er auch prädikatenlogisch zu. Wenn ich dagegen nur weiß, daß er prädikatenlogisch zutrifft, dann weiß ich nichts über sein aussagenlogisches Zutreffen.

c) *Das Entscheidungsproblem*

Wie in der Aussagenlogik bauen auch in der Prädikatenlogik die anderen Definitionen der Metalogik auf dem Begriff der Allgemeingültigkeit einer Formel auf. Das Feststellen des Zutreffens oder Nicht-Zutreffens des Begriffs der Allgemeingültigkeit bzw. der anderen metalogischen Begriffe besteht dann in der Beantwortung der Frage, ob einer bestimmten Formel für alle extensionalen Interpretationen (in der Prädikatenlogik: mit nicht-leeren Bereichen) der Wahrheitswert ‚wahr' zugeordnet ist oder nicht. Diese Frage wird als das *Entscheidungsproblem* für diese Formel bezeichnet: Entschieden werden soll, ob die Formel allgemeingültig ist oder nicht, ob sie also bei allen zulässigen Interpretationen den Wahrheitswert w erhält.

In der Aussagenlogik haben wir ein Verfahren kennengelernt, wie man das Entscheidungsproblem für jede a.l. Formel auf systematische Weise lösen kann. Es besteht in der systematischen Überprüfung aller möglichen extensionalen Interpretationen. Das Entscheidungsproblem ist in der Aussagenlogik somit vollständig gelöst: Wir kennen ein Verfahren (und es gibt noch andere, meist ökonomischere), das uns für jede a.l. Formel in endlich vielen Schritten die Entscheidung liefert, ob die Formel allgemeingültig ist oder nicht.

Hiervon ist die Situation in der Prädikatenlogik auf dramatische Weise verschieden. In der Prädikatenlogik ist nämlich das Entscheidungsproblem *nicht* allgemein lösbar. Es gilt das folgende Theorem:

Theorem: Es gibt kein (mechanisches) Verfahren, mit dem für jede beliebige p.l. Formel die Entscheidung herbeigeführt werden kann, ob sie allgemeingültig ist oder nicht.

Der Beweis geht über den in diesem Buch gesteckten Rahmen hinaus; er findet sich in den Standard-Lehrbüchern der klassischen Prädikatenlogik. Ich erläutere dieses wichtige Theorem aber mit drei Bemerkungen, damit klar ist, was in dem Theorem behauptet wird und was nicht.

1. Das Theorem ist nicht so zu verstehen, daß man *im Moment* noch kein Verfahren gefunden hat, so daß man eine p.l. Formel jeweils in endlich vielen Schritten auf ihre Allgemeingültigkeit hin überprüfen kann. Vielmehr ist die Behauptung des Theorems, daß es ein solches Verfahren *grundsätzlich* nicht geben kann. Diese Behauptung muß natürlich durch einen *Beweis* eingelöst werden.

2. Das Theorem schließt nicht aus, daß es für *bestimmte Klassen* von Formeln tatsächlich Entscheidungsverfahren gibt. Beispielsweise gibt es ein Entscheidungsverfahren für p.l. Formeln, die nur einstellige Prädikatbuchstaben enthalten. Was das Theorem hinsichtlich solcher Verfahren aussagt, ist, daß es dann immer p.l. Formeln gibt, für die diese partiell erfolgreichen Entscheidungsverfahren keine Entscheidung herbeiführen können.

3. Das Theorem besagt nicht, daß es für bestimmte p.l. Formeln grundsätzlich offen ist, ob sie allgemeingültig sind oder nicht, daß es also Formeln gibt, die weder allgemeingültig noch nicht allgemeingültig, sondern etwas Drittes sind. Vielmehr besagt das Theorem, daß es kein universelles Verfahren gibt, mit dem man die Entscheidung für alle Fälle erzwingen kann. Das Theorem behauptet demnach etwas über unsere prinzipiell beschränkten Möglichkeiten, die an sich bestehende oder nichtbestehende Allge-

meingültigkeit von Formeln auf mechanische Weise festzustellen.

Die Tatsache, daß das Entscheidungsproblem in der Prädikatenlogik nicht allgemein lösbar ist, verhindert aber keineswegs, daß man für manche Formeln die Allgemeingültigkeit relativ leicht feststellen kann. Der Beweis der Allgemeingültigkeit von Beispiel 3.28 aus dem vorigen Abschnitt, S. 223, illustriert diesen Sachverhalt.

2.3 Logische Falschheit

Hinsichtlich der logischen Falschheit in der Prädikatenlogik gibt es gegenüber der Aussagenlogik überhaupt keine Neuerung. Daher kann ich gleich die Definition angeben.

Definition 3.15: 1. Eine p.l. Form(-el) heißt *logisch falsch* (oder *kontradiktorisch*, *ungültig*, *inkonsistent*) genau dann, wenn sie für alle extensionalen Interpretationen mit nicht-leeren Bereichen falsch ist.

2. Eine Aussage heißt *prädikatenlogisch falsch* genau dann, wenn sie (mindestens) eine logisch falsche p.l. Form hat.

Die Bemerkungen hinsichtlich logischer Wahrheit und logischer Falschheit, die ich bei der Aussagenlogik gemacht habe, gelten auch für den Fall der Prädikatenlogik.

2.4 Logische Folgerung

a) *Adäquatheitsbedingungen*

Genau wie in der Aussagenlogik betrachten wir hier ein Beispiel, an dem wir die Adäquatheitsbedingungen für den Begriff der logischen Folgerung ablesen.

Beispiel 3.29: Alle Dozenten sind hilfsbereit.
Frau Maier ist Dozentin.

Also: Frau Maier ist hilfsbereit.

Die Korrektheit des Schlusses hängt offensichtlich von der Wiederholung bestimmter Wörter ab: ‚Dozent', ‚Frau Maier' und ‚hilfsbereit'. Dies führt zur ersten Adäquatheitsbedingung:

Bedingung 1: Die Gültigkeit des Schlusses ist abhängig vom mehrfachen Vorkommen von Prädikaten (die sich auf den gleichen Individuenbereich beziehen) und evtl. von Individuenkonstanten (aus ebendemselben Individuenbereich).

Beziehen sich die Prädikate auf verschiedene Individuenbereiche oder gehören Individuenkonstanten nicht dem gleichen Individuenbereich an, so muß man erst die entsprechenden Bereichserweiterungen vornehmen, damit man es tatsächlich mit der einsortigen Prädikatenlogik zu tun hat (vgl. Abschnitt III.1.1.d, Punkt 9, S. 191 ff.). Ebenfalls sind die Quantoren, wie wir schon in der Einführung gesehen hatten (Abschnitt I.1, Beispiele 1.4 und 1.5, S. 19 ff.), und evtl. vorkommende Junktoren für die Gültigkeit relevant

Bedingung 2: Die Gültigkeit des Schlusses ist abhängig von in ihm vorkommenden Quantoren und evtl. Junktoren.

Dagegen sind einige Elemente der beteiligten Aussagen für die Korrektheit des Schlusses irrelevant, beispielsweise der Sinn der Wörter ‚Dozent', ‚Frau Maier' und ‚hilfsbereit'. Ebensowenig spielt der spezifische Individuenbereich eine Rolle, in dem sich die gebundenen Variablen bewegen. So spielt es beispielsweise für die Gültigkeit des Schlusses überhaupt keine Rolle, wie viele Dozenten es auf der ganzen Welt gibt, ob das drei, hunderttausend oder gar unendlich viele sind.

Bedingung 3: Die Gültigkeit des Schlusses ist unabhängig vom Sinn der in ihm vorkommenden Prädikate, vom Sinn der Individuenkonstanten und vom Individuenbereich (also von Art und Anzahl seiner Elemente).

Schließlich verlangt die Gültigkeit des Schlusses Wahrheitstransfer:

Bedingung 4: Die Gültigkeit eines Schlusses verlangt Wahrheitstransfer, d. h., daß niemals wahre Prämissen zusammen mit einer falschen Konklusion auftreten.

Ich habe hier wieder die alte Bedingung 4 verwendet und nicht Bedingung 4* (siehe Abschnitt II.2.4.f, S. 122), was zur klassischen Prädikatenlogik führt. Wie die klassische Aussagenlogik ist dies eine vergleichsweise einfache Theorie, auch wenn der entsprechende Folgerungsbegriff wegen der sogenannten Paradoxien der Implikation womöglich nicht völlig adäquat ist.

b) *Definition*

Mit präzise der gleichen Überlegung wie in Abschnitt II.2.4.d, S. 105 ff., führen die genannten vier Bedingungen zur Definition der prädikatenlogischen Folgerung:

Definition 3.16: 1. Ein Schluß von einer p.l. Formel A auf eine p.l. Formel B heißt *(prädikaten)logisch korrekter* (*richtiger, gültiger, deduktiver*) *Schluß* (*p.l. Folgerung*) genau dann, wenn A → B logisch wahr ist.

2. Ein Schluß von Prämissen auf eine Konklusion heißt *p.l. korrekter Schluß* (etc.) genau dann, wenn die Aussage ‚Prämissenkonjunktion → Konklusion' prädikatenlogisch wahr ist.

Und wieder wird als Zeichen für die prädikatenlogische Folgerung das gleiche Zeichen wie in der Aussagenlogik verwendet, also: A ⊨ B.

Ganz analog der Aussagenlogik kann man die beiden Teile der Definition zusammenziehen, so daß eine einheitliche Definition für Aussagen und p.l. Formeln entsteht. Dabei ist wieder zu beachten, daß die darin vorkommende p.l. Wahrheit von ‚A → B' verschiedenes bedeutet, je nachdem, ob A und B Aussagen oder p.l. Formeln sind.

Definition 3.16': Seien A und B Aussagen oder p.l. Formeln. Der Schluß von A auf B heißt *prädikatenlogisch korrekt* genau dann, wenn A → B prädikatenlogisch wahr ist.

Ich werde bei den in den folgenden Abschnitten behandelten metalogischen Begriffen immer gleich die kompakten einteiligen Definitionen geben, genau wie das bei der Aussagenlogik geschehen ist.

Betrachten wir zunächst aber die Anwendung von Definition 3.16 (oder von 3.16′) auf unser leitendes Beispiel:

Beispiel 3.29: Alle Dozenten sind hilfsbereit.
Frau Maier ist Dozentin.

Also: Frau Maier ist hilfsbereit.

Zu untersuchen ist gemäß Definition 3.16 die Aussage

Beispiel 3.29a: Alle Dozenten sind hilfsbereit ∧ Frau Maier ist Dozentin → Frau Maier ist hilfsbereit.

Die p.l. Form, die alle für den Schluß relevanten Elemente der Aussage berücksichtigt, ist offensichtlich

Beispiel 3.29b: $\bigwedge x\, (Dx \rightarrow Hx) \wedge Dm \rightarrow Hm$.

Um zu zeigen, daß Definition 3.16 auf 3.29 zutrifft, müssen wir nun beweisen, daß die Formel 3.29b allgemeingültig ist (falls 3.29b tatsächlich eine zur Erfassung der logischen Folgerungsbeziehung von 3.29 geeignete p.l. Form ist). Diesen Beweis können wir mit der gleichen Beweisidee wie bei Beispiel 3.28 führen. Wir unterteilen alle zu betrachtenden Interpretationen von 3.29b in zwei Klassen, und zwar so, daß wir die erste Klasse leicht überblicken können.

Sei zunächst ein beliebiger Bereich B gegeben, und sei m_I ein beliebiges Element aus B (das durch die Interpretation der Individuenkonstanten m zugeordnete Element aus B). Nun unterscheiden wir zwei Teilklassen von Interpretationen, und zwar mit Blick auf die Extensionen E_D und E_H von D_I und H_I (den interpretierten Prädikatbuchstaben D und H).

1. Fall: E_D und E_H seien so, daß das Vorderglied des Konditionals 3.29b, also der Ausdruck in der eckigen Klammer, falsch ist. Ohne daß wir uns irgendwelche Gedanken machen müssen, wie in diesen Fall Mengen E_D und E_H beschaffen

sind, können wir dann sagen, daß bei dieser Interpretation 3.29b wahr ist. Sollte dieser 1. Fall aus irgendwelchen Gründen gar nicht eintreten können (aufgrund des gewählten Bereichs B und des aus ihm stammenden Elementes m_I), so macht das nichts; dann umfaßt die folgende zweite Klasse von Interpretationen eben alle möglichen Interpretationen. Im folgenden 2. Fall müssen nun alle Interpretationen erfaßt werden, die nicht im 1. Fall enthalten sind.

2. Fall: E_D und E_H seien so, daß das Vorderglied des Konditionals 3.29b wahr ist. Da dieses Vorderglied eine Konjunktion ist, müssen beide Konjunktionsglieder wahr sein. Das bedeutet:

a) $\bigwedge x\,(D_I x \rightarrow H_I x)$ ist wahr. Dies besagt, daß jedes $x \in E_D$ (d.i. jedes x, auf das D_I zutrifft) auch ein Element von E_H ist.
b) $D_I m_I$ ist wahr, d.h. $m_I \in E_D$ (m_I befindet sich in der Extension des interpretierten D).

Nun können wir die Information, die in a) und b) enthalten ist, zusammensetzen. Nach a) ist jedes Element von E_D auch ein Element von E_H; nach b) ist m_I ein Element aus E_D. Demnach ist m_I auch ein Element von E_H, oder: $H_I m_I$ ist wahr. Wenn aber $H_I m_I$ wahr ist, dann ist auch 3.29b wahr, da im behandelten 2. Fall das Vorderglied des Konditionals wahr ist und $H_I m_I$ gerade sein Hinterglied ist.

Offensichtlich gibt es nun keine anderen Interpretationen als die mit diesen beiden Fällen erfaßten: Es müßten dies ja extensionale Interpretationen von 3.29b sein, die das Vorderglied des Konditionals *weder* wahr *noch* falsch machen. Tatsächlich aber ordnen extensionale Interpretationen von Formeln allen Teilformeln einen Wahrheitswert zu, so daß wir tatsächlich alle möglichen Interpretationen erfaßt haben und für alle diese Interpretationen 3.29b tatsächlich der Wahrheitswert ‚wahr' zugeordnet ist. qed.

Die Beweise der Allgemeingültigkeit von p.l. Formeln, so wie wir sie bisher geführt haben, sind eine etwas mühselige Angelegenheit. Es gibt nun Verfahren, die solche Beweise systematischer führen und dadurch vereinfachen. Ich werde diese Techniken hier aber nicht weiter behandeln, weil sie aus dem eigentlichen Interessengebiet dieses Buches hinausführen. Die geschätzte Leserin und der geschätzte Leser seien auf die reiche Literatur zur mathematischen Logik verwiesen, in der diese Techniken mit großer Hingabe dargestellt sind. Was aber bei den hier geführten Beweisen offensichtlich geworden sein sollte, ist die enge Beziehung, die zwischen der Prädikatenlogik und der Mengenlehre besteht. Ich werde diese Beziehung hier nicht weiter vertiefen; in der mathematischen Behandlung der Prädikatenlogik spielt sie eine zentrale Rolle.

2.5 Logische Äquivalenz

a) *Definition*

Zur Illustration des Begriffs der prädikatenlogischen Äquivalenz betrachten wir folgendes Beispiel:

Beispiel 3.30: a) Es ist nicht der Fall, daß alle Logiker in der Schule Streber waren.
b) Es gibt mindestens einen Logiker, der in der Schule kein Streber war.

Die beiden Aussagen behaupten den gleichen Sachverhalt, wie man mit ein bißchen Überlegen leicht feststellen kann. Dennoch sind die beiden Aussagen weder aussagenlogisch äquivalent (ihre einzigen a.l. Formen sind $\neg$ p oder q für die erste Aussage und r für die zweite) noch haben sie die gleichen prädikatenlogischen Formen, wie man schnell entdeckt:

Beispiel 3.30a: a) $\neg \bigwedge x\, Sx$.
b) $\bigvee x\, (\neg Sx)$.

Was sich aber zeigen läßt, ist, daß die beiden Formeln bei allen p.l. Interpretationen den gleichen Wahrheitswert haben (bzw. daß das aus ihnen gebildete Bikonditional p.l. wahr ist). Und dies ist schon, ganz analog dem Fall der Aussagenlogik, die Definition der p.l. Äquivalenz.

Definition 3.17: Seien A und B Aussagen oder p.l. Formeln. A und B heißen *prädikatenlogisch äquivalent* genau dann, wenn $A \leftrightarrow B$ prädikatenlogisch wahr ist.

Es wird nun kaum mehr verwundern, daß auch für die prädikatenlogische Äquivalenz das gleiche Zeichen wie in der Aussagenlogik verwendet wird, also: $A \equiv B$.

b) *Wichtige prädikatenlogische Äquivalenzen*

Ich gebe hier vier prädikatenlogische Äquivalenzen an, die wie in der Aussagenlogik zur Formelvereinfachung dienen können. Für die Beweise verweise ich wieder auf die entsprechende Literatur zur mathematischen Logik.

Die folgenden beiden Aussagen sind die prädikatenlogischen Analoga der de Morganschen Regeln:

$$\neg \bigvee x\, Fx \equiv \bigwedge x\, \neg Fx,$$
$$\neg \bigwedge x\, Fx \equiv \bigvee x\, \neg Fx.$$

Die folgenden beiden Formeln gestatten es, unter bestimmten Umständen mehrere Quantoren zusammenzufassen:

$$\bigwedge x\, (Fx \wedge Gx) \equiv \bigwedge x\, Fx \wedge \bigwedge x\, Gx,$$
$$\bigvee x\, (Fx \vee Gx) \equiv \bigvee x\, Fx \vee \bigvee x\, Gx.$$

2.6 Weitere metalogische Begriffe

Die Definitionen der übrigen metalogischen Begriffe der Prädikatenlogik sind den entsprechenden a.l. Definitionen unmittelbar nachgebildet. Sie bereiten so wenig Schwierigkeiten, daß ich sie guten Mutes Ihnen, geschätzte Leserin, geschätzter Leser, als Übung überlassen kann. Die Bemerkungen, die ich bei ihrer Behandlung in der Aussagenlogik gemacht habe, treffen sinngemäß auch auf den Fall der Prädikatenlogik zu.

Übung 3.11 Geben Sie in Analogie zu den entsprechenden Begriffen der Aussagenlogik die Definitionen der folgenden metalogischen Begriffe der Prädikatenlogik an, wobei A und B Aussagen oder p.l. Formeln sind:

1. A und B stehen in *konträrem prädikatenlogischen Widerspruch*;
2. A und B stehen in *kontradiktorischem prädikatenlogischen Widerspruch*;
3. A und B sind *prädikatenlogisch konsistent*;
4. A und B sind *prädikatenlogisch abhängig*;
5. A ist *prädikatenlogisch notwendig* für B;
6. A ist *prädikatenlogisch hinreichend* für B.

3 Rückblick und Ausblick

In diesem Rückblick und Ausblick können wir uns kurz fassen, weil die meisten Überlegungen, die wir an der entsprechenden Stelle von Kapitel II in Abschnitt II.2.3 angestellt haben, auf die Prädikatenlogik übertragen werden können. So gelten die dort angestellten Überlegungen hinsichtlich der konstitutiven Rolle von Beispielen für die Aussagenlogik und hinsichtlich der problematischen Vorstellung, daß die Aussagenlogik alle a.l. Schlußformen rechtfertigen würde, genau so auch für die Prädikatenlogik.

Der wesentliche Unterschied zwischen der Aussagenlogik und der Prädikatenlogik betrifft das Entscheidungsproblem, das, wie in Abschnitt III.2.2.c, S. 226 ff., erläutert, für die Aussagenlogik ziemlich trivial allgemein lösbar, für die Prädikatenlogik dagegen nicht allgemein lösbar ist. Diese etwas mißliche Lage findet im mathematischen Zugang zur Prädikatenlogik eine gewisse Linderung, die ich in Abschnitt IV.6 andeuten werde.

IV

Der mathematische Zugang zur Aussagenlogik

In diesem Kapitel werden wir mit der Aussagenlogik noch einmal ganz von vorne beginnen. Das, was wir bisher über die Aussagenlogik gelernt haben, müssen wir in einem ganz bestimmten Sinn vergessen: Wir dürfen es im folgenden nicht dazu verwenden, irgendwelche Behauptungen zu *begründen*. Dagegen wird unsere Vorkenntnis der Aussagenlogik in anderer Hinsicht eine wichtige Rolle spielen, nämlich um bestimmte Dinge zu *motivieren*. Dies ist folgendermaßen zu verstehen. Mit Hilfe der Erinnerung an die uns schon bekannte Aussagenlogik werden wir verstehen, warum bestimmte Definitionen aufgestellt und bestimmte Sätze bewiesen werden. Innerhalb eines bestimmten Gebiets der Mathematik, z. B. der mathematischen Logik, der wir uns nun zuwenden, gibt es keine zwingenden Begründungen (oder: mathematische Beweise) dafür, daß man gerade diese Definition aufstellt oder jenen Satz zu beweisen versucht. Das heißt natürlich nicht, daß Definitionen und Beweisversuche völlig willkürlich erfolgen; sie sind durch bestimmte Erkenntnisziele motiviert.

Bevor wir uns nun diesem mathematischen Zugang zur Aussagenlogik zuwenden, möchte ich einige allgemeine Bemerkungen darüber machen, was die Charakteristika des mathematischen Zugangs im allgemeinen sind. Es wird sich dann zeigen, daß diese Charakteristika es sehr nahelegen, daß man auch die Logik mathematisch behandelt.

1 Zum mathematischen Zugang im allgemeinen

Der mathematische Zugang zu einem beliebigen Gegenstandsgebiet ist generell durch drei Charakteristika geprägt: durch eine Abstraktionstendenz, eine Axiomatisierungstendenz und die Verpflichtung, aufgestellte Behauptungen lückenlos zu beweisen.

Die *Abstraktionstendenz* des mathematischen Zugangs zeigt sich in einer rigorosen Beschränkung auf das, was im gegebenen Kontext das „Wesentliche", der Kern der Sache ist. Das ist vielfach das „Strukturelle" oder die besonderen Relationen, die zwischen verschiedenen Objekten bestehen. Die Idee dahinter ist, daß man auf diese Weise die Zusammenhänge, die zwischen verschiedenen Eigenschaften der untersuchten Objekte bestehen, am allerdurchsichtigsten machen kann. Diese abstrakte Charakterisierung ist für jemanden, der wenig mit Mathematik vertraut ist, sicherlich nicht besonders vielsagend; sie kann es auch nicht sein, denn man kann sie eigentlich nur an konkreten Beispielen verstehen. In jedem Fall aber bedeutet diese Hervorhebung des Wesentlichen massive Abstraktionen von sonstigen Eigenschaften der behandelten Objekte. Die resultierenden Objekte, mit denen man sich in der Mathematik beschäftigt, sind entsprechend auch vielfach recht abstrakt. Um diese Abstraktionen durchführen zu können, muß man natürlich wissen, *welche* die im gegebenen Zusammenhang wesentlichen Aspekte der untersuchten Objekte sind; man muß also über die Objekte, die Gegenstände einer mathematischen Behandlung werden sollen, schon einiges wissen. In unserem Fall, der mathematischen Behandlung der Aussagenlogik, haben wir dieses notwendige Vorwissen in Kapitel II gewonnen. Insbesondere wissen wir, daß es für die Behandlung der logischen Eigenschaften von Aussagen und Relationen zwischen Aussagen ausschließlich auf logische Formen ankommt. In der mathematischen Behandlung der Aussagenlogik werden daher von vornherein nur aussagenlogische Formen das Thema sein; von allen anderen Aspekten von Aussagen ist von Anbeginn abstrahiert. Wir haben damit einen freien Blick auf das, was die logischen Eigenschaften von Aussagen bestimmt; alle übrigen Aspekte von Aussagen, die in anderen Zusammenhängen interessieren mögen, haben wir ausgeblendet.

Diese Abstraktion hat neben der Hervorhebung des Wesentlichen noch zwei weitere Vorteile. Einmal kann man vielfach Gemeinsamkeiten zwischen bisher als grundsätzlich verschieden gesehenen Gebieten entdecken, und dies ist ein wesentliches Element des Fortschritts in der Mathematik: Wenn die abstrakte Betrachtung gezeigt hat, daß bislang als verschieden angesehene Gebiete strukturell gleich sind, dann lassen sich die Methoden des einen Gebiets auf das andere übertragen. Zum anderen fallen bei der mathematischen Betrachtung vielfach Probleme weg. So braucht man sich beispielsweise bei der mathematischen Behandlung der Logik nicht mit dem leidigen Problem herumzuschlagen, was eigentlich eine Aussage ist (vergleiche Abschnitt I.3.1, S. 32 ff.). Damit ist das Problem, in welchem Sinne in der Logik von Aussagen die Rede ist, natürlich nicht gelöst, aber man hat bei der Beantwortung bestimmter Fragen innerhalb der mathematischen Behandlung der Logik mit diesem Problem nichts mehr zu tun. Diese Probleme kehren wieder, sobald man die rein mathematische Behandlung verläßt und die mathematischen Resultate anzuwenden versucht.

Die zweite für die Mathematik charakteristische Tendenz besteht in der *Axiomatisierung*. In einer ersten Annäherung besteht die Axiomatisierung darin, daß man in die Menge der Aussagen, die in einem bestimmten Gebiet gelten, Ordnung bringt. Diese Ordnung besteht darin, daß man eine möglichst kleine Teilmenge aller dieser wahren Aussagen zu isolieren versucht, die die Eigenschaft hat, daß die anderen Aussagen aus ihr logisch folgen; in dieser (kleinen) Teilmenge von Aussagen, den *Axiomen*, ist dann das ganze Wissen über das Gebiet repräsentiert. Die Aussagen über das Gebiet fallen somit in zwei Klassen, einmal die Axiome und dann die *Theoreme*, die man aus den Axiomen ableiten und damit beweisen kann (diese Einteilung muß aber nicht eindeutig sein). Die Axiome selbst lassen sich natürlich nicht beweisen, eben weil ein Beweis aus der Ableitung aus Axiomen besteht. In früheren Zeiten hoffte man in der Mathematik, daß die Wahrheit der Axiome auf irgendeine direkte Weise einsehbar wäre. Die heute gängige Auffassung ist, daß man jedenfalls in der Mathematik nach der *Wahrheit* der Axiome überhaupt nicht fragen muß (nur nach ihrer Konsistenz). Vielmehr ist die Frage lediglich, welche Theoreme man aus bestimmten Axiomen ableiten kann, wobei man die Axiome als gegeben voraussetzt. Die Aussagen der Mathematik werden dann wesentlich konditional: *Wenn* die und die Axiome gelten, *dann* gelten die folgenden Theoreme. *Ob* und in welchem Sinn diese Axiome tatsächlich gelten, ist demgemäß eine Frage, die aus der Mathematik völlig herausfällt. Natürlich untersucht man in der Mathematik nicht jedes beliebige System von Axiomen, sondern nur solche, die aus irgendeinem Grunde interessant sind, wobei diese Gründe sehr verschiedener Art sein können. Mathematiker können in der Einschätzung, welche Axiomensysteme interessant sind, durchaus verschiedener Meinung sein, aber der Streit darüber ist nicht eigentlich ein mathematischer Streit. Die axiomatische Darstellung eines Gebiets liefert dreierlei: einmal eine ökonomische Darstellung des Wissens über das Gebiet, dann eine Klärung der Abhängigkeitsverhältnisse zwischen den Aussagen des Gebiets, und schließlich eine klare Festlegung der Begründungspflichten, die man mit der Behauptung von Aussagen in dem Gebiet übernimmt.

Ein drittes Charakteristikum der Mathematik besteht darin, daß für alle aufgestellten Behauptungen *lückenlose Beweise* gegeben werden müssen. Dieses Charakteristikum steht natürlich in engstem Zusammenhang mit der gerade genannten Tendenz zur Axiomatisierung. Nur in einem axiomatisierten System ist klar, was alles als Voraussetzung in einen Beweis eingehen darf. Sind zudem die Schlußregeln explizit angegeben, die bei Beweisen verwendet werden dürfen (was in der Mathematik normalerweise nicht der Fall, aber typischerweise völlig unkontrovers ist), so kann jeder Schritt eines Beweises explizit gemacht werden. Allerdings ist hier anzumerken, daß die Vorstellungen darüber, was in der Mathematik als ein lückenloser Beweis angesehen wird bzw. wurde, einem gewissen historischen Wandel unterliegen. Es ist dies beispielsweise angesichts der Tatsache nicht verwunderlich, daß auch in der Mathematik nicht *alle* Begriffe explizit definiert sein können, weil jede Definition selbst notwendigerweise weitere Begriffe verwenden muß. Infolgedessen kann in einer Epoche ein bestimmter Begriff problemlos als ein nicht explizit definierter Grundbegriff akzeptiert sein, von dem in einer späteren Epoche aufgrund neuer Entdeckungen eine explizite Definition (mittels *anderer* nicht explizit definierter Begriffe) verlangt wird. Daher ist die Forderung nach lückenlosen Beweisen in dieser abstrakten Formulierung ein anscheinend überhistorisches Charakteristikum der Mathematik; was aber genau unter einem lückenlosen Beweis verstanden wird, kann sich historisch verändern.

So viel zur mathematischen Behandlung im allgemeinen. Für die mathematische Behandlung der Aussagenlogik gibt es zwei einander ergänzende Zugänge, die Modelltheorie und die Beweistheorie, die beide auf einer syntaktischen Betrachtung von aussagenlogischen Formeln aufbauen (was alle diese merkwürdigen Ausdrücke bedeuten, werde ich im Verlauf der entsprechenden Abschnitte erläutern). Wir werden in allen diesen Abschnitten sehen, wie die obengenannten Tendenzen konkret wirksam werden. Die Modelltheorie lehnt sich dabei an das Vorgehen bei der Entwicklung der Logik an, wie es im zweiten Kapitel dargestellt wurde. Die Beweistheorie ist dagegen eine Axiomatisierung der logischen Wahrheiten. Die Motivationen für diese beiden Zugänge werde ich erst später erklären können. Eine wichtige Vorbemerkung muß ich allerdings noch machen. Ich strebe in diesem Kapitel keine vollständige Darstellung des mathematischen Zugangs zur Logik an, wie das in den (zahlreichen) Lehrbüchern der mathematischen Logik geschieht. Auch strebe ich in der Darstellung nicht wirklich den Grad von Genauigkeit an, wie er für die Mathematik charakteristisch ist. Es geht mir vielmehr darum, die grundsätzlichen Ideen vorzustellen und einsichtig zu machen, die dem mathematischen Zugang zur Logik zugrunde liegen. Insbesondere werde ich die meisten Beweise von Theoremen nicht vorführen, sondern auf die entsprechende Literatur zur mathematischen Logik verweisen. Die Inhalte der Theoreme und ihr Stellenwert für die Logik sollten aber, so hoffe ich, deutlich werden.

2 Syntax der Aussagenlogik

Wir waren in Kapitel II zu den aussagenlogischen Formeln gekommen, indem wir zunächst Aussagen als wahrheitsdefinite Sätze eingeführt, dann extensionale Aussageverknüpfungen diskutiert, anschließend den Übergang zur logischen Form gemacht und diese Formen schließlich mittels eines bestimmten Zeichensystems dargestellt hatten. Bei der weiteren Verwendung des Resultats dieser vier Schritte, der aussagenlogischen Formeln, war es bei vielen Operationen überhaupt nicht mehr auf den Prozeß angekommen, der zu diesem Resultat geführt hat. Dies gilt insbesondere von den Schritten, die uns schließlich zur Definition der logischen Wahrheit und der logischen Folgerung geführt hatten. Entsprechend wird jetzt der Begriff der aussagenlogischen Formel ohne den expliziten Rückgriff auf Aussagen und ihre Eigenschaften eingeführt. Vielmehr wird, der Abstraktionstendenz des mathematischen Zugangs entsprechend, von allem abstrahiert, was sich nicht unmittelbar auf a.l. Formeln selbst, im Sinne der typographischen Bilder dieser Formeln, bezieht. Dieser Abstraktionsprozeß ist ziemlich radikal: Sein Resultat sind uninterpretierte Zeichenreihen.

Ein Zeichensystem, mit dem logische Formeln dargestellt werden, wird in der Logik häufig als eine *Sprache* bezeichnet; es handelt sich dabei natürlich nicht um Sprachen wie Deutsch oder Türkisch, sondern um *künstliche* oder *formale* Sprachen. Ich bezeichne die hier darzustellende, für die Aussagenlogik spezifische Sprache mit S, einer verbreiteten Konvention folgend. Die in S erlaubten Formeln werden eingeführt, indem man zum einen die Zeichen angibt, aus denen aussagenlogische Formeln gebildet werden können, und zum anderen die Regeln, nach denen diese Zeichen zu erlaubten Formeln zusammengefügt werden dürfen. Dabei haben die eingeführten Zeichen *keinerlei Bedeutung*; sie werden gewissermaßen rein typographisch betrachtet, als Figuren oder „Druckbilder", die man da oder dort hinzeichnen kann, die aber nichts bezeichnen oder bedeuten, und bei denen man sich dementsprechend auch nichts denken kann. Genau genommen handelt es sich bei den eingeführten Zeichen also gar nicht um Zeichen, eben weil sie nichts bezeichnen oder bedeuten, sondern nur um Druckbilder. Ich werde im folgenden aber dennoch von ‚Zeichen' sprechen, weil es für solche bedeutungslosen Figuren kein besseres deutsches Wort gibt. Das einzige, was sich beim Auftauchen eines Zeichens an einer bestimmten Stelle denken läßt, ist, daß an dieser Stelle dieses Zeichen und nicht etwa ein anderes oder gar keines steht.

Die Menge der Zeichen von S läßt sich in drei Gruppen einteilen. Die erste Gruppe besteht aus *Variablen* (auch *Aussagevariablen* oder *Atomsätze* oder *Primsätze* oder *Satzbuchstaben* genannt), die zweite Gruppe besteht aus *Operatoren* (auch *Satzverknüpfungen* oder *Junktoren* oder *Funktoren* genannt) und die dritte Gruppe besteht aus *Hilfszeichen*. Diese Bezeichnungen sind aber schon wieder mißverständlich. Sie klingen so, als hätten die verschiedenen Zeichen verschiedene Funktionen oder verschiedene Bedeutungen, gemäß denen man sie in verschiedene Gruppen einteilen kann. Genau dies ist an dieser Stelle des Aufbaus der Aussagenlogik aber nicht der Fall. Die einzuführenden Zeichen bedeuten nichts, sie haben hier noch keine besonderen Funktionen und lassen sich demgemäß auch nicht aus sachlichen Gründen in Gruppen einteilen; sie sind lediglich typographisch verschieden. Nach diesem Wort der Warnung, an dieser Stelle in die Zeichen etwas hineinzuinterpretieren, hier die zu verwendenden Zeichen.

– Die *Variablen* sind eine (abzählbar unendliche) Menge von Buchstaben $p_1, p_2, p_3, \ldots$ oder auch p, q, r, … Für welche Bezeichnung dieser Buchstaben man sich entscheidet, ob man also von Variablen, Satzbuchstaben, Atomsätzen o. ä. spricht, ist vollkommen belanglos, denn diese Buchstaben bedeuten ohnehin nichts; sie stehen einfach da oder eben nicht. Das war in Kapitel II natürlich ganz anders, wo ich große Anstrengungen unternommen habe, schematische Satzbuchstaben von Abkürzungen von Aussagen zu unterscheiden und dafür auch verschiedene Buchstaben als Bezeichnungen gewählt hatte (Abschnitt II.1.2.b, Punkte 1 und 2, S. 59f.). Hier dagegen bedeuten diese Buchstaben nichts, und man ist daher ziemlich frei, wie man sie benennen möchte.

- Die *Operatoren* sind die Zeichen ¬, ∧, ∨, →, ↔. Diese Zeichen bedeuten hier ebenfalls nichts, auch wenn sie typographisch den uns bekannten Junktoren auf's Haar gleichen. Man hat hier gewisse Freiheiten hinsichtlich der Auswahl der Operatoren, die man benutzen möchte. Der Grund ist, daß zu einem späteren Stadium der Entwicklung die Operatoren natürlich mit den uns bekannten Junktoren identifiziert werden, also ihnen eine Bedeutung zugewiesen wird. Von der Aussagenlogik her wissen wir, daß sich Junktoren gegenseitig durcheinander ausdrücken lassen, so daß man sie nicht wirklich alle braucht (siehe Abschnitt II.2.5, Punkte 8 und 9, S. 138ff.). Ich werde in diesem und dem nächsten Abschnitt alle der fünf jetzt aufgeführten Operatoren als Bestandteile der Sprache S betrachten. In Abschnitt IV.4 werde ich allerdings nur die Operatoren ¬ und → verwenden, um einige der Definitionen zu vereinfachen.
- Schließlich verwenden wir noch zwei *Hilfszeichen*, nämlich die Klammern (und).

Wie gesagt, diese Zeichen bedeuten hier gar nichts; sie sind eigentlich gar keine Zeichen. Die einzige Funktion, die sie hier haben sollen, ist die, daß man aus ihnen Zeichenreihen (lineare Anordnungen von ihnen, oder Zeichenketten) bilden kann. Mit anderen Worten: Man kann sie in beliebiger Reihenfolge, in beliebiger Wiederholung und in beliebiger Länge hintereinander schreiben. Beispiele solcher Zeichenreihen sind

→ p r) ∨ ∧ p ¬

oder

(p ∧ q) ∨ r

oder

)()()(pppqqq ∨ ∨ ∨.

In natürlichen Sprachen ist nicht jede Aneinanderreihung von Wörtern (oder von Buchstaben) sinnvoll; als Syntax bezeichnet man die Lehre von den Regeln (oder die Regeln selbst), die befolgt werden müssen, damit eine Reihe von Wörtern einen sinnvollen Satz ergibt. Beim mathematischen Zugang zur Aussagenlogik möchte man es auch nicht mit allen möglichen Zeichenreihen zu tun haben (später soll ja irgendwie die Aussagenlogik, wie wir sie von Kapitel II her kennen, herauskommen). Entsprechend unterscheidet man *wohlgeformte* von *nicht wohlgeformten* Zeichenreihen, und man bezeichnet die Regeln, die wohlgeformte von nicht wohlgeformten Zeichenreihen unterscheiden, als die *Syntax* der jeweiligen Sprache. Wohlgeformte Zeichenreihen sind gerade diejenigen, die typographisch, also bezüglich des Druckbilds, mit den uns bekannten a.l. Formeln übereinstimmen; sie heißen darum auch die *Formeln* von S, manchmal auch die *Sätze* von S. Wie man die wohlgeformten Zeichenreihen nennt, ist wieder ziemlich gleichgültig; es handelt sich um Zeichenreihen, die nicht ganz beliebig sind, sondern durch gewisse Regeln hervorgebracht werden können. Als Bezeichnung für das, was ich hier Formeln nenne, findet man in der Literatur auch die geheimnisvolle Buchstabenkombination ‚wff'; sie leitet sich vom englischen „well-formed formula", also „wohlgeformte Formel", her. Die Formeln von S werden mittels der folgenden Konstruktionsvorschriften definiert, die damit die Syntax von S festlegen.

Definition 4.1:
1. Die Variablen sind Formeln.
2. Ist P eine Formel, so ist auch $\neg$ P eine Formel.
3. Sind P und Q Formeln, so sind auch (P $\wedge$ Q), (P $\vee$ Q), (P $\rightarrow$ Q) und (P $\leftrightarrow$ Q) Formeln.
4. Eine Zeichenreihe ist nur dann eine Formel, wenn sie in endlich vielen Schritten mittels der Regeln 1–3 konstruierbar ist.

Beachten Sie, daß die Buchstaben P und Q in Definition 4.1 nicht mit den Kleinbuchstaben p und q identisch sind. Die letzteren gehören der Sprache S an, während P und Q Platzhalter für Formeln von S sind; sie gehören *nicht* der Sprache S an. Man nennt P und Q auch *Metavariable* (obwohl nichts variiert: es sind eben Platzhalter).

Es ist ganz offensichtlich, daß man mit Definition 4.1 eine Menge von Zeichenreihen bilden kann, die typographisch mit den uns bekannten a.l. Formeln übereinstimmen. Sie bilden eine Teilmenge der Menge aller möglichen Zeichenreihen, die mittels der Zeichen von S aufgebaut werden können. Beachten Sie, daß die Operatoren $\vee$, $\wedge$, $\rightarrow$ und $\leftrightarrow$ gemäß der 3. Regel immer nur zusammen mit Klammern verwendet werden dürfen, so daß gemäß Definition 4.1 beispielsweise p $\wedge$ q *keine* Formel ist, sondern nur (p $\wedge$ q). Man kann aber hier die Klammerkonvention einführen, daß die äußersten Klammern bei einer Formel immer weggelassen werden dürfen; ebenso kann man, um nicht so viele Klammern verwenden zu müssen, die in Abschnitt II.1.2.b, Punkt 8, S. 65 f., vorgestellten Klammerkonventionen einführen. Aber dies sind bereits Details, die ich hier nicht mehr behandeln möchte.

Das soeben verwendete Verfahren der Einführung von Formeln, das einem auf den ersten Blick etwas pedantisch vorkommen mag, steht ganz im Dienst der lückenlosen Beweispflicht, die ich als eines der Charakteristika des mathematischen Zugangs genannt hatte. Dies ist deshalb der Fall, weil man durch die Forderung nach Konstruktionsvorschriften für die zugelassenen Formeln, wie sie beispielsweise in Definition 4.1 gegeben sind, gezwungen ist, alle relevanten Eigenschaften von Formeln explizit anzugeben. Damit ist dann ganz klar, welche Eigenschaften Formeln haben; über diese Eigenschaften kann es anschließend keine Meinungsverschiedenheiten geben. Diese und nur diese Eigenschaften dürfen zur Begründung von Behauptungen über Formeln verwendet werden.

Wenn man nun bestimmte Behauptungen über a.l. Formeln aufstellen möchte, dann bedürfen diese Behauptungen im Rahmen der mathematischen Behandlung der Logik eines Beweises, auch wenn sie selbstverständlich oder trivial erscheinen mögen. So wissen wir beispielsweise aus Kapitel II, daß a.l. Formeln immer ein Hauptzeichen haben, außer es handelt sich um bloß einen Satzbuchstaben, und daß man entsprechend die Formeln danach klassifizieren kann, ob sie Konjunktionen, Adjunktionen etc. sind (siehe Abschnitt II.1.2.b, S. 65). Wir haben das dort aufgrund der Herkunft der Formeln als Abstraktionen von Aussagen einsehen können. In diesem Kapitel dürfen wir diese Herkunft der Formeln natürlich nicht verwenden, und das folgende Theorem zur eindeutigen Zerlegbarkeit von Formeln bedarf daher in der mathematischen Logik eines Beweises, der sich ausschließlich auf Definition 4.1 stützt.

Theorem 4.1: Jede Formel ist entweder eine Variable oder eine Negation oder eine Konjunktion oder eine Adjunktion oder ein Konditional oder ein Bikonditional (diese Fälle schließen sich gegenseitig aus).

Für diesen Beweis muß man natürlich zuerst definieren, was eine Negation, eine Konjunktion etc. ist. Ähnlich bedürfen auch alle anderen Behauptungen über Formeln eines Beweises.

Man sieht an dieser Einführung der Syntax von S sehr deutlich die für die Mathematik so charakteristische Abstraktionstendenz, die ich am Beginn dieses Kapitels dargestellt hatte (Abschnitt IV.1, S. 239 f.). Es war ein langer Weg von Überlegungen, der in Kapitel II zu den a.l. Formeln geführt hatte. Die Formeln, zu denen wir auf diesem Weg kamen, waren alle wohlgeformt, und zwar deshalb, weil wir von sinnvollen Aussagen ausgegangen waren, aus denen wir die Formeln durch einen Abstraktionsschritt (Übergang zur a.l. Form) und einen Darstellungsschritt (Darstellung der a.l. Form durch eine Formel) gewonnen hatten. Wenn man sich nur für diese Formeln und ihre Eigenschaften interessiert, kann man natürlich von dem langen Weg, der zu ihnen geführt hat, absehen und sie statt dessen durch die Angabe ihrer Syntax definitorisch einführen, wie das in Definition 4.1 geschehen ist. Man sollte aber nicht übersehen, daß diese Definition nur deshalb aufgestellt wird, weil sie eine Menge von Formeln definiert, die typographisch mit den aussagenlogischen Formeln identisch sind. Auf die a.l. Formeln aber waren wir auf eine Weise gekommen, die zunächst gar nichts mit Mathematik zu tun zu haben schien.

Wenn man die Syntax von S, also die Bildungsregeln von aussagenlogischen Formeln, eingeführt hat, kann man zwei verschiedene, aber einander ergänzende Wege beschreiten, wie man die Logik weiter entwickelt. Letzten Endes wollen wir ja auf den Begriff der logischen Folgerung hinaus, und deshalb können wir nicht bei uninterpretierten Zeichenreihen stehen bleiben. Der im folgenden Abschnitt dargestellte erste Zugang lehnt sich eng an das an, was wir in Kapitel II kennengelernt haben.

3 Semantik: Modelltheorie

Unter ‚Semantik' versteht man üblicherweise eine Disziplin, die sich in irgendeiner Weise mit der Bedeutung von Zeichen beschäftigt. In der Logik versteht man dagegen unter ‚Semantik' meist die systematische Angabe der Bedingungen, unter denen die Sätze einer formalen Sprache wahr oder falsch sind. Der Zusammenhang dieser beiden Verwendungsweisen des Begriffs ‚Semantik' ist folgender. Wenn man die Bedeutung einer Aussage kennt, dann kennt man auch die Umstände, unter denen sie wahr ist, jedenfalls, wenn die Aussage konkret und präzise genug formuliert ist; diese Umstände werden die *Wahrheitsbedingungen* der Aussage genannt. So kennt man, wenn man die Aussage ‚Morgen ist Weihnachten' versteht, zugleich die Bedingungen, unter denen sie wahr ist: wenn nämlich das Datum der Äußerung der Aussage der 23. Dezember ist. Es gilt aber auch die Umkehrung: Wenn man die Wahrheitsbedingungen einer Aussage kennt, dann kennt man auch ihre Bedeutung, zumindest einen nicht unerheblichen Teil davon. Wenn man von einer Aussage beispielsweise weiß, daß sie genau dann wahr ist, wenn der Mond aus grünem Käse besteht, dann muß die Aussage wohl behaupten, daß der Mond aus grünem Käse besteht. Es besteht also ein enger Zusammenhang zwischen der Bedeutung einer Aussage und ihren Wahrheitsbedingungen, der den Namen ‚Semantik' für Untersuchungen von Wahrheitsbedingungen rechtfertigt.

Für die Semantik der Sprache S müssen also die Wahrheitsbedingungen für ihre Formeln angegeben werden. Das klingt im ersten Moment gräßlich, denn wir wissen aus Kapitel II, daß Formeln gerade nicht wahr oder falsch sind; die Eigenschaft, wahr oder falsch zu sein, ist Aussagen beim Abstraktionsschritt zur a.l. Form gerade abhanden gekommen. Infolgedessen kann es auch keine Bedingungen geben, unter denen Formeln wahr oder falsch sind. Aber dies ist eine im gegenwärtigen Zusammenhang gänzlich irrelevante Überlegung, denn Formeln sind hier rein syntaktisch über Definition 4.1 eingeführt worden; irgendwelche inhaltlichen Vorstellungen, was sie bedeuten könnten, darf man mit ihnen nicht verbinden. Gemeint ist mit den Wahrheitsbedingungen für Formeln etwas, was wir von der Wahrheitswertanalyse extensional interpretierter Formeln her kennen (Abschnitt II.1.3.c, S. 70ff.). Dort hatten wir ja zunächst jedem Satzbuchstaben einer Formel einen Wahrheitswert zugeordnet, dann bei der Wahrheitswertanalyse anhand der Wahrheitstafeln der Junktoren sukzessive immer größeren Teilformeln und schließlich der Formel insgesamt einen Wahrheitswert zugeordnet. In der Modelltheorie kann man den gleichen Weg gehen.

Zunächst ordnet man jeder Variablen von S einen der beiden Wahrheitswerte zu; dies wird eine *Belegung* (der Variablen von S mit Wahrheitswerten) genannt. Anders als bei der früher behandelten extensionalen Interpretation, wo man nur einigen wenigen Satzbuchstaben, die in einer bestimmten Formel vorkommen, Wahrheitswerte zugeordnet hat, ordnet man hier zugleich allen Variablen von S Wahrheitswerte zu. Dabei ist aber von allen inhaltlichen Vorstellungen darüber, was Wahrheitswerte sind, abstrahiert. Es handelt sich einfach um zwei Buchstaben w und f, die den Variablen zugeordnet werden; man kann ebensogut statt w und f etwa 0 und 1 verwenden oder Bananen und Äpfel zuordnen. Wir wissen ja noch aus Kapitel II, daß wir bei der Wahrheitswertanalyse niemals inhaltlich darauf Bezug nehmen mußten, was Wahrheit im Unterschied zur Falschheit eigentlich ist; wir mußten nur die Wahrheitstafeln der Junktoren verwenden. Entsprechend wird jetzt von aller Bedeutung von ‚Wahrheit' und ‚Falschheit' abstrahiert, außer von ihrer Differenz. Hier nun die definitorische Einführung des Begriffs der Belegung von S:

Definition 4.2: Die Zuordnung von je einem Wahrheitswert zu jeder Variablen von S heißt eine *Belegung* (der Variablen) von S.

Eine solche Belegung der Variablen von S mit Wahrheitswerten soll jetzt zu einer Zuordnung je eines Wahrheitswerts zu *jeder* Formel von S ausgeweitet werden. Soll diese Ausweitung etwas mit der Aussagenlogik zu tun haben, so darf sie nicht willkürlich erfolgen. Die bislang ja ohne die geringste Bedeutung eingeführten Operatoren ¬, ∨, ∧, → und → sollen natürlich so funktionieren wie die Junktoren, die wir in Kapitel II von der natürlichen Sprache ausgehend eingeführt haben. Das heißt konkret: Den Formeln von S sollen Wahrheitswerte zugeordnet werden auf der Basis der Wahrheitswerte, die den Satzbuchstaben bereits durch die Belegung zugeordnet sind, so daß die Wahrheitstafeln der Junktoren berücksichtigt werden. Eine solche Zuordnung von Wahrheitswerten zu den Formeln von S auf der Grundlage einer Belegung nennt man eine *Bewertung* (der Formeln) von S. Hier nun die formelle Definition:

Definition 4.3: Gegeben sei eine Belegung von S. Die Zuordnung von je einem Wahrheitswert zu jeder Formel von S heißt eine *Bewertung* (der Formeln) von S genau dann, wenn für beliebige Formeln P und Q von S gilt:

1. Ist P eine Variable, so ist ihr der Wahrheitswert der Belegung zugeordnet;
2. ¬ P ist genau dann w zugeordnet, wenn P f zugeordnet ist;
3. (P ∧ Q) ist genau dann w zugeordnet, wenn P w und Q w zugeordnet ist;
4. (P ∨ Q) ist genau dann w zugeordnet, wenn P w oder Q w zugeordnet ist;
5. (P → Q) ist genau dann f zugeordnet, wenn P w und Q f zugeordnet ist;

6. (P $\leftrightarrow$ Q) ist genau dann w zugeordnet, wenn P und Q der gleiche Wahrheitswert zugeordnet ist.

Man kann sich vorstellen, daß diese Definition den Formeln von S schrittweise Wahrheitswerte zuordnet, und zwar ganz ähnlich, wie in Definition 4.1, S. 248, der Syntax von S, die Formeln selbst generiert werden. Von den Variablen ausgehend werden über Formeln mit nur zwei Variablen durch wiederholte Anwendung der Regeln 2 bis 6 immer komplexeren Formeln Wahrheitswerte zugeordnet. Der hauptsächliche Unterschied zwischen dem Begriff der Bewertung und dem früher eingeführten Begriff der extensionalen Interpretation besteht darin, daß bei einer Bewertung *jedem* Satzbuchstaben und *jeder* Formel von S ein Wahrheitswert zugeordnet ist, während bei der extensionalen Interpretation nur gerade den Satzbuchstaben einer bestimmten Formel Wahrheitswerte zugeordnet wurden.

Definition 4.3 formuliert die *Semantik* der Sprache S in dem Sinne, daß die Bedingungen angegeben werden, unter denen die Formeln von S wahr (oder falsch) sind. Alles, was wir *innerhalb der Logik* von den Junktoren wissen müssen, ist das, was in ihren Wahrheitstafeln festgehalten ist. Infolgedessen abstrahiert man beim mathematischen Zugang zur Aussagenlogik bezüglich der Junktoren von allen ihren Eigenschaften, außer daß sie zwischen (bzw. vor) Formeln stehen (Definition 4.1) und wie der Wahrheitswert einer Formel, die durch Negation einer Formel bzw. durch Verknüpfung zweier Formeln entstanden ist, von deren Wahrheitswerten abhängt (Definition 4.3).

Hier zeigt sich erneut die in Abschnitt IV.1, S. 239 f., genannte Abstraktionstendenz des mathematischen Zugangs. Wenn man nun im Fortgang der mathematischen Entwicklung der Aussagenlogik irgendwelche Behauptungen aufstellen möchte, in welche die Eigenschaften der Junktoren eingehen, darf man ausschließlich die in Definition 4.1 und 4.3 festgehaltenen Eigenschaften benutzen; irgendwelche anderen inhaltlichen Vorstellungen von den Junktoren dürfen nicht verwendet werden. Dies ist eine Konsequenz der Forderung nach lückenlosen Beweisen beim mathematischen Zugang (Abschnitt IV.1, S. 242): Eigenschaften der behandelten Objekte, die man in irgendwelchen Behauptungen oder Beweisen benutzen möchte, müssen *vorher* in expliziten Definitionen dieser Objekte festgehalten werden.

Nun interessiert man sich mit dem Blick auf den später einzuführenden Begriff der logischen Wahrheit vornehmlich für Bewertungen, die einer gegebenen Formel den Wahrheitswert w zuordnen. Für solche Bewertungen werden eigene Termini eingeführt:

Definition 4.4: Ein *Modell* einer Formel P ist eine Bewertung, die P den Wahrheitswert w zuordnet.

In einer anderen Redeweise sagt man, daß diejenigen Bewertungen, die einer Formel P den Wahrheitswert w zuordnen, die Formel P *erfüllen.* Welchen Ursprung diese im ersten Augenblick hier vielleicht etwas merkwürdig klingenden Termini „erfüllen" und „Modell" haben, muß uns hier nicht weiter interessieren; auf jeden Fall werden wir aber in Kürze verstehen können, warum der im Moment besprochene Zugang zur Logik „Modelltheorie" heißt. Mit den eingeführten Begriffen können wir jetzt nämlich den Begriff der aussagenlogischen Wahrheit reformulieren, den wir in Abschnitt II.2.2.a, S. 81, schon diskutiert hatten; inhaltlich ändert sich dabei nichts.

Definition 4.5: Eine Formel P von S heißt *aussagenlogisch wahr* genau dann, wenn alle Bewertungen von S Modelle von P sind (oder: wenn P von allen Bewertungen erfüllt wird).

Nun kann man sehen, warum der hier dargestellte mathematische Zugang zur Aussagenlogik „modelltheoretisch“ heißt: Der für die Logik zentrale Begriff der aussagenlogischen Wahrheit wird über den Begriff des Modells definiert. Wie gesagt, der Sache nach ist das keine Neuigkeit gegenüber dem, was wir bereits in Abschnitt II.2 kennengelernt haben; es ist lediglich von vorneherein von allem abstrahiert worden, was für das Operieren mit Formeln irrelevant ist.

Zum Abschluß dieses Abschnitts über den modelltheoretischen Zugang zur Aussagenlogik gebe ich noch die Definition der logischen Folgerung an, wie sie mittels des Modellbegriffs formuliert werden kann. Der Sache nach ist diese Definition identisch mit dem ersten Teil der Definition 2.11 auf S. 108, lediglich die Formulierung ist etwas anders, so, wie man sie typischerweise in den Lehrbüchern der mathematischen Logik findet.

Definition 4.6: Die Folgerung von Formeln $P_1, \ldots, P_n$ auf eine Formel Q heißt *aussagenlogisch gültig* genau dann, wenn jedes Modell von $P_1, \ldots, P_n$ auch ein Modell von Q ist.

In Definition 4.6 ist eine Menge von Prämissen angenommen, nicht nur eine, wie in Definition 2.11; aber die Prämissen $P_1, \ldots, P_n$ lassen sich natürlich durch Konjunktion zu einer einzigen Prämisse $P = P_1 \wedge \ldots \wedge P_n$ zusammenfassen. In 4.6 wird anscheinend nicht die logische Wahrheit des aus Prämissen und Konklusion gebildeten Konditionals verlangt, wie das in Definition 2.11 der Fall war, aber die in 4.6 genannte Bedingung ist damit gleichwertig. Wenn nämlich jedes Modell von P auch ein Modell von Q ist, dann ist auch $P \rightarrow Q$ logisch wahr, da dann für alle Interpretationen, für die P wahr ist, auch Q wahr ist; für die Interpretationen, für die P falsch ist, ist das Konditional ohnehin wahr. Ist umgekehrt $P \rightarrow Q$ logisch wahr, dann gibt es keine Interpretationen, die P wahr und Q falsch machen, also ist jedes Modell von P auch eines von Q.

Die Rückführung der anderen in Abschnitt II.2 diskutierten metalogischen Begriffe auf den der aussagenlogischen Wahrheit führe ich nicht mehr eigens vor, weil die Definitionen in diesen Fällen wörtlich übernommen werden können.

4 Beweistheorie

Im bisher verfolgten modelltheoretischen Zugang zur Aussagenlogik haben wir für die Definition der aussagenlogischen Wahrheit und der aussagenlogischen Folgerung einen wesentlichen Aspekt der Bedeutung der Junktoren verwendet, nämlich ihre Wahrheitstafeln. Im jetzt zu behandelnden beweistheoretischen Ansatz wird die mathematische Abstraktionstendenz noch weiter getrieben und auch für die Definition der metalogischen Begriffe von der Bedeutung der Junktoren vollständig abstrahiert. Anders ausgedrückt wird also weiterhin rein syntaktisch vorgegangen; es wird lediglich über bestimmte Bildungsgesetze von Formeln gesprochen, ohne daß eine Bedeutung oder eine besondere Funktion der verwendeten Zeichen eine Rolle spielen darf. Außerdem kommt im beweistheoretischen Zugang die axiomatische Tendenz, die für die Mathematik so charakteristisch ist, besonders zum Zug.

Die Grundidee ist die, daß alle Formeln, die typographisch mit a.l. wahren Formeln übereinstimmen, nach bestimmten rein syntaktischen Bildungsgesetzen erzeugt werden. Diese Bildungsgesetze sind gegeben durch *Axiome* und (eine oder mehrere) *Schlußregeln* (oder *Deduktionsregeln*); von den Axiomen ausgehend gestatten die Schlußregeln die Erzeugung der Menge von Formeln, an der man interessiert ist.

Man nennt diese Darstellung der Logik auch ihre *Kalkülisierung* und das Ergebnis im Falle der Aussagenlogik einen *aussagenlogischen Kalkül*. Diese Bezeichnung leitet sich vom lateinischen *calculus* her, das ‚Rechenstein' bedeutet. Rechensteine wurden dazu benutzt, um durch ihr Herumschieben auf mechanische Weise Rechnungen auszuführen. Ähnlich werden in einem Kalkül Symbole nach bestimmten vorgegebenen Regeln manipuliert, d. h. hintereinander hingeschrieben, ausgelöscht, in veränderter Reihenfolge geschrieben etc. Ein Kalkül ist nichts anderes als ein System von Erzeugungsregeln für Druckbilder, ähnlich wie man die Schachregeln als Erzeugungsregeln von (möglichen) Schachstellungen auffassen kann. Die Ausdrücke, mit denen man beginnt, und die Regeln, gemäß denen man Ausdrücke manipulieren darf, sind dabei so gewählt, daß mit diesen Manipulationen gerade eine bestimmte Klasse gewünschter Ausdrücke erzeugt werden kann. Bei der Kalkülisierung der Logik beginnt man mit einigen wenigen Formeln als Axiomen, die typographisch mit logischen Wahrheiten identisch sind, und gibt Regeln an, wie aus diesen Formeln weitere Formeln erzeugt werden können, die wieder mit logischen Wahrheiten typographisch übereinstimmen. Insgesamt erhält man dann etwas, was ein *uninterpretiertes formales System* genannt wird.

Bevor ich dies vorführe, möchte man vielleicht die Frage stellen, was denn der Sinn der Kalkülisierung der Logik ist. Ist das nicht nur ein blindwütiges Anwenden von Tendenzen, die in der Mathematik vielleicht ihren Sinn haben mögen, aber für ein Verständnis der Logik absolut nichts bringen? Das ist keineswegs der Fall. Für die Aussagenlogik selbst ist allerdings die Kalkülisierung *in bestimmter Hinsicht* nicht notwendig. Der Grund ist, daß man in der Aussagenlogik für jede aussagenlogische Formel entscheiden kann, ob sie eine aussagenlogische Wahrheit ist oder nicht. Wir hatten in Abschnitt II.1.3.c ja das Verfahren der Wahrheitswertanalyse kennengelernt; daneben gibt es noch weitere, manchmal ökonomischere Entscheidungsverfahren. Unter diesen Bedingungen scheint dann als Motiv für die Kalkülisierung der Aussagenlogik allenfalls eine buchhalterische Ordnungsliebe in Frage zu kommen, die sich nach einem säuberlichen Überblick über alle aussagenlogischen Wahrheiten sehnt. Man lernt aber bei der Kalkülisierung der Aussagenlogik auf besonders übersichtliche Weise das Verfahren kennen, das in Gebieten der Logik, für die es kein Entscheidungsverfahren gibt, besondere und eigenständige Bedeutung hat; dies gilt schon für die Prädikatenlogik (siehe Abschnitt III.2.2.c, S. 226 ff.). Wenn man in diesen Gebieten schon kein Entscheidungsverfahren für die Allgemeingültigkeit von Formeln hat, dann ist man froh, wenn man sie wenigstens syntaktisch charakterisieren kann.

Neben dieser didaktischen Funktion der Kalkülisierung der Aussagenlogik für andere Gebiete der Logik gibt es aber noch ein sachliches Argument für sie. Wenn man mit irgendeiner Theorie nicht zufrieden ist, möchte man sie verändern. Für diese Veränderungen ist es von Vorteil, wenn man die Theorie in verschiedenen Darstellungen kennt; in der einen Darstellung überblickt man leicht die Wirkung einer bestimmten Veränderung der Theorie, in einer anderen Darstellung die Wirkung einer anderen. Insbesondere bei axiomatischen Darstellungen von Theorien überblickt man sehr gut, welche Wirkung eine bestimmte Veränderung der Theorie hat, weil der Gehalt der gesamten Theorie in wenigen Axiomen komprimiert gegeben ist. So gehen auch die Abänderungen der klassischen Aussagenlogik, die durch die sogenannten Paradoxien der Implikation nahegelegt werden (siehe Abschnitt II.2.4.f, S. 122 f.), meist von der Kalkülform der Aussagenlogik aus.

Die Aussagenlogik kann auf sehr viele verschiedene Weisen kalkülisiert werden, d. h., sehr viele verschiedene Axiome und Schlußregeln führen zum gleichen Ergebnis. Zunächst unterscheiden sich die Kalküle darin, welche Operatoren (also Junktoren) in ihnen verwendet werden. Je mehr Operatoren man verwendet, desto mehr Axiome braucht man. Wenn man nur wenige Operatoren verwendet, erhalten auf der anderen Seite manche vertraute Formeln eine unvertraute Form; das ist ganz besonders deutlich, wenn man den Shefferschen Strich verwendet (vgl. Abschnitt II.2.5.c, Punkt 9, S. 139 f.). Nachdem es mir hier nur um das Grundsätzliche geht, verwende ich einen Kalkül, der möglichst übersichtlich ist. In diesem Kalkül kommen als Operatoren nur ¬ und → vor. Man kann alle extensionalen Verknüpfungen mittels dieser zwei Junktoren ausdrücken, wie ich in Abschnitt II.2.5.c, Punkt 8, S. 138 f., gezeigt habe. Mit dem dort eingeführten Begriff: ¬ und → sind ein funktional vollständiges System von Junktoren. Statt der Definition 4.1 für die zulässigen Formeln, in denen auch das Konjunktions-, das Adjunktions- und das Bikonditionalzeichen vorkommen, verwendet man die folgende eingeschränkte Syntax:

Definition 4.7:
1. Die Variablen sind Formeln.
2. Ist P eine Formel, so ist auch ¬ P eine Formel.
3. Sind P und Q Formeln, so ist auch (P → Q) eine Formel.
4. Eine Zeichenreihe ist nur dann eine Formel, wenn sie in endlich vielen Schritten mittels der Regeln 1–3 konstruierbar ist.

Die im Kalkül zulässigen Formeln enthalten also Variablen, die Operatoren ¬ und → sowie Klammern. Der Kalkül gibt bestimmte Formeln als Axiome vor sowie eine Regel, die besagt, wie man von bestimmten Formeln zu weiteren Formeln übergehen kann. Genauer gesagt geht man von *Formelschemata* aus, das sind Ausdrücke, die Platzhalter für Formeln enthalten. Aus einem Formelschema wird eine Formel, wenn man für jedes Vorkommen eines bestimmten Platzhalters dieselbe Formel einsetzt. Die verwendeten Axiome sind daher tatsächlich *Axiomenschemata*. Hier ist nun die Definition eines Kalküls K, der im Moment nichts anderes eine Konstruktionsvorschrift für eine bestimmte Menge von Formeln darstellt; der Zusammenhang zur Aussagenlogik wird danach hergestellt.

Definition 4.8: Für alle Formeln P, Q und R sind die folgenden Formeln Axiome des Kalküls K:

1. $P \rightarrow (Q \rightarrow P)$
2. $(P \rightarrow (Q \rightarrow R)) \rightarrow ((P \rightarrow Q) \rightarrow (P \rightarrow R))$
3. $(\neg P \rightarrow \neg Q) \rightarrow (Q \rightarrow P)$.

Die Deduktionsregel lautet:

D: Von P und $P \rightarrow Q$ kann zu Q übergegangen werden.

Man hat in K also genau genommen eine unendliche Zahl von Formeln als Axiome, gemäß dem ersten Axiom von Definition 4.8 etwa die Formeln $p \rightarrow (q \rightarrow p)$, wenn man p für P und q für Q einsetzt, und $\neg p \rightarrow (\neg q \rightarrow \neg p)$, wenn man $\neg p$ und $\neg q$ einsetzt, usw. Im Kalkül selbst haben die verwendeten Zeichen keinerlei Bedeutung, insbesondere also auch nicht die Operatoren $\neg$ und $\rightarrow$. Worauf es lediglich ankommt, ist, daß diese beiden Zeichen voneinander und von den Buchstaben, die für Formeln stehen, verschieden sind. Man könnte statt der hier verwendeten Zeichen ebenso Äpfel, Birnen, Orangen, Nüsse etc. verwenden. Der gleiche Kalkül würde dann angeben, welche Reihen von Äpfeln, Birnen, Orangen, Nüssen etc. vorausgesetzt werden können und wie von ihnen aus zu weiteren solcher Reihen übergegangen werden kann. Auch hier käme es auf das Apfel-Sein der Äpfel und das Birne-Sein der Birnen etc. nicht an. Definition 4.8 ist den Definitionen 4.1 bzw. 4.7 der Formeln insofern analog, als auch hier rein syntaktisch eine gewisse Klasse von Formeln aus einer vorher definierten größeren Klasse von Zeichenreihen ausgesondert wird.

Relativ zum Kalkül K führt man nun den Begriff der (*formalen*) *Beweisbarkeit* (in K) ein; für diesen Begriff wurde der Kalkül konstruiert. Später wird gezeigt, daß und wie der Begriff der Beweisbarkeit in K mit dem uns geläufigen Begriff der aussagenlogischen Wahrheit korrespondiert. ‚Beweisbar in K' heißen diejenigen Formeln, die entweder Axiome von K sind oder aus den Axiomen durch eventuell mehrfache Anwendung der Deduktionsregel hervorgehen. Hier die genaue Definition:

Definition 4.9: *(Formal) beweisbare Formeln in K:*

1. Die Axiome von K sind in K beweisbar.
2. Alle Formeln, die nach der Deduktionsregel D aus in K beweisbaren Formeln erhalten werden, sind in K beweisbar.
3. Nur Formeln, die nach den Bedingungen 1 und 2 in K beweisbar sind, sind in K beweisbar.

Mit anderen Worten: (Formal) beweisbar in K heißen alle Formeln, die durch den Kalkül K erzeugt werden können. Inhaltlich sagt die Beweisbarkeit in K genau dies: daß die entsprechenden Formeln in K erzeugt werden können, nicht mehr und nicht weniger. Man darf also keine weiteren Assoziationen, die mit dem Wort ‚Beweisbarkeit' normalerweise verbunden sind, in den Begriff der (formalen) Beweisbarkeit in K (gemäß Definition 4.9) hineinprojizieren. Als Zeichen für die Beweisbarkeit in K führt man das Zeichen $\vdash_K$ ein; wenn klar ist, welcher Kalkül gemeint ist, kann man den Index ‚K' auch weglassen und einfach $\vdash$ verwenden. Die Ähnlichkeit des Zeichens $\vdash$ für die Beweisbarkeit mit dem $\models$ für die logische Wahrheit ist dabei kein Zufall; vielmehr haben beide Begriffe sehr viel miteinander zu tun, wie wir nachher sehen werden.

Hier ein ganz einfaches Beispiel, wie der Beweis einer Formel in K funktioniert, wie diese Formel also nach Definition 4.9 generiert werden kann. Wir zeigen, daß (p → p) beweisbar ist, also daß ⊢ (p → p) gilt. Man beginnt mit dem ersten Axiomenschema von 4.8, wobei für P die Variable p und für Q die Formel q → p eingesetzt wird. Gemäß Punkt 1 von Definition 4.9 ist die entstehende Formel beweisbar, also:

(1) ⊢ p → ((q → p) → p).

Jetzt benutzen wir das zweite Axiomenschema von 4.8, wobei wir für P die Variable p, für Q die Formel q → p und für R die Variable p einsetzen. Wieder gilt gemäß Punkt 1 von Definition 4.9:

(2) ⊢ (p → ((q → p) → p)) → ((p → (q → p)) → (p → p)).

Nun können wir auf (1) und (2) die Deduktionsregel D anwenden, weil in (1) gerade das Vorderglied des Konditionals von (2) steht. Demnach gilt:

(3) ⊢ (p → (q → p)) → (p → p).

Nun verwenden wir erneut das erste Axiom von Definition 4.8, wobei wir für P die Variable p und für Q die Variable q einsetzen. Danach gilt:

(4) ⊢ p → (q → p).

Auf (3) und (4) können wir schließlich wieder die Deduktionsregel D anwenden, weil in (4) das Vorderglied des Konditionals von (3) steht. Das ergibt:

(5) ⊢ p → p.

Damit ist gezeigt, daß p → p in K beweisbar ist.

Als nächsten Begriff benötigen wir den Begriff der *(formalen) Ableitbarkeit in K*, der später dem Begriff der aussagenlogischen Folgerung korrespondieren wird. Die Idee ist die, daß man zum Kalkül K bestimmte Formeln A_1, A_2, …, A_n als zusätzliche Axiome hinzunimmt und sich fragt, ob dann eine Formel B in dem durch die Formeln A_1, A_2, …, A_n erweiterten Kalkül beweisbar ist. Die Formeln A_1, A_2, …, A_n werden *Annahmeformeln* genannt. Hier also die Definition der Ableitbarkeit in K.

Definition 4.10: Eine Formel B heißt aus den Formeln A_1, A_2, …, A_n (*formal*) *ableitbar in K* genau dann, wenn B in dem Kalkül beweisbar ist, der aus K durch die Hinzunahme der Annahmeformeln A_1, A_2, …, A_n als Axiome entsteht.

Als Zeichen für die Ableitbarkeit in K wird $\vdash_K$ verwendet, oder wenn klar ist, welcher Kalkül gemeint ist, einfach $\vdash$. ‚B ist aus A_1, A_2, …, A_n ableitbar' wird also geschrieben: $A_1, A_2, \ldots, A_n \vdash B$.

Betrachten wir hierzu ein einfaches Beispiel, die Ableitung der sogenannten Kettenregel. Sie besagt:

$$p \to q, q \to r \vdash p \to r.$$

Die formale Ableitung der Kettenregel geht folgendermaßen vor sich. Man beginnt mit den zwei Annahmeformeln, die im erweiterten Kalkül beweisbar sind:

(1) $\vdash p \to q$,
(2) $\vdash q \to r$.

Mit den Einsetzungen p für P, q für Q und r für R liefert das zweite Axiomenschema von Definition 4.8:

(3) $\vdash (p \to (q \to r)) \to ((p \to q) \to (p \to r))$.

Mit den Einsetzungen $(q \to r)$ für P und p für Q liefert das erste Axiomenschema von Definition 4.8:

(4) $\vdash (q \rightarrow r) \rightarrow (p \rightarrow (q \rightarrow r))$.

Die Anwendung der Deduktionsregel aus Definition 4.8 auf (2) und (4) ergibt

(5) $\vdash p \rightarrow (q \rightarrow r)$.

Die Anwendung der Deduktionsregel auf (5) und (3) ergibt

(6) $\vdash (p \rightarrow q) \rightarrow (p \rightarrow r)$.

Die Anwendung der Deduktionsregel auf (1) und (6) ergibt schließlich

(7) $\vdash (p \rightarrow r)$,

was die abzuleitende Formel ist.

Ein weiteres wichtiges Werkzeug für die Arbeit mit Kalkülen sind die sogenannten Metatheoreme. Metatheoreme sind, wie ihr Name sagt, Theoreme *über* einen Kalkül, während sich Beweise oder Ableitungen *im* jeweiligen Kalkül abspielen. Typischerweise haben Metatheoreme die folgende Form: Wenn Formeln von *diesem* Typ in K beweisbar sind, dann sind auch Formeln von *jenem* Typ beweisbar, bzw.: Wenn *diese* Ableitbarkeitsbeziehung in K gilt, dann gilt auch *jene* Ableitbarkeitsbeziehung. Hier wird ersichtlicherweise über bestimmte Eigenschaften bzw. Relationen gesprochen, die im Kalkül gelten, und entsprechend handelt es sich eben um Metatheoreme. Eines der wichtigsten, weil produktivsten Metatheoreme ist das *Deduktionstheorem*. Es lautet:

Theorem 4.2: Wenn $A_1, A_2, \ldots, A_n \vdash B$,
dann $A_1, A_2, \ldots, A_{n-1} \vdash A_n \rightarrow B$.

In Worten: Wenn eine Formel B aus den Annahmeformeln $A_1, A_2, \ldots, A_n$ ableitbar ist, dann ist auch die Formel $A_n \rightarrow B$ aus den Annahmeformeln $A_1, A_2, \ldots, A_{n-1}$ ableitbar. Für den Beweis des Deduktionstheorems und seine Anwendungen verweise ich wieder auf die Lehrbücher der mathematischen Logik.

Doch nun müssen wir uns endlich der Frage zuwenden, was dieser Kalkül K eigentlich mit der Aussagenlogik zu tun hat. Fast nichts hat er bisher mit ihr zu tun, außer daß „zufälligerweise" die Gebilde, mit denen man in K herumspielt, so wie aussagenlogische Formeln aussehen. Das ist insofern ein Zufall, als wir tatsächlich statt verschiedener Satzbuchstaben verschiedene Nüsse, statt ¬ einen Apfel, statt → eine Orange und statt der Klammern Bananen hätten hinlegen können, und dann wäre es um die typographische Ähnlichkeit mit aussagenlogischen Formeln geschehen gewesen. Niemand wäre darauf gekommen, daß das durch K gestattete Erzeugen von Früchtereihen, die wir beispielsweise auch vertikal hätten anordnen können, das geringste mit der Aussagenlogik zu tun haben könnte. Wenn wir aber die Buchstaben p, q, etc. als aussagenlogische Satzbuchstaben, ¬ als Negationszeichen, → als Konditionalzeichen und die Zeichen (und) als Klammerzeichen *interpretieren*, dann zeichnet der Kalkül K zum einen bestimmte aussagenlogische Formeln als „beweisbar" aus. Zum anderen wird durch den Kalkül ein Verhältnis zwischen Formeln A_1, A_2, ..., A_n und B gestiftet, das „Ableitbarkeit" heißt. Was Beweisbarkeit und Ableitbarkeit besagen, wenn man die Formeln jetzt *als aussagenlogische Formeln* interpretiert, wissen wir noch nicht; wir wissen bis jetzt lediglich etwas über die mechanische Generierbarkeit von Formeln aus anderen, wie es in den Definitionen 4.6 und 4.7 festgehalten ist.

Der Zusammenhang des Kalküls K mit der Aussagenlogik wird durch zwei einander ergänzende Theoreme gestiftet, die beide eines Beweises bedürfen. Das erste Theorem besagt, daß die Ableitbarkeit (in K) einer Formel aus anderen Formeln das Bestehen der entsprechenden aussagenlogischen Folgerungsbeziehung impliziert; diese Eigenschaft von K wird als seine *Korrektheit* bezeichnet. Korrekt ist K dann nämlich insofern, als die Ableitbarkeit in K die Gültigkeit der entsprechenden logischen Folgerung verbürgt, wenn die Formeln als aussagenlogische Formeln interpretiert werden. Mit den eingeführten Zeichen geschrieben:

Theorem 4.3: (Korrektheit von K)
Wenn $A_1, A_2, \ldots, A_n \vdash B$,
dann $A_1, A_2, \ldots, A_n \models B$.

Dieser Zusammenhang gilt auch, wenn man die Annahmeformeln $A_1, A_2, \ldots, A_n$ wegläßt, d. h. für den analogen Zusammenhang von Beweisbarkeit und aussagenlogischer Wahrheit:

Wenn $\vdash B$, dann $\models B$.

Natürlich bedarf das Theorem 4.3 über die Korrektheit von K eines Beweises. Zur Illustration führe ich hier nur den Beweis der eingeschränkten Behauptung vor, daß beweisbare Formeln der formalen Sprache S, wenn sie als a.l. Formeln interpretiert werden, a.l. wahr sind. Zu zeigen ist also: Wenn $\vdash B$, dann $\models B$. Zunächst muß man zeigen, daß die Axiome von K, wenn sie als a.l. Formeln interpretiert werden, a.l. wahr sind. Dazu setzt man beispielsweise in die Axiomenschemata von Definition 4.8 für die Formeln P, Q und R Variablen p, q bzw. r ein und zeigt mittels der Wahrheitstafeln, daß die entstehenden Formeln $p \rightarrow (q \rightarrow p)$, $(p \rightarrow (q \rightarrow r)) \rightarrow ((p \rightarrow q) \rightarrow (p \rightarrow r))$ und $(\neg p \rightarrow \neg q) \rightarrow (q \rightarrow p)$ a.l. wahr sind. Das Substitutionstheorem (Abschnitt II.2.2.b, S. 85) liefert dann auch die a.l. Wahrheit aller a.l. Formeln, die die Gestalt der drei Axiomenschemata aus Definition 4.8 haben. Die in Definition 4.8 verwendete Deduktionsregel ist offenbar eine korrekte logische Schlußweise, nämlich der modus ponens (siehe Abschnitt II.2.4.e, Punkt 6, S. 114). Ist die Prämisse eines korrekten logischen Schlusses a.l. wahr, so ist es die

Konklusion auch; daher erzeugt der Kalkül K nur a.l. wahre Formeln.

Das zweite Theorem formuliert die Umkehrung des ersten, wie man in der formalen Schreibweise gleich sehen wird. Es besagt, daß *alle* aussagenlogischen Folgerungsbeziehungen durch den Kalkül K erfaßt werden; diese Eigenschaft von K wird als seine *Vollständigkeit* bezeichnet. Mit den eingeführten Zeichen geschrieben:

Theorem 4.4: (Vollständigkeit von K)
Wenn $A_1, A_2, \ldots, A_n \vDash B$,
dann $A_1, A_2, \ldots, A_n \vdash B$.

Wieder gilt dieser Zusammenhang auch ohne die Annahmeformeln $A_1, A_2, \ldots, A_n$:

Wenn $\vDash B$, dann $\vdash B$.

Der Beweis für die Vollständigkeit von K ist nicht ganz einfach zu führen; ich verweise dafür auf die Literatur.

Mit dem Beweis der Korrektheit und der Vollständigkeit des Kalküls K ist gezeigt, daß K ein für die Aussagenlogik, wie man dann sagt, *adäquater* Kalkül ist. K zeichnet demnach mit einem rein syntaktischen Verfahren genau die gleichen Formeln als logisch wahr und genau die gleichen Folgerungen als korrekt aus wie die Aussagenlogik.

5 Rückblick

Werfen wir nun einen Blick zurück, insbesondere auf die Fragen, die ich in Abschnitt II.3 aufgeworfen hatte. Ich hatte dort vor allem die Frage diskutiert, inwieweit man tatsächlich davon sprechen kann, daß in der Logik Schlußweisen gerechtfertigt würden. Dem stand entgegen, daß in das Kriterium der Korrektheit von Schlüssen die Unterstellung der Korrektheit bestimmter Beispiele von Schlüssen eingeht und daß man in der Beobachterlogik eine bislang nicht genau spezifizierte Menge von Schlüssen oder Argumentationsweisen als gültig voraussetzt. Qualitativ konnte die Situation nur soweit beschrieben werden, daß man zu einem reflexiven Gleichgewicht von Beispielen korrekter Schlüsse, objektlogischen Kriterien der Korrektheit von Schlüssen und beobachterlogischen Voraussetzungen kommen müsse.

Diese Situation ist nicht ganz befriedigend, weil es eigentlich anzustreben ist, daß man sich über die Voraussetzungen, die in irgendeine Theorie eingehen, so klar als möglich Rechenschaft abgeben kann. Genau dies aber leistet die Beweistheorie ein gutes Stück weit. Es ist völlig klar, welche Formeln als logisch wahr vorausgesetzt werden, nämlich die Axiome des Kalküls K (Definition 4.8, S. 261), und welche Schlußregel verwendet werden darf, um daraus weitere logisch wahre Formeln zu erzeugen, nämlich der modus ponens. Es ist ebenfalls völlig klar, daß diese Bestandteile des Kalküls innerhalb des Kalküls keinerlei Rechtfertigung erfahren, alle aus ihnen erzeugten Formeln aber relativ zu ihnen gerechtfertigt sind. Das, was man an Beobachterlogik hineinstecken muß, ist lediglich die mechanische Anwendung der Deduktionsregel und das Einsetzen von Formeln, die unter Definition 4.7, S. 260, fallen, für die Metavariablen. Die verbleibenden Rechtfertigungsfragen haben jetzt ein wohldefiniertes Ziel: die Axiome des Kalküls und die Deduktionsregel.

6 Ausblick auf die Prädikatenlogik

In diesem letzten Abschnitt werde ich noch summarischer als in den vorangegangenen Abschnitten vorgehen und einen Blick auf die Prädikatenlogik werfen. In der Prädikatenlogik haben wir ja die unangenehme Situation, daß das Entscheidungsproblem nicht allgemein lösbar ist (Abschnitt III.2.2.c, S. 227). Hier stellt sich nun heraus, daß die Beweistheorie einen markanten Fortschritt bringt. Man kann nämlich Kalküle für die Prädikatenlogik konstruieren, die adäquat sind. Zur Erinnerung (vgl. Abschnitt IV.4, S. 268): Die Adäquatheit eines Kalküls bedeutet, daß er für das anvisierte Gebiet der Logik korrekt und vollständig ist, d. h., daß sich die Begriffe der Beweisbarkeit und der Ableitbarkeit im Kalkül mit den jeweiligen Begriffen der Allgemeingültigkeit und der logischen Folgerung decken. Das heißt im Klartext: Es gibt Kalküle, die genau diejenigen Druckbilder erzeugen, die mit den Druckbildern allgemeingültiger p.l. Formeln identisch sind.

Hier wird man vielleicht einen Moment stutzen. Die Unentscheidbarkeit der Prädikatenlogik besagt doch, daß es grundsätzlich kein mechanisches Entscheidungsverfahren für die Allgemeingültigkeit von p.l. Formeln gibt. Mit der Adäquatheit eines Kalküls für die Prädikatenlogik wird dagegen behauptet, daß sich alle allgemeingültigen Formeln durch den Kalkül, also durch die mechanische Anwendung fest vorgegebener Regeln, erzeugen lassen. Ist das nicht ein Widerspruch? Dieser scheinbare Widerspruch verschwindet, wenn man genauer betrachtet, was der Kalkül aufgrund seiner Adäquatheit leisten kann. Die Adäquatheit des Kalküls bedeutet, daß es für jede allgemeingültige p.l. Formel im Kalkül einen Beweis gibt. Dies bedeutet, daß die entsprechende Formel im Ausgang von den Axiomen in einer endlichen Folge von Schritten mittels der Deduktionsregel(n) erzeugt werden kann. Natürlich ist mit dem *Vorliegen* eines Beweises entschieden, daß die entsprechende Formel allgemeingültig ist; aber dies hilft mir nichts, wenn ich von einer Formel noch nicht weiß und daher entscheiden will, *ob* sie allgemeingültig ist. Die Adäquatheit des Kalküls besagt nur: *Wenn* die Formel allgemeingültig ist, *dann* gibt es auch einen Beweis im Kalkül. Wenn ich also in drei Tagen oder drei Monaten oder drei Jahren keinen Beweis für die Allgemeingültigkeit einer Formel gefunden habe, dann kann das entweder daran liegen, daß die Formel *nicht allgemeingültig* ist, oder daran, daß ich den Beweis einfach nicht gefunden habe, obwohl es einen gibt. Die Entscheidung dieser Alternative ist aber gerade die Lösung des Entscheidungsproblems, und hierfür liefert mir der Kalkül keine Antwort.

Über das Wissen um die Adäquatheit der genannten prädikatenlogischen Kalküle hinaus gibt es sogar mechanische Verfahren, mit denen man Beweise in diesen Kalkülen konstruieren kann – im Prinzip die Reihe *aller* Beweise. Diese Verfahren sind in einer Situation, in der es keine Entscheidbarkeit gibt, das bestmöglich Erreichbare. Diese Verfahren führen für jede Formel nach endlich vielen mechanisch auszuführenden Schritten zu einem Beweis – falls es einen gibt. Aber, und das ist die Pointe der Unentscheidbarkeit, man weiß nicht im vorneherein, ob das Verfahren mit einem Beweis endet oder nicht, so daß vor der erfolgreichen Beendigung des Verfahrens offen ist, ob die entsprechende Formel tatsächlich beweisbar ist oder nicht.

Zum Abschluß dieses Ausblicks möchte ich noch diejenigen logischen Resultate erwähnen, die Anfang der 30er Jahre dieses Jahrhunderts in der Logik und Mathematik für einige Aufregung gesorgt haben. Es handelt sich um die berühmten Unvollständigkeitssätze des Mathematikers und Logikers Kurt Gödel (1906–1978). Dazu muß man zunächst verstehen, was die Formalisierung einer Theorie ist. Die Formalisierung einer Theorie beginnt mit ihrer Axiomatisierung, also einer Formulierung der Theorie durch einige wenige Aussagen, die Axiome, aus denen die restlichen Aussagen der Theorie logisch folgen (vgl. Abschnitt IV.1, S. 240 f.). Dann abstrahiert man von der Bedeutung der vorkommenden deskriptiven Begriffe der Theorie, geht also zu einer logischen Form dieser Axiome über (vgl. Definition 3.8, S. 197). Die entstehenden Formeln verwendet man dann als Annahmeformeln in einem logischen Kalkül. Nun läßt sich zeigen, und zwar in der Form unwiderleglicher Beweise, daß viele formalisierte Theorien auf eine irreparable Weise unvollständig sind. Dies gilt etwa für die elementare Arithmetik, also die Disziplin, zu der Aussagen wie 2 + 2 = 4 oder 2 · 3 = 6 gehören. Die angesprochene Unvollständigkeit der Arithmetik beispielsweise bedeutet folgendes: Für jede nur denkbare Formalisierung der elementaren Arithmetik gilt, daß es in ihr Sätze gibt, die in dieser Formalisierung *weder beweisbar noch widerlegbar* sind. Mit anderen Worten: Es gibt in jeder dieser Formalisierungen Sätze A mit der Eigenschaft, daß sich weder A noch ¬ A beweisen läßt. Hier kommt die formale Logik an eine absolute Grenze.

Anhang

Im folgenden soll der Beweis für ein Theorem gegeben werden, das ich in Abschnitt II.3.2, S. 153, angegeben und hinsichtlich seiner Konsequenzen für den Gegenstand der Aussagenlogik diskutiert habe. Dieses Theorem besagt, daß eine aussagenlogische Formel nur dann logisch wahr (oder logisch falsch) sein kann, wenn mindestens ein Satzbuchstabe in ihr mehr als einmal vorkommt. Dabei muß vorausgesetzt werden, daß die Formel keine Junktoren enthält, deren Wahrheitstafeln in der Hauptspalte nur w's oder nur f's enthalten, die man dementsprechend ‚konstante Junktoren' nennen kann. Ich bezeichne diese Junktoren mit $☺_1$, $☹_1$, $☺_2$ und $☹_2$; sie haben die folgenden Wahrheitstafeln:

A	$☺_1$A
w	w
f	w

A	$☹_1$A
w	f
f	f

A_1	A_2	$A_1 ☺_2 A_2$
w	w	w
w	f	w
f	w	w
f	f	w

A_1	A_2	$A_1 ☹_2 A_2$
w	w	f
w	f	f
f	w	f
f	f	f

Der Beweis des Theorems ist ein Induktionsbeweis nach der Zahl der Vorkommnisse von Satzbuchstaben in der Formel. Der unschöne Ausdruck ‚Vorkommnis von Satzbuchstaben' dient dazu, die Zahl der überhaupt in der Formel vorkommenden Satzbuchstaben, ungeachtet ihrer Gleichheit oder Verschiedenheit, von der Zahl der *verschiedenen* Satzbuchstaben zu unterscheiden, die die Formel enthält. Die Formel $p \wedge (q \rightarrow p)$ beispielsweise hat demnach drei Vorkommnisse von Satzbuchstaben, enthält aber nur zwei verschiedene Satzbuchstaben.

Hier noch eine Erinnerung daran, wie ein Induktionsbeweis funktioniert. Man beweist das Theorem in einem ersten Schritt für den sogenannten Induktionsanfang, in diesem Fall für n = 2, das ist für alle Formeln, die zwei Vorkommnisse von Satzbuchstaben haben. Dann beweist man das Theorem in einem zweiten Schritt für Formeln mit n Vorkommnissen von Satzbuchstaben (n ist eine beliebige natürliche Zahl größer als 2), wobei man voraussetzt, daß das Theorem für alle Formeln mit 2, 3, … bis einschließlich n–1 Vorkommnissen von Satzbuchstaben gilt; die letztere Voraussetzung nennt man die ‚Induktionsvoraussetzung'. Damit ist der Beweis für alle natürlichen Zahlen n geführt. Warum? Nun, für n = 2 hat man es im ersten Schritt bewiesen. Daraus ergibt sich mit dem zweiten Schritt der Beweis für n = 3. Daraus aber ergibt sich, wieder unter Verwendung des zweiten Schritts, der Beweis für n = 4 usw. und damit für alle Zahlen n.

Hier nun die genaue Formulierung des Theorems und sein Beweis.

Theorem: Sei F_n eine aussagenlogisch wahre oder aussagenlogisch falsche Formel mit n Vorkommnissen von Satzbuchstaben. F_n enthalte keine konstanten Junktoren. Dann enthält F_n höchstens n–1 verschiedene Satzbuchstaben.

Beweis:

1. Schritt: Induktionsanfang: n = 2.

Die Formel F_2 hat eine der folgenden vier Formen: $p * q$ oder $\neg p * q$ oder $p * \neg q$ oder $\neg p * \neg q$, wobei * ein nicht-konstanter Junktor ist. Ist p verschieden von q, so kann F_2 wegen

der Nicht-Konstanz von * nicht logisch wahr oder logisch falsch sein; da F_2 nach Voraussetzung logisch wahr ist, müssen die beiden Satzbuchstaben also gleich sein.
2. Schritt: Schluß von der Induktionsvoraussetzung für 2, 3, …, n–1 auf die Behauptung für n.
Falls F_n eine Negation ist, betrachte man im folgenden F_n' anstelle von F_n, wobei $F_n = \neg \neg \ldots \neg F_n'$ und F_n' selbst keine Negation ist; F_n' ist dann ebenfalls eine logische Wahrheit oder Falschheit. Weil F_n' keine Negation ist, hat es eine der folgenden vier Formen: $F_m * F_{n-m}$ oder $\neg F_m * F_{n-m}$ oder $F_m * \neg F_{n-m}$ oder $\neg F_m * \neg F_{n-m}$, wobei * ein nicht-konstanter Junktor ist. Nun treten zwei Fälle auf.

Fall 1: F_m oder F_{n-m} ist eine logische Wahrheit oder Falschheit. Dann enthält die entsprechende Formel gemäß der Induktionsvoraussetzung (mindestens) einen Satzbuchstaben (mindestens) zweimal. Damit enthält aber auch F_n (mindestens) einen Satzbuchstaben (mindestens) zweimal, d.h., F_n enthält höchstens n–1 verschiedene Satzbuchstaben.

Fall 2: Weder F_m noch F_{n-m} ist eine logische Wahrheit oder Falschheit. Wenn alle Satzbuchstaben von F_m von den Satzbuchstaben von F_{n-m} verschieden sind, dann variieren die Wahrheitswerte von F_m und von F_{n-m} bei verschiedenen Interpretationen unabhängig voneinander, d.h., es kommen alle Kombinationen von Wahrheitswerten dieser beiden Teilformeln von F_n vor. Weil * ein Junktor ist, der nicht konstant ist, kann F_n dann aber nicht logisch wahr oder logisch falsch sein. Also können nicht alle Satzbuchstaben von F_m von denen von F_{n-m} verschieden sein, d.h., F_n enthält höchstens n–1 verschiedene Satzbuchstaben. qed.

Lösungen der Übungen

Von Christopher v. Bülow

Übung 1.1

A = Landbewohner, B = Säugetiere, C = Meeresbewohner:

Einige Landbewohner sind Säugetiere.
Einige Säugetiere sind Meeresbewohner.

Also: Einige Landbewohner sind Meeresbewohner.

Oder:

A = Frauen, B = Befürworterinnen einer feministischen Sprache, C = Männer:

Einige Frauen sind Befürworterinnen einer feministischen Sprache.
Einige Befürworterinnen einer feministischen Sprache sind Männer.

Also: Einige Frauen sind Männer.

Übung 1.2

A = Lebewesen, B = Bäume, C = mehr als 1,90 m groß:

Einige Lebewesen sind Bäume.
Einige Bäume sind mehr als 1,90 m groß.

Also: Einige Lebewesen sind mehr als 1,90 m groß.

Oder:

A = Primzahlen, B = Zahlen zwischen 1 und 10, C = gerade:

Einige Primzahlen sind Zahlen zwischen 1 und 10.
Einige Zahlen zwischen 1 und 10 sind gerade.

Also: Einige Primzahlen sind gerade.

Ist ein logischer Schluß korrekt, so besitzt er insbesondere das Merkmal 1 korrekter logischer Schlüsse: Wenn die Prämissen wahr sind, dann ist auch die Konklusion wahr. Umgekehrt heißt das: Besitzt ein Schluß dieses Merkmal nicht, so ist er kein korrekter logischer Schluß. Damit haben wir aber noch kein Merkmal *ungültiger* Schlüsse an der Hand, denn diese beiden Aussagen schließen nicht die Existenz von Schlüssen aus, die zwar ungültig sind, aber dennoch hinterhältigerweise zu wahren Prämissen auch eine wahre Konklusion besitzen. (Gemeint sind konkrete Schlüsse wie Beispiel 1.1, nicht Schluß*schemata* wie Beispiel 1.4.) Beispiel 1.5 ist in keiner Weise dazu verpflichtet, unter jeder Einsetzung zu wahren Prämissen eine falsche Konklusion zu liefern (siehe auch Übung 3.9.3) – oder womöglich zu falschen Prämissen eine wahre Konklusion. Es gibt also zwei Sorten ungültiger Schlüsse: solche, denen man ihre Ungültigkeit sofort ansieht, weil sie aus Wahrem Falsches produziert haben, und solche, bei denen man etwas genauer hinsehen muß, um dann zu erkennen, daß die Konklusion nur zufällig oder jedenfalls nicht aus logischen Gründen wahr ist.

Übung 1.3

Den Prämissen aus Beispiel 1.4 entsprechen die Diagramme

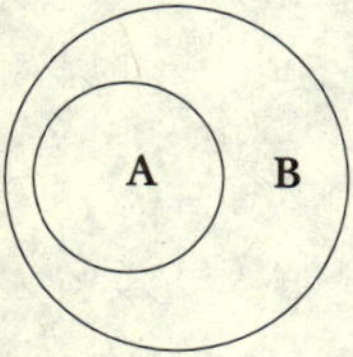

und

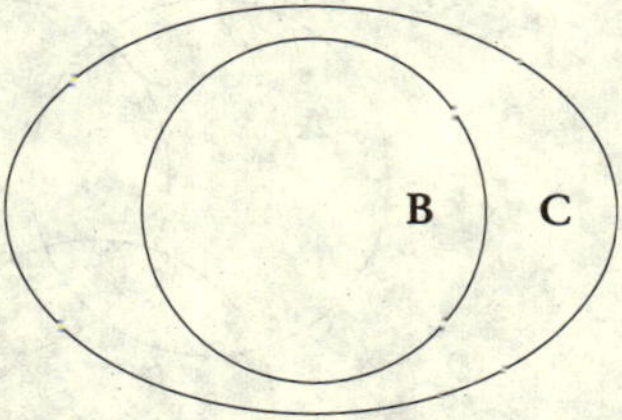

Zusammengefügt ergibt das:

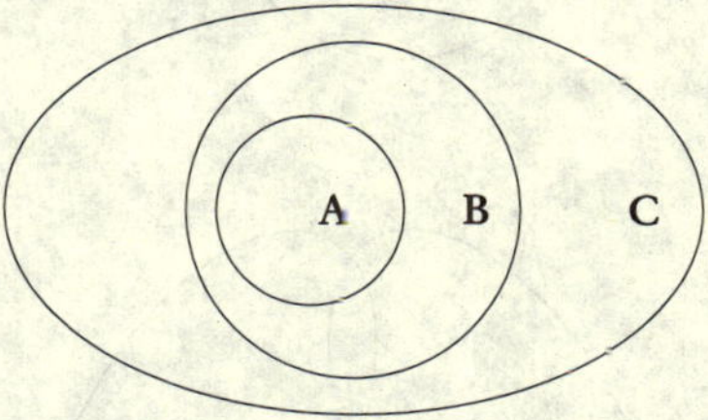

und darin ist enthalten:

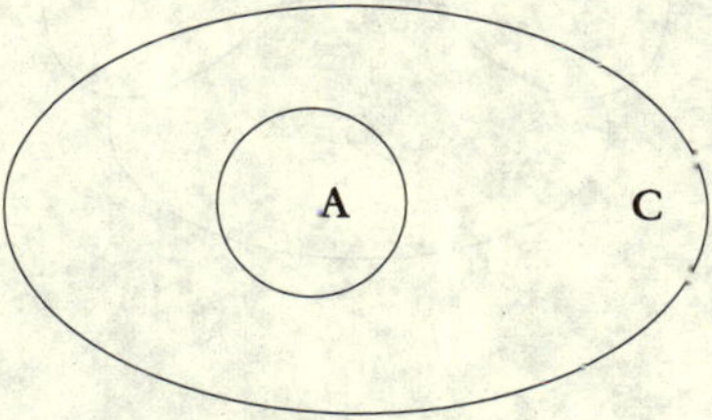

was der Konklusion entspricht.

Die Prämissen aus Beispiel 1.5 können auf verschiedene Weisen dargestellt werden. So:

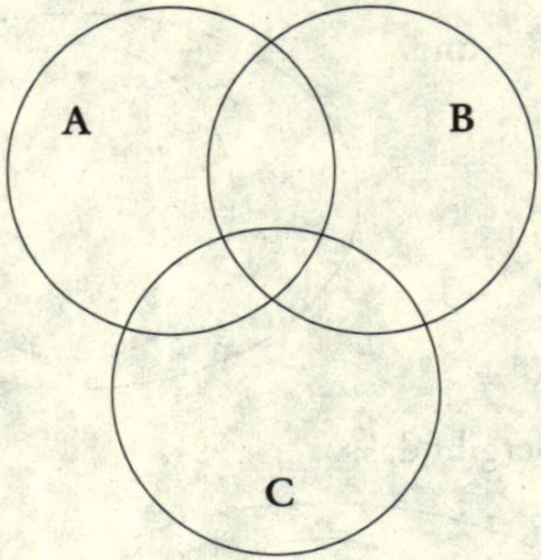

so:

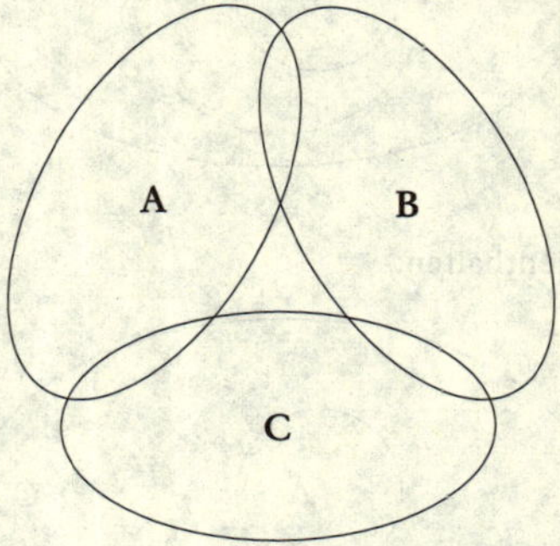

und so:

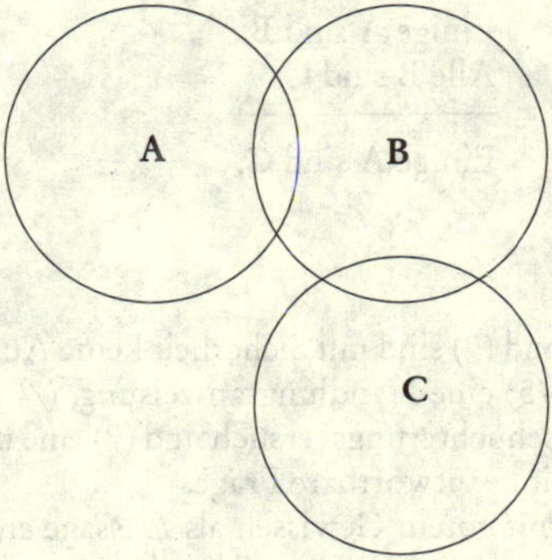

Im ersten Fall gibt es A, die B *und* C sind, in den beiden anderen Fällen nicht. Im ersten und zweiten Fall gibt es A, die C sind (so daß die Konklusion wahr ist), im dritten Fall nicht. Die Prämissen lassen die ersten beiden Fälle und somit die Wahrheit der Konklusion zu; da sie aber den dritten Fall nicht ausschließen, *garantieren* sie nicht für die Wahrheit der Konklusion. Deswegen ist der Schluß inkorrekt.

Übung 1.4

Eine langweilige Lösung:

Einige A sind B.
Einige B sind C.

Also: Einige A sind B.

Und eine interessantere Lösung:

Einige A sind B.
Alle B sind C.

Also: Einige A sind C.

Übung 1.5

(1), (5), (7) und (9) sind mit Sicherheit keine Aussagen. (1) ist ein Ausruf, (5) eine Handlungsanweisung, (7) ein etwas abgeirrter Einschüchterungsversuch und (9) eine nicht mit letzter Sicherheit beantwortbare Frage.

(2) kann mit gutem Gewissen als Aussage eingestuft werden, wenn man diesen Satz nicht als sich selbst wahrmachende Sprechhandlung auffaßt.

(3) paßt am besten in einen fiktionalen Kontext, spricht also nicht über reale Objekte. Innerhalb dieses Kontextes ist der Satz aber nicht nur wahrheitsfähig, sondern sogar notwendig wahr, es sei denn, man nimmt den Standpunkt ein, (3) sei eine inhaltsleere Abschlußformel, die zwar als Stilelement wichtig, aber ebensowenig wie das ‚Amen' in der Kirche eine Aussage ist. Man kann sich (3) auch in einem realen Kontext vorstellen, wo der Satz dann sicher eine Aussage, aber nicht mehr notwendigerweise wahr wäre: (3) könnte sich ja auf Kinder beziehen, die ein Ehepaar erst irgendwann in der Zukunft in die Welt zu setzen gedenkt.

(4) gehört zu einer in mathematischen Beweisen gängigen Sorte von definitorischen oder konventionellen Setzungen, die sprachliche Hilfsmittel (hier: ‚n' als Platzhalter für eine natürliche Zahl) bereitstellen. Nachdem diese Setzung stattgefunden hat, kann die in (4) enthaltene Aussage ‚n ist eine natürliche Zahl' (4′) stets vorausgesetzt werden, solange ‚n' gebraucht wird. Dennoch darf (4) nicht mit (4′) gleichgesetzt

werden, denn (4) sagt nicht wirklich etwas über ein schon gegebenes Objekt (eine bestimmte natürliche Zahl etwa, oder den Buchstaben ‚n') *aus*, sondern *macht* vielmehr, daß etwas der Fall ist.

(6) Sieht man einmal davon ab, daß Satz 6 grammatisch nicht vollständig ist, so könnte er in geeignetem Kontext als Aussage durchgehen. Findet eine Person X bei der Rückkehr zu ihrem Auto einen Zettel mit Satz 6 darauf unter dem Scheibenwischer, so bietet sich eher eine Interpretation als Zahlungsaufforderung an; unter diesen Umständen würde es z. B. keinen Sinn machen, zu dem Polizisten, der einem den Zettel ans Auto geheftet hat, zu sagen: „Nein, dem ist nicht so!" Zeigt hingegen jemand denselben Zettel anderntags dem Mann der Metzgerin oder liest man (6) beispielsweise in einem Gesetzestext, so könnte man den Satz als Aussage auffassen: ‚X muß wegen falschen Parkens DM 500,– Strafe zahlen' bzw. ‚Die Strafe für falsches Parken beträgt DM 500,–'.

(8) Satz 8 wird i. a. metaphorisch als Ausdruck von Verzweiflung und Wut geäußert werden und ist unter dieser Lesart keine Aussage. Es wäre aber auch denkbar, daß jemandem das Schicksal so übel mitspielt, daß er (8) wörtlich nimmt und als realistische Prognose hinsichtlich seines eigenen Geisteszustands auffaßt. Wenn man sich um den Determinismus nicht schert (und von einem weiteren Problem absieht, das erst in II.1.1.d behandelt werden wird), so ist in diesem Zusammenhang (8) eine Aussage.

Übung 1.6

(6) ist sicher keine Aussage, da dieser Satz neben der Aussage ‚das stimmt (doch) nicht' und dem Ausruf ‚verdammt nochmal' auch noch die Frage ‚(stimmt das) etwa doch?' enthält. (Etwas anderes ist es bei dem Satz „Nach der Vorlesung

fragte Paul Hoyningen sich: ,Stimmt das etwa doch?'", obwohl dieser dieselbe Frage enthält, denn er enthält sie nur in direkter Rede.)

Um die Drohung (1) und den Wunsch (2) als Aussagen aufzufassen, müßte man schon beide Augen zudrücken und etwa (1) als ,Wenn du wiederkommst, dann wird dir großes Leid zugefügt werden' und (2) als ,Ich hoffe, es geht dir gut, wenn wir uns wiedersehen' (2′) lesen. (2) hat jedoch mit (2′) genausowenig zu tun wie ,Aua!' mit ,Ich empfinde Schmerzen'.

Klare Fälle von Aussagen sind (3), (4) und (5). Bei jedem dieser Sätze mag man jedoch auf den ersten Blick Zweifel haben: Bei (3) scheint das ,glaube ich' zu stören, bei (4) könnte das Vorkommen des Wortes ,wahr' verwirren, und (5) hat etwas mit Fragen zu tun. Versuchen wir diese Zweifel aufzulösen.

(3) besagt nichts anderes als: „Ich glaube das Folgende: ,Wenn Hans sich mit Renate trifft, dann wird Hulda sauer sein'", und die Person, die diesen Satz äußert, wird den darin enthaltenen ,Wenn ..., dann ...'-Satz entweder glauben oder nicht (wobei man Unglauben nicht mit Glauben an das Gegenteil verwechseln darf; dazwischen gibt es ja auch noch Ungewißheit).

(4) behauptet die Wahrheit einer bestimmten Aussage bzw. das Vorliegen eines bestimmten Sachverhaltes und tut dies entweder zu Recht (dann ist (4) wahr) oder zu Unrecht (dann ist (4) falsch).

(5) schließlich ist noch lange keine Frage, bloß weil das Wort ,fragte' darin vorkommt. Wenn man die Vagheit des Wortes ,neulich' einmal vernachlässigt, handelt es sich hier einfach um eine Aussage über einen bestimmten Sprechakt.

Übung 1.7

1. Streng genommen ist die Aussageverknüpfung ‚oder' nicht wahrheitsfunktional. Der Grund für diese vielleicht etwas überraschende Behauptung ist, daß beim deutschen Wort ‚oder' nicht klar ist, ob es sich um ein einschließendes oder ein ausschließendes ‚oder' handelt. Dies läßt sich zwar vielfach dem Kontext entnehmen, aber eben damit wird das ‚oder' zu einer intensionalen Verknüpfung. Denn für den Wahrheitswert der Gesamtaussage spielen dann nicht nur die Wahrheitswerte der Teilaussagen eine Rolle, sondern eben auch ihr Sinn, aus dem dann (möglicherweise) hervorgeht, ob das einschließende oder das ausschließende ‚oder' gemeint ist. Das einschließende ‚oder' selbst ist ebenso wie das ausschließende ‚oder' wahrheitsfunktional (siehe Abschnitt II.1.1.b, S. 44).
2. ‚Dadurch, daß' ist mit Sicherheit nicht wahrheitsfunktional. Ein Beispiel, das dies beweist, ist der Satz: ‚Florian bestand die Klausur dadurch, daß er die wissenschaftliche Hilfskraft mit einem Kasten Frischmilch bestach'. Nimmt man an, beide Teilsätze seien wahr, so folgt daraus weder die Wahrheit noch die Falschheit der Gesamtaussage: Es ist möglich, daß die Bestechung das entscheidende Mittel zum Klausurerfolg war; es könnte jedoch genausogut sein, daß wider Erwarten gar nicht die Hilfskraft, sondern der Dozent selbst die Klausur korrigierte, Florian aber dennoch bestand, weil er den Stoff der Vorlesung ohnehin beherrschte. ‚Dadurch, daß' ist also eine intensionale Aussageverknüpfung.
3. ‚Wenn ..., dann ...' ist i. a. eine intensionale Aussageverknüpfung. Näheres ist Abschnitt II.1.1.d, S. 48 ff., zu entnehmen.

Übung 2.1

Das ‚entweder ..., oder ...', hier abgekürzt durch ‚... $\sqcup$ ...', hat folgende Wahrheitstafel:

A_1	A_2	$A_1 \sqcup A_2$
w	w	f
w	f	w
f	w	w
f	f	f

Übung 2.2

1. $S \wedge H$, 2. $S \wedge \neg H$, 3. $H \wedge \neg S$, 4. $\neg S \wedge \neg H$, 5. $\neg S$.

Übung 2.3

Ein Negationszeichen bezieht sich
in (1) auf A_2,
" (2) " A_1,
" (3) " $A_1 \wedge A_2$,
" (4) " A_1 und $A_2 \wedge A_3$,
" (5) " $A_1 \vee (A_2 \vee \neg A_3)$ und A_3,
" (6) " $A_1 \wedge \neg(\neg A_2 \vee A_3)$, $\neg A_2 \vee A_3$ und A_2.

Übung 2.4

1. $H \wedge F$ 2. $H \wedge \neg F$ 3. $\neg F \wedge \neg H$ 4. $F \wedge H$
5. $\neg H \wedge F$ 6. $\neg(H \wedge \neg F)$ 7. $\neg(H \wedge F)$ 8. $\neg(H \wedge F)$.

Übung 2.5

‚Entweder A_1 oder A_2' ist gleichbedeutend mit $(A_1 \vee A_2) \wedge \neg(A_1 \wedge A_2)$, mit $(A_1 \vee A_2) \wedge (\neg A_1 \vee \neg A_2)$ und mit $(A_1 \wedge \neg A_2) \vee (A_2 \wedge \neg A_1)$.

Übung 2.6

Es ist diesen Aussagen nicht immer leicht anzusehen, ob die korrekte Abkürzung ‚A → E' oder ‚E → A' ist – von weiteren Möglichkeiten ganz abgesehen. Man wird etwa bei (2) auf den ersten Blick dazu neigen, dafür ‚E → A' zu schreiben. Um zu überprüfen, welche von beiden Möglichkeiten die richtige ist, muß man sich fragen, welche von den beiden Teilaussagen A und E auf der Basis des jeweils betrachteten Satzes die andere zwingend nach sich zieht.

Betrachten wir z. B. Satz 2: ‚Adam kommt nur, wenn auch Eva kommt.' D. h., wenn Eva *nicht* kommt, dann kommt Adam sicher auch nicht. D. h. umgekehrt: Wenn Adam kommt, dann ist es sicher auch der Fall, daß Eva kommt; A → E. In Satz 2 ist jedoch *keine* Garantie dafür enthalten, daß Adam im Falle von Evas Kommen tatsächlich kommt (E → A). Es könnte ja sein, daß Adam sich gerne etwas bitten läßt und, nachdem man ihn darüber informiert hat, daß Eva bestimmt kommt, äußert: ‚Gut, damit ist nicht von vornherein ausgeschlossen, daß ich komme. Aber ich komme nur, wenn ich außerdem eine große Schüssel Mousse au chocolat kriege.' Aus pragmatischen Gründen wird man zwar annehmen können, daß jemand, der Satz 2 äußert, ausdrücken will, daß Evas Kommen nicht nur eine notwendige (A → E), sondern auch eine hinreichende Bedingung (E → A) für Adams Kommen ist. Vom logischen Standpunkt aus ist diese Unterstellung jedoch nicht gerechtfertigt.

Man täuscht sich im Falle des ‚… nur, wenn …' leicht, weil man dazu neigt, in Aussagen, die die Konjunktion ‚wenn' enthalten, (etwa ‚Wenn A_1, dann A_2' oder ‚A_2 nur, wenn A_1') einen Kausalzusammenhang hineinzulesen: ‚A_1 *bewirkt* A_2'. Satz 2 läßt nun vielleicht anklingen, daß E die Ursache von A ist; der Satz behauptet jedenfalls sicherlich nicht, daß A die Ursache von E ist. Und doch ist ‚A → E' die treffende Abkürzung; die Assoziation von ,→' und kausalem Zusammenhang ist irreführend.

Diese Assoziation läßt sich vermeiden, wenn man sich die Definition des Konditionals $A_1 \rightarrow A_2$ als $\neg (A_1 \wedge \neg A_2)$ vor Augen hält. Für den Fall von Satz 2 heißt das: Ist gerade ausgeschlossen, daß A wahr und zugleich E falsch ist $(A \wedge \neg E)$, so ist ,$A \rightarrow E$' die treffende Formulierung; ist hingegen ausgeschlossen, daß E wahr und zugleich A falsch ist $(E \wedge \neg A)$, so ist ,$E \rightarrow A$' die treffende Formulierung. Man sieht nun, daß Satz 2 gerade das erstere besagt: Es kann nicht sein, daß Adam kommt und Eva nicht, denn Adam kommt nur, wenn Eva kommt.

1. $A \rightarrow E$,
2. $A \rightarrow E$ (bzw. $\neg (A \wedge \neg E)$; *evtl.* auch $(A \rightarrow E) \wedge (E \rightarrow A)$ bzw. $(A \wedge E) \vee ((\neg A) \wedge \neg E)$),
3. $E \rightarrow A$,
4. $\neg (A \wedge \neg E)$ (bzw. $A \rightarrow E$),
5. $(A \rightarrow E) \wedge (E \rightarrow A)$ bzw. $(A \wedge E) \vee ((\neg A) \wedge \neg E)$,
6. $E \rightarrow A$ (vgl. 2.),
7. $A \rightarrow E$,
8. $\neg (E \wedge \neg A)$ (bzw. $E \rightarrow A$),
9. $(E \rightarrow A) \wedge (A \rightarrow E)$.

Übung 2.7

Die Fragen lauten nicht: „Wie viele … *kennen Sie?*" Eine gute Antwort auf die erste Frage ist: 16. Um auf diese Zahl zu kommen, müssen wir uns überlegen, wie viele verschiedene Möglichkeiten es gibt, dyadische, d. h. zweistellige, extensionale Aussageverknüpfungen * durch eine Wahrheitstafel zu beschreiben:

A_1	A_2	$A_1 * A_2$
w	w	a
w	f	b
f	w	c
f	f	d

d. h. wie viele Möglichkeiten es gibt, die Werte a, b, c, d der entsprechenden „Wahrheitsfunktion“ für die verschiedenen Kombinationen von Wahrheitswerten der „Argumente“ A_1 und A_2 festzulegen. Da für alle vier Werte unabhängig voneinander jeweils die Wahl zwischen ‚wahr‘ und ‚falsch‘ offensteht, gibt es $2^4 = 16$ Möglichkeiten. Wenn man allerdings den Unterschied etwa zwischen ‚$A_1 \wedge A_2$‘ und ‚$A_1 \wedge$ es ist wahr, daß A_2‘ berücksichtigt (dieser Unterschied wird in Abschnitt II.1.1.f, S. 56, behandelt), dann gibt es unendlich viele extensionale Aussageverknüpfungen.

Die zweite Frage ist schwerer zu beantworten. Es gibt zu jedem inhaltlichen Zusammenhang, der zwischen zwei Aussagen bestehen kann, eine eigene intensionale Aussageverknüpfung. Beispielsweise kann man festlegen, daß A ∞ B genau dann wahr ist, wenn in B von mehr Giraffen die Rede ist als in A. Dann ist ‚Logik ist eine langweilige Plackerei ∞ ich mag Walnußeis‘ falsch, weil in beiden Teilsätzen von gleich vielen, nämlich von gar keinen Giraffen die Rede ist, während ‚Formale Logik ist ein ästhetischer Genuß ∞ die Giraffen im Münchner Zoo lieben Walnußeis‘ wahr ist. Es gibt unendlich viele solche inhaltlichen Zusammenhänge, wie man leicht einsieht. Beispielsweise kann man für jede (z. B. natürliche oder reelle) Zahl x eine eigene Aussageverknüpfung ✖ definieren: A ✖ B ist wahr genau dann, wenn in A und B jeweils von genau einer Zahl a bzw. b die Rede ist und a mindestens um x kleiner ist als b.

Übung 2.8

1. $(E \vee B) \rightarrow V$, wobei E = ‚es ist ein Einbruch geschehen', B = ‚es ist ein Brand ausgebrochen' und V = ‚die Versicherung zahlt'.
2. $[H \rightarrow \{E \wedge L\}] \wedge [(\neg H) \rightarrow \{(S \wedge B) \sqcup T\}]$, wobei H = ‚Hans geht ins Kino', E = ‚Egon geht ins Kino', L = ‚das Fernsehprogramm ist langweilig', S = ‚Hans spült ab', B = ‚Hans gießt die Blumen', T = ‚Hans telephoniert mit seiner Liebsten' und ‚… ⊔ …' für die Alternative ‚entweder …, oder …' steht.
3. $[((\neg F) \rightarrow S) \wedge \neg (F \wedge \neg A)] \wedge (A \rightarrow S)$ bzw. $[((\neg F) \rightarrow S) \wedge (F \rightarrow A)] \wedge (A \rightarrow S)$, wobei F = ‚Franziska kommt', A = ‚Alexander kommt' und S = ‚Sarah ist wütend'.
4. $[K \wedge A] \rightarrow [(\neg V) \wedge \neg (P \wedge D)]$, wobei K = ‚Herr Müller ist krank', A = ‚Frau Maier ist abwesend', V = ‚der Vertrag wird abgeschlossen', P = ‚das Präsidium tritt zusammen' und D = ‚das Präsidium legt die Dividende fest'.
5. $\neg [V \rightarrow \{(R \vee N) \wedge T\}]$, wobei V = ‚die Straßen sind vereist', R = ‚es regnet', N = ‚es ist neblig' und T = ‚die Temperatur liegt unter dem Gefrierpunkt'.

Übung 2.9

Um wirklich alle a.l. Formen zu erwischen, muß man systematisch vorgehen. Zunächst die einfachste a.l. Form der Aussage: p. Dann berücksichtigen wir das Hauptzeichen: $q \rightarrow r$. Jetzt lösen wir sukzessive das Hinterglied des Konditionals weiter auf: $q \rightarrow \neg v$, $q \rightarrow \neg (w \wedge x)$, $q \rightarrow \neg ((\neg y) \wedge x)$. Jetzt gehen wir wieder von $q \rightarrow r$ aus und lösen das Vorderglied des Konditionals weiter auf: $(s \leftrightarrow t) \rightarrow r$, $((\neg u) \leftrightarrow t) \rightarrow r$. Jetzt verbleiben noch die Kombinationen von verschieden weit aufgelöstem Vorder- und Hinterglied des Konditionals: $(s \leftrightarrow t) \rightarrow \neg v$, $(s \leftrightarrow t) \rightarrow \neg (w \wedge x)$, $(s \leftrightarrow t) \rightarrow \neg ((\neg t) \wedge x)$. Bei der letzten Formel muß man aufpassen, daß der zweite Buchstabe beim Vorderglied identisch ist mit dem ersten Buchstaben des Hinterglieds, denn die Gleichheit der entsprechenden Aussagen, nämlich B, muß jetzt in der a.l. Form berücksichtigt werden. Es fehlen noch die Formeln mit etwas weiter aufgelöstem Vorderglied des Konditionals: $((\neg u) \leftrightarrow t) \rightarrow \neg v$, $((\neg u) \leftrightarrow t) \rightarrow \neg (w \land x)$, $(\neg u \leftrightarrow t) \rightarrow \neg ((\neg t) \land x)$. Das ist es: genau 13 a.l. Formen – wer hätte das gedacht.

Übung 2.10

1. Adjunktion; 2. Bikonditional; 3. Konditional; 4. Adjunktion; 5. Konditional; 6. Negation; 7. Adjunktion.

Übung 2.11

Notwendig sind nur die folgenden Klammern:
1. $p \land q \rightarrow (q \rightarrow r)$; 2. $p \land q \rightarrow q \lor r$; 3. $p \land q \leftrightarrow q \rightarrow r$; 4. $(p \land q) \land (q \rightarrow r)$; 5. $\neg (p \lor q) \rightarrow p \land q$.

Übung 2.12

1.

p	↔	¬	¬	p
w	**w**	w	f	w
f	**w**	f	w	f

2.

p	↔	p	∧	p
w	**w**	w	w	w
f	**w**	f	f	f

3. $p \leftrightarrow p \vee p$

p	↔	p	∨	p
w	**w**	w	w	w
f	**w**	f	f	f

4. $p \wedge q \leftrightarrow q \wedge p$

p	∧	q	↔	q	∧	p
w	w	w	**w**	w	w	w
w	f	f	**w**	f	f	w
f	f	w	**w**	w	f	f
f	f	f	**w**	f	f	f

5. $p \vee q \leftrightarrow q \vee p$

p	∨	q	↔	q	∨	p
w	w	w	**w**	w	w	w
w	w	f	**w**	f	w	w
f	w	w	**w**	w	w	f
f	f	f	**w**	f	f	f

6. $(p \wedge q) \wedge r \leftrightarrow p \wedge (q \wedge r)$

(p	∧	q)	∧	r	↔	p	∧	(q	∧	r)
w	w	w	w	w	**w**	w	w	w	w	w
w	w	w	f	f	**w**	w	f	w	f	f
w	f	f	f	w	**w**	w	f	f	f	w
w	f	f	f	f	**w**	w	f	f	f	f
f	f	w	f	w	**w**	f	f	w	w	w
f	f	w	f	f	**w**	f	f	w	f	f
f	f	f	f	w	**w**	f	f	f	f	w
f	f	f	f	f	**w**	f	f	f	f	f

7. (p ∨ q) ∨ r ↔ p ∨ (q ∨ r)

(p	∨	q)	∨	r	↔	p	∨	(q	∨	r)
w	w	w	w	w	**w**	w	w	w	w	w
w	w	w	w	f	**w**	w	w	w	w	f
w	w	f	w	w	**w**	w	w	f	w	w
w	w	f	w	f	**w**	w	w	f	f	f
f	w	w	w	w	**w**	f	w	w	w	w
f	w	w	w	f	**w**	f	w	w	w	f
f	f	f	w	w	**w**	f	w	f	w	w
f	f	f	f	f	**w**	f	f	f	f	f

8. (p → q) → r ↔ p → (q → r)

(p	→	q)	→	r	↔	p	→	(q	→	r)
w	w	w	w	w	**w**	w	w	w	w	w
w	w	w	f	f	**w**	w	f	w	f	f
w	f	f	w	w	**w**	w	w	f	w	w
w	f	f	w	f	**w**	w	w	f	w	f
f	w	w	w	w	**w**	f	w	w	w	w
f	w	w	f	f	**f**	f	w	w	f	f
f	w	f	w	w	**w**	f	w	f	w	w
f	w	f	f	f	**f**	f	w	f	w	f

9. (p → q) ∧ (q → p)

(p	→	q)	∧	(q	→	p)
w	w	w	**w**	w	w	w
w	f	f	**f**	f	w	w
f	w	w	**f**	w	f	f
f	w	f	**w**	f	w	f

10. p ∨ ¬ p

p	∨	¬	p
w	**w**	f	w
f	**w**	w	f

11. $p \wedge \neg p$

p	∧	¬	p
w	**f**	f	w
f	**f**	w	f

Übung 2.13

1. $p \rightarrow p \vee q$

p	→	p	∨	q
w	**w**	w	w	w
w	**w**	w	w	f
f	**w**	f	w	w
f	**w**	f	f	f

2. $p \wedge q \rightarrow p$

p	∧	q	→	p
w	w	w	**w**	w
w	f	f	**w**	w
f	f	w	**w**	f
f	f	w	**w**	f

3. $p \wedge (q \vee r) \leftrightarrow (p \wedge q) \vee (p \wedge r)$

p	∧	(q	∨	r)	↔	(p	∧	q)	∨	(p	∧	r)
w	w	w	w	w	**w**	w	w	w	w	w	w	w
w	w	w	w	f	**w**	w	w	w	w	w	f	f
w	w	f	w	w	**w**	w	f	f	w	w	w	w
w	f	f	f	f	**w**	w	f	f	f	w	f	f
f	f	w	w	w	**w**	f	f	w	f	f	f	w
f	f	w	w	f	**w**	f	f	w	f	f	f	f
f	f	f	w	w	**w**	f	f	f	f	f	f	w
f	f	f	f	f	**w**	f	f	f	f	f	f	f

4. $p \vee (q \wedge r) \leftrightarrow (p \vee q) \wedge (p \vee r)$

p	∨	(q	∧	r)	↔	(p	∨	q)	∧	(p	∨	r)
w	w	w	w	w	**w**	w	w	w	w	w	w	w
w	w	w	f	f	**w**	w	w	w	w	w	w	f
w	w	f	f	w	**w**	w	w	f	w	w	w	w
w	w	f	f	f	**w**	w	w	f	w	w	w	f
f	w	w	w	w	**w**	f	w	w	w	f	w	w
f	f	w	f	f	**w**	f	w	w	f	f	f	f
f	f	f	f	w	**w**	f	f	f	f	f	w	w
f	f	f	f	f	**w**	f	f	f	f	f	f	f

5. $\neg (p \wedge q) \leftrightarrow \neg p \vee \neg q$

¬	(p	∧	q)	↔	¬	p	∨	¬	q
f	w	w	w	**w**	f	w	f	f	w
w	w	f	f	**w**	f	w	w	w	f
w	f	f	w	**w**	w	f	w	f	w
w	f	f	f	**w**	w	f	w	w	f

6. $\neg (p \vee q) \leftrightarrow \neg p \wedge \neg q$

¬	(p	∨	q)	↔	¬	p	∧	¬	q
f	w	w	w	**w**	f	w	f	f	w
f	w	w	f	**w**	f	w	f	w	f
f	f	w	w	**w**	w	f	f	f	w
w	f	f	f	**w**	w	f	w	w	f

7. $p \rightarrow q \leftrightarrow \neg q \rightarrow \neg p$

p	→	q	↔	¬	q	→	¬	p
w	w	w	**w**	f	w	w	f	w
w	f	f	**w**	w	f	f	f	w
f	w	w	**w**	f	w	w	w	f
f	w	f	**w**	w	f	w	w	f

Übung 2.14

1.

$(p$	$\rightarrow$	$q)$	$\wedge$	p	$\rightarrow$	q
w	w	w	w	w	**w**	w
w	f	f	f	w	**w**	f
f	w	w	f	f	**w**	w
f	w	f	f	f	**w**	f

2.

$(p$	$\rightarrow$	$q)$	$\wedge$	$\neg$	q	$\rightarrow$	$\neg$	p
w	w	w	f	f	w	**w**	f	w
w	f	f	f	w	f	**w**	f	w
f	w	w	f	f	w	**w**	w	f
f	w	f	w	w	f	**w**	w	f

3.

p	$\wedge$	$\neg$	p	$\rightarrow$	q
w	f	f	w	**w**	w
w	f	f	w	**w**	f
f	f	w	f	**w**	w
f	f	w	f	**w**	f

4.

p	$\rightarrow$	q	$\vee$	$\neg$	q
w	**w**	w	w	f	w
w	**w**	f	w	w	f
f	**w**	w	w	f	w
f	**w**	f	w	w	f

5.

$(p$	$\wedge$	$q)$	$\wedge$	$\neg$	q
w	w	w	**f**	f	w
w	f	f	**f**	w	f
f	f	w	**f**	f	w
f	f	f	**f**	w	f

Übung 2.15

1. Wenn Dummheit lernbar ist, dann wird überall fleißig gelernt.
Wenn überall fleißig gelernt wird, dann gibt es zufriedene Lehrer.

Also: Wenn Dummheit lernbar ist, dann gibt es zufriedene Lehrer.

Betrachten wir die feinkörnigsten a.l. Formen der vorkommenden Aussagen, dann sieht der Schluß so aus:

$$\begin{array}{l} p \rightarrow q \\ \underline{q \rightarrow r} \end{array}$$

Also: $p \rightarrow r$

Zu zeigen ist nach Definition 2.11 also:

$\models (p \rightarrow q) \wedge (q \rightarrow r) \rightarrow (p \rightarrow r)$

Dies entnehmen wir der zugehörigen Wahrheitstafel:

(p	→	q)	∧	(q	→	r)	→	(p	→	r)
w	w	w	w	w	w	w	**w**	w	w	w
w	w	w	f	w	f	f	**w**	w	f	f
w	f	f	f	f	w	w	**w**	w	w	w
w	f	f	f	f	w	f	**w**	w	f	f
f	w	w	w	w	w	w	**w**	f	w	w
f	w	w	f	w	f	f	**w**	f	w	f
f	w	f	w	f	w	w	**w**	f	w	w
f	w	f	w	f	w	f	**w**	f	w	f

2. Der Körper ist seiner Natur nach teilbar.
Wenn Körper und Geist ein und dasselbe sind, dann ist der Geist teilbar.
Der Geist ist seiner Natur nach aber unteilbar.

Also: Körper und Geist sind nicht ein und dasselbe.

Schreiben wir diesen Schluß zunächst unter Verwendung von Junktoren und geeignet gewählten Abkürzungen:

$$\begin{array}{ll} & KT \\ & KGD \rightarrow GT \\ & \neg GT \\ \hline \text{Also:} & \neg KGD, \end{array}$$

wobei KT = ‚der Körper ist seiner Natur nach teilbar', GT = ‚der Geist ist (seiner Natur nach) teilbar', und KGD = ‚Körper und Geist sind ein und dasselbe'. Zu prüfen ist also, ob Schlüsse der Form

$$\begin{array}{ll} & p \\ & q \rightarrow r \\ & \neg r \\ \hline \text{Also:} & \neg q \end{array}$$

gültig sind, d. h., ob $\models [p \wedge (q \rightarrow r)] \wedge \neg r \rightarrow \neg q$.

(Man mag sich fragen, warum in der Prämissenkonjunktion die Konjunktion der ersten beiden Prämissen in eckige Klammern eingefaßt wurde. In natürlichen Sprachen pflegen wir bei Kon(oder Ad-)junktionen mit mehr als zwei Gliedern nicht festzulegen, welche davon „enger zusammengehören" als die anderen. Betrachtet man jedoch Aussagen so streng auf ihre Form hin, wie wir es hier tun, so muß man zunächst auch bestimmen, ob in einer Aussage (oder Formel) der Gestalt a * b * c (wo * für einen zweistelligen Junktor wie ‚∧', ‚∨' oder ‚→' steht) das erste * nun nur a und b verbindet oder a und b * c, d. h., ob eigentlich (a * b) * c gemeint ist oder a * (b * c). Praktisch bedeutsam wird diese Frage beispielsweise bei der Auswertung der folgenden Wahrheitstafel, wo man nämlich ohne die eckigen Klammern vor dem Dilemma stünde, zu welchem der beiden ‚∧' man zuerst die Wahrheitswerte bestimmen soll – denn „simultan" kann man sie schlecht bestimmen. In II.2.5.c.4 werden wir allerdings sehen, daß es wenigstens bei ‚∧' und ‚∨' logisch gesehen keinen Unterschied macht, wie in solchen Fällen geklammert wird, so daß man letztendlich die Klammern doch wieder weglassen kann und beim Erstellen von Wahrheitstafeln vielgliedrige Kon- und Adjunktionen in beliebiger Reihenfolge auswerten darf.)

Die Wahrheitstafel zeigt, daß Schlüsse der betrachteten Art tatsächlich korrekt sind:

[p	∧	(q	→	r)]	∧	¬	r	→	¬	q
w	w	w	w	w	f	f	w	w	f	w
w	f	w	f	f	f	w	f	w	f	w
w	w	f	w	w	f	f	w	w	w	f
w	w	f	w	f	w	w	f	w	w	f
f	f	w	w	w	f	f	w	w	f	w
f	f	w	f	f	f	w	f	w	f	w
f	f	f	w	w	f	f	w	w	w	f
f	f	f	w	f	f	w	f	w	w	f

3. Mit den Abkürzungen S = ‚der Subjektivismus ist richtig', U = ‚der Utilitarismus ist richtig' und R = ‚ethische Begriffe sind auf empirische Begriffe reduzierbar' können wir den Schluß auch so darstellen:

$$\begin{array}{ll} & S \vee U \rightarrow R \\ & \neg S \wedge \neg U \\ \hline \text{Also:} & \neg R. \end{array}$$

Die zugehörige feinkörnigste Formel $(p \vee q \rightarrow r) \wedge (\neg p \wedge \neg q) \rightarrow \neg r$ hat die folgende Wahrheitstafel:

(p	∨	q	→	r)	∧	(¬	p	∧	¬	q)	→	¬	r
w	w	w	w	w	f	f	w	f	f	w	**w**	f	w
w	w	w	f	f	f	f	w	f	f	w	**w**	w	f
w	w	f	w	w	f	f	w	f	w	f	**w**	f	w
w	w	f	f	f	f	f	w	f	w	f	**w**	w	f
f	w	w	w	w	f	w	f	f	f	w	**w**	f	w
f	w	w	f	f	f	w	f	f	f	w	**w**	w	f
f	f	f	w	w	w	w	f	w	w	f	**f**	f	w
f	f	f	w	f	w	w	f	w	w	f	**w**	w	f

In der Hauptspalte stehen *nicht* ausschließlich w's, also gilt *nicht*:

$$\models (p \vee q \rightarrow r) \wedge (\neg p \wedge \neg q) \rightarrow \neg r.$$

Da der Schluß ansonsten nur „grobkörnigere" a.l. Formen hat, ist er offenbar ungültig. Am Rande sei bemerkt, daß dieser Schluß eine kompliziertere Version des beliebten Fehlschlusses von $p \rightarrow q$ und $\neg p$ auf $\neg q$ ist.

4. Auf den ersten Blick erscheint der in der Anzeige suggerierte Kettenschluß von ‚Wer die NZZ liest' auf ‚bekommt keinen Kater' korrekt. Wenn man die ganze Sache etwas hinbiegt, indem man für das ‚Wer die NZZ liest' setzt ‚X liest die NZZ' und das als Aussage auffaßt, müßte man formal den folgenden Schluß untersuchen:

$$\begin{array}{l} p \\ p \rightarrow q \\ q \rightarrow r \\ r \rightarrow s \\ s \rightarrow t \\ t \rightarrow u \\ u \rightarrow v \\ \hline \end{array}$$

Also: v.

Wer will, kann sich die Mühe machen, das entsprechende Konditional auf seine a.l. Wahrheit zu untersuchen (aber vergessen Sie dabei keine einzige der vielen Klammern – vgl. die zweite Aufgabe dieser Übung!). Weil alle Prämissen so einigermaßen plausibel sind, scheint sich zu ergeben, daß man sich mit der NZZ-Lektüre die vorteilhafte Katerlosigkeit einhandelt. Dennoch ist der Schluß keineswegs korrekt. Der Grund ist, daß etwa das ‚auf der Höhe Sein' in der vierten Zeile nicht das gleiche bedeutet wie das ‚auf der Höhe Sein' in der fünften Zeile; im ersten Vorkommen ist es metaphorisch, im zweiten wörtlich gemeint. Dann ist das ‚muß schwindelfrei sein' nicht identisch mit ‚*ist* schwindelfrei'. Schließlich ist das ‚stürzt nicht ab' in der drittletzten Zeile wörtlich gemeint, während das Abstürzen der vorletzten Zeile metaphorisch ist: Im Schweizerdeutschen bedeutet es auch den Genuß eines gerüttelten Maßes an Alkohol.

Übung 2.16

Es gilt: (b) folgt logisch aus (a), aber nicht umgekehrt. Kürzen wir zunächst die atomaren Teilaussagen von (a) und (b) ab: S = ‚die Gesellschaft ist zu Schadensersatz verpflichtet', A = ‚die Gesellschaft ist eine Aktiengesellschaft' und G = ‚die Gesellschaft ist spätestens 1989 gegründet worden'. Damit haben wir:

(a) $S \leftrightarrow A \wedge G$
und
(b) $(A \rightarrow G \wedge S) \wedge (\neg A \rightarrow \neg G \wedge \neg S)$.

Gehen wir von hier aus zu den feinkörnigsten a.l. Formen von (a) und (b) über, so ist zum Beweis der obigen Behauptungen zu zeigen:

1. Aus $p \leftrightarrow q \wedge r$ folgt nicht $(q \rightarrow r \wedge p) \wedge (\neg q \rightarrow \neg r \wedge \neg p)$.

2. Aus $(q \rightarrow r \wedge p) \wedge (\neg q \rightarrow \neg r \wedge \neg p)$ folgt $p \leftrightarrow q \wedge r$.

ad 1. Die Behauptung ist (siehe Definitionen 2.11.1 und 2.9.1), daß

$$(p \leftrightarrow q \wedge r) \rightarrow (q \rightarrow r \wedge p) \wedge (\neg q \rightarrow \neg r \wedge \neg p)$$

nicht für alle extensionalen Interpretationen wahr ist. Ordnet man nun den Satzbuchstaben p, q und r die Wahrheitswerte f, w und f zu (in dieser Reihenfolge), so erhält man:

$$\begin{array}{cccccccccccccccccccc}
(p & \leftrightarrow & q & \wedge & r) & \rightarrow & (q & \rightarrow & r & \wedge & p) & \wedge & (\neg & q & \rightarrow & \neg & r & \wedge & \neg & p) \\
f & w & w & f & f & \mathbf{f} & w & f & f & f & f & f & f & w & w & w & f & w & w & f
\end{array}$$

Mit dieser Zuordnung liegt also eine extensionale Interpretation vor, für die das angegebene Konditional falsch wird, womit die erste Behauptung bewiesen wäre. (Dieser Beweis wäre länger, würde darin auch gezeigt werden, wie man auf die gewählte Interpretation *kommt*. Der am wenigsten Denkarbeit erfordernde Weg ist natürlich das Aufstellen der gesamten Wahrheitstafel.)

ad 2. Wir betrachten die zugehörige Wahrheitstafel:

(q	→	r	∧	p)	∧	(¬	q	→	¬	r	∧	¬	p)	→	(p	↔	q	∧	r)
w	w	w	w	w	w	f	w	w	f	w	f	f	w	**w**	w	w	w	w	w
w	f	f	f	w	f	f	w	w	w	f	f	f	w	**w**	w	f	w	f	f
f	w	w	w	w	f	w	f	f	f	w	f	f	w	**w**	w	f	f	f	w
f	w	f	f	w	f	w	f	f	w	f	f	f	w	**w**	w	f	f	f	f
w	f	w	f	f	f	f	w	w	f	w	f	w	f	**w**	f	f	w	w	w
w	f	f	f	f	f	f	w	w	w	f	w	w	f	**w**	f	w	w	f	f
f	w	w	f	f	f	w	f	f	f	w	f	w	f	**w**	f	w	f	f	w
f	w	f	f	f	w	w	f	w	w	f	w	w	f	**w**	f	w	f	f	f

Übung 2.17

Eine Formel mit Hilfe ihrer Wahrheitstafel *ökonomisch* auszuwerten heißt, gerade so viel wie nötig zu tun. Es heißt *nicht*, Wahrheitswerte im Kopf auszurechnen. Haben wir beispielsweise eine Formel der Gestalt p ∧ A, wobei A selbst eine komplizierte Formel ist, so brauchen wir uns in den Fällen, in denen p der Wahrheitswert f zugeordnet ist, A gar nicht mehr anzusehen: Die Konjunktion ist ohnehin falsch. Ähnlich kann man bei ‚→' und ‚∨' vorgehen. Nur bei ‚¬' und ‚↔' ist keine Arbeitsersparnis möglich. – Bei aller verständlichen Faulheit sollte man jedoch die den *Satzbuchstaben* zugeordneten Wahrheitswerte stets aufschreiben, auch wenn sie für die Auswertung gerade nicht gebraucht werden, damit auch später noch ersichtlich ist, welche extensionale Interpretation in welcher Zeile behandelt wird.

Will man die ökonomische Auswertung einer Formel *systematisch* durchführen, so gehe man in jeder Zeile der Wahrheitstafel folgendermaßen vor. Man betrachte die Teilformeln beiderseits des Hauptzeichens (wenn dies nicht gerade ‚¬' ist, wo es ohnehin keine Wahl gibt) und werte die kürzere davon (oder die schönere, wenn beide gleich lang sind) ökonomisch aus. Steht der Wahrheitswert der zusammengesetzten Formel dann schon fest, so trägt man ihn ein und ist's zufrieden. Andernfalls wertet man auch noch die andere Teilformel ökonomisch aus und trägt dann den Wahrheitswert der zusammengesetzten Formel ein.

1. $p \rightarrow (q \rightarrow p)$

p	→	(q	→	p)
w	**w**	w	w	w
w	**w**	f	w	w
f	**w**	w		f
f	**w**	f		f

2. $p \rightarrow (q \rightarrow p \wedge q)$

p	→	(q	→	p	∧	q)
w	**w**	w	w	w	w	w
w	**w**	f	w	w		f
f	**w**	w		f		w
f	**w**	f		f		f

3. $p \rightarrow (\neg p \rightarrow q)$

p	→	(¬	p	→	q)
w	**w**		w	w	w
w	**w**	f	w	w	f
f	**w**		f		w
f	**w**		f		f

4. $p \rightarrow [(p \rightarrow q) \rightarrow q]$

p	→	[(p	→	q)	→	q]
w	**w**	w		w	w	w
w	**w**	w	f	f	w	f
f	**w**	f		w		w
f	**w**	f		f		f

5. $q \rightarrow (p \rightarrow p)$

q	→	(p	→	p)
w	**w**	w	w	w
w	**w**	f	w	f
f	**w**	w		w
f	**w**	f		f

Wir wissen nicht, was Ackermann seinen LeserInnen empfiehlt bzw. wie er seine „strenge Implikation“ genau definiert. Sicher ist jedoch, daß sie genau dann vorliegen soll, wenn tatsächlich ein Wahrheitstransfer vom Vorderglied auf das Hinterglied stattfindet, d. h., wenn die Wahrheit des Hintergliedes tatsächlich von der des Vordergliedes *abhängt*. Im Gegensatz zum Konditional wird also die strenge Implikation nicht alleine dadurch wahr gemacht werden, daß das Vorderglied notwendigerweise (z. B. logisch) falsch ist (so daß die Wahrheit des Hintergliedes nie „eingefordert“ wird) oder das Hinterglied notwendigerweise (z. B. logisch) wahr ist. (Dennoch *können* Formeln dieser Arten auch in Ackermanns strengem Sinne logisch wahr sein: Beispielsweise sind $p \wedge \neg p \rightarrow p \wedge \neg p$ und $p \vee \neg p \rightarrow p \vee \neg p$ schon deshalb logisch wahr, weil sie Instantiierungen der – auch im strengen Sinne – tautologischen Formel $p \rightarrow p$ sind.)

Warum können nun die obigen Formeln bei diesem Verständnis des ‚→‘ nicht logisch wahr sein? Betrachten wir die erste Formel: $p \rightarrow (q \rightarrow p)$. Wäre diese Formel allgemeingültig, so hieße das insbesondere, daß sie unter allen intensionalen Interpretationen wahr wäre, d. h., daß die Aussage $A \rightarrow (B \rightarrow A)$ wahr wäre, was auch immer A und B für Aussagen sind. Das wiederum hieße, daß für beliebige Aussagen A und B, die Wahrheit von A vorausgesetzt, $B \rightarrow A$ wahr wäre. Anders ausgedrückt: Jede beliebige Aussage B würde jede wahre Aussage A streng implizieren, egal, ob diese etwas mit jener zu tun hat oder nicht. Dem ist natürlich nicht so. Mit einem modus-tollens-Schluß können wir folgern, daß Formel (1), in Ackermanns Sinn verstanden, nicht allgemeingültig sein kann.

Ganz analog kann man bei den Formeln (2, 3, 4) argumentieren. Nur Formel (5) weicht insofern vom Schema ab, als hier das Hinterglied tatsächlich eine logische Wahrheit ist (auch im Sinne Ackermanns). Die Allgemeingültigkeit dieser Formel kollidiert *deswegen* mit der Ackermannschen Auffassung von Implikation, weil in diesem Fall beliebige Aussagen B logisch wahre Aussagen A → A streng implizieren würden, obwohl doch i. a. B und A in keinem inhaltlichen Zusammenhang stehen würden und A → A seine Wahrheit auch nicht der von B verdanken würde.

Übung 2.18

Wir beweisen die angegebenen Äquivalenzen wie üblich mit Hilfe der entsprechenden Wahrheitstafeln. Dabei wollen wir zur Ersparnis von Klammern annehmen, daß der Sheffersche Strich eine größere Bindungsstärke als das Bikonditional hat, so daß wir für Formeln der Gestalt F ↔ (G | H) (wo F, G und H Formeln sind) schreiben können: F ↔ G | H.

1.

¬	p	↔	p	|	p
f	w	**w**	w	f	w
w	f	**w**	f	w	f

2.

p	∧	q	↔	(p	|	q)	|	(p	|	q)
w	w	w	**w**	w	f	w	w	w	f	w
w	f	f	**w**	w	w	f	f	w	w	f
f	f	w	**w**	f	w	w	f	f	w	w
f	f	f	**w**	f	w	f	f	f	w	f

Im folgenden beweisen wir der Bequemlichkeit halber wieder „ökonomisch". Wir benutzen dabei die Tatsache, daß eine Exklusion schon wahr ist, wenn eines der beiden Exklusionsglieder falsch ist.

3.

p	∨	q	↔	(p	|	p)	|	(q	|	q)
w	w	w	**w**	w	f	w	w	w		w
w	w	f	**w**	w	f	w	w	f		f
f	w	w	**w**	f		f	w	w	f	w
f	f	f	**w**	f	w	f	f	f	w	f

4.

p	→	q	↔	p	|	(q	|	q)
w	w	w	**w**	w	w	w	f	w
w	f	f	**w**	w	f	f	w	f
f	w	w	**w**	f	w	w		w
f	w	f	**w**	f	w	f		f

5.

(p	↔	q)	↔	(p	|	q)	|	[(p	|	p)	|	(q	|	q)]
w	w	w	**w**	w	f	w	w	w		w		w		w
w	f	f	**w**	w	w	f	f	w	f	w	w	f		f
f	f	w	**w**	f	w	w	f	f		f	w	w	f	w
f	w	f	**w**	f	w	f	w	f	w	f	f	f	w	f

Umgangssprachlich kann man den Shefferschen Strich mit „nicht beides" bezeichnen, und „F | G" als „nicht sowohl F als auch G" lesen (nicht zu verwechseln mit „beides nicht" und „weder F noch G"!).

Es gelten die folgenden Äquivalenzen, wie man leicht zeigt:

$$p \mid q \equiv \neg (p \wedge q) \equiv \neg p \vee \neg q \equiv p \rightarrow \neg q.$$

Übung 2.19

1. $\neg(\neg p \vee \neg q) \vee \neg(\neg p \vee \neg r)$
$\equiv (\neg\neg p \wedge \neg\neg q) \vee (\neg\neg p \wedge \neg\neg r)$ (de Morgan zweimal)
$\equiv (p \wedge q) \vee (p \wedge r)$ (doppelte Negation viermal)
$\equiv p \wedge (q \vee r)$ (Distributivgesetz).

2. $\neg\{\neg p \vee \neg[q \vee \neg(\neg p \vee q)]\}$
$\equiv \neg\neg p \wedge \neg\neg[q \vee (\neg\neg p \wedge \neg q)]$ (de Morgan zweimal)
$\equiv p \wedge [q \vee (p \wedge \neg q)]$ (doppelte Negation dreimal)
$\equiv [p \wedge q] \vee [p \wedge (p \wedge \neg q)]$ (Distributivgesetz)
$\equiv [p \wedge q] \vee [(p \wedge p) \wedge \neg q]$ (Assoziativgesetz)
$\equiv [p \wedge q] \vee [p \wedge \neg q]$ (Idempotenz)
$\equiv p \wedge (q \vee \neg q)$ (Distributivgesetz)
$\equiv p$ (*).

Dabei kann (*) durch Beweis von $\models p \wedge (q \vee \neg q) \leftrightarrow p$ gezeigt werden. Man kann jedoch auch allgemeiner zeigen, daß aus $\models A$ folgt: $p \wedge A \equiv p$.

3. $p \to [q \to p \wedge q]$
$\equiv \neg\{p \wedge \neg[q \to p \wedge q]\}$ (Definition von $\to$)
$\equiv \neg\{p \wedge \neg\neg[q \wedge \neg(p \wedge q)]\}$ (Definition von $\to$)
$\equiv \neg\{p \wedge [q \wedge \neg(p \wedge q)]\}$ (doppelte Negation)
$\equiv \neg\{(p \wedge q) \wedge \neg(p \wedge q)\}$ (Assoziativgesetz)
$\equiv \neg(p \wedge q) \vee \neg\neg(p \wedge q)$ (de Morgan)
$\equiv \neg(p \wedge q) \vee (p \wedge q)$ (doppelte Negation)
$\equiv (p \wedge q) \vee \neg(p \wedge q)$ (Kommutativgesetz)
$\equiv W$ (*).

Dabei setzen wir $W := p \vee \neg p$ und können W z. B. ‚das Wahre' nennen, denn für alle Formeln G gilt: $G \equiv W$ genau dann, wenn $\models G$. Diese Definition gibt uns also eine weitere Möglichkeit auszudrücken, daß eine Formel logisch wahr ist. (Analog können wir $F := \neg W$ setzen und erhalten für alle G: Es gilt $G \equiv F$ genau dann, wenn $\models \neg G$.) Die Äquivalenz (*) erhalten wir nun, weil wir aus $\models r \vee \neg r$ (Übung 2.12.10) unter Verwendung des Substitutionstheorems folgern können: $\models (p \wedge q) \vee \neg (p \wedge q)$.

Übung 2.20

Die beiden Aussagen mögen A und B heißen. Der kontradiktorische Widerspruch von A und B bedeutet gemäß Definition 2.14, daß $A \leftrightarrow B$ logisch falsch ist, d. h., daß A und B immer entgegengesetzte Wahrheitswerte haben. Damit hat immer ein Konjunktionsglied von $A \wedge B$ den Wahrheitswert f, und somit ist die Konjunktion logisch falsch. Dies bedeutet aber nach Definition 2.13 gerade einen konträren a.l. Widerspruch.

Übung 2.21

1. Daß A notwendig und hinreichend für B ist, bedeutet: $B \models A$ und $A \models B$, oder: Die Formeln $B \rightarrow A$ und $A \rightarrow B$ sind logisch wahr, was gleichbedeutend mit der logischen Wahrheit von $(B \rightarrow A) \wedge (A \rightarrow B)$ ist. $A \equiv B$ bedeutet: Die Formel $A \leftrightarrow B$ ist logisch wahr. Die Behauptung der Übung ist bewiesen, falls die Formeln $(A \rightarrow B) \wedge (B \rightarrow A)$ und $A \leftrightarrow B$ logisch äquivalent sind. Genau dies ist aber der Fall, wie man sich durch die logische Wahrheit von

$$(A \rightarrow B) \wedge (B \rightarrow A) \leftrightarrow (A \leftrightarrow B)$$

leicht überzeugt.

2. F und G seien beliebige Formeln. Die Behauptung ist, daß F und G logisch abhängig sind, wenn (a) $F \equiv G$ ist oder F und G (b) in konträrem oder (c) in kontradiktorischem logischen Widerspruch zueinander stehen.

a) Es gelte $F \equiv G$. Das ist nach Def. 2.12 gleichbedeutend mit $\models F \leftrightarrow G$. Das heißt, F hat stets denselben Wahrheitswert wie G, unabhängig von der gewählten extensionalen Interpretation. Insbesondere ist G unter jeder extensionalen Interpretation wahr, die F wahr macht. (Was nicht heißen soll, daß F unbedingt wahr sein *kann*.) Dann aber ist $F \rightarrow G$ unter jeder extensionalen Interpretation wahr. Also $\models F \rightarrow G$, also $F \models G$, also sind F und G logisch abhängig.
b) F und G seien in konträrem Widerspruch zueinander. Das ist nach Def. 2.13 gleichbedeutend damit, daß $F \wedge G$ logisch falsch ist. Das heißt, daß jede extensionale Interpretation, die F wahr macht, G falsch macht, also $\neg G$ wahr. Damit aber ist $F \rightarrow \neg G$ logisch wahr, also gilt: $\models F \rightarrow \neg G$, also $F \models \neg G$. Damit sind F und G logisch abhängig.
c) F und G seien in kontradiktorischem Widerspruch zueinander. Das ist nach Def. 2.14 gleichbedeutend damit, daß $F \leftrightarrow G$ logisch falsch ist. Das heißt, F und G haben stets verschiedene Wahrheitswerte, egal unter welcher extensionalen Interpretation. Jede extensionale Interpretation, die F wahr macht, macht also G zwangsläufig falsch. Wir haben aber schon in Teil (b) gezeigt, daß F und G dann logisch abhängig sind.

Übung 3.1

(Es sind keineswegs alle, sondern nur einige der naheliegendsten Analysemöglichkeiten aufgeführt.)

Subjekt:	*Prädikat:*	*Stellenzahl:*
1. Verena	... sitzt am Tisch	1,
(Verena, der Tisch)	... sitzt an ...	2.
2. (Verena, Stefan)	... und ... sitzen am Tisch	2,
(Verena, Stefan, der Tisch)	... und ... sitzen an ...	3,
Verena	... und Stefan sitzen am Tisch	1.
3. Verena	... sitzt Stefan gegenüber	1,
(Verena, Stefan)	... sitzt ... gegenüber	2.
4. Konstanz	... liegt am Bodensee	1,
(Konstanz, der Bodensee)	... liegt an ...	2.

5. ‚Drei Muscheln liegen am Strand' ist *keine* singuläre Aussage, denn ‚drei Muscheln' bezeichnet nicht *einen* Gegenstand, *ein* Individuum in unserem Sinne. Es bezeichnet auch kein *Tripel* von Gegenständen auf die Art, in der etwa ‚(Verena, Stefan, der Tisch)' dies (in geeignetem Kontext) tut. Wäre nämlich beispielsweise von den drei Miesmuscheln Anna, Bert und Christl die Rede, so könnte zwar (Anna, Bert, Christl) das logische Subjekt sein. Könnte aber (Bert, Christl, Anna) es nicht genausogut sein? Die Behauptung, daß eines der sechs möglichen Tripel *das* Subjekt sei und die anderen nicht, wäre also völlig aus der Luft gegriffen, da aus Satz 5 nichts dergleichen hervorgeht. – Die *ungeordnete* Menge {Anna, Bert, Christl} wird allerdings durch dieses Argument nicht als Subjektkandidatin ausgeschieden. Dagegen, daß diese Menge das Subjekt ist, könnte man zunächst anführen, daß Mengen gemeinhin nicht am Strand liegen. Nehmen wir an, daß Satz 5 nicht besagt: ‚*Genau* drei Muscheln ...' sondern: ‚*Mindestens* drei Muscheln ...', so könnten wir außerdem argumentieren wie folgt: Satz 5 ist wahr, wenn neben Anna, Bert und Christl noch Miesmuschel Doris am Strand liegt. Wiederum gibt uns der Satz keine Entscheidungshilfe, ob nun {Anna, Bert, Christl}, {Anna, Christl, Doris} oder womöglich {Anna, Bert, Christl, Doris}

das Subjekt ist. – Etwas anderes wäre es, wenn von drei *bestimmten* Muscheln die Rede wäre. In ‚Die drei Musketiere liegen am Strand' z. B. könnte durchaus {Athos, Portos, Aramis} das logische Subjekt sein. Die Sache wäre also einfacher, wenn Satz 5 lautete: ‚*Die* drei Muscheln liegen am Strand' und von den drei Muscheln die Rede wäre, mit denen Großmutter jeden Morgen jongliert. – Eine Möglichkeit gibt es allerdings doch, Satz 5 als singuläre Aussage zu analysieren:

Subjekt:	*Prädikat*:	*Stellenzahl*:
der Strand	drei Muscheln liegen an …	1.

6. Dozentin S.	… beginnt ihre Vorlesung gewöhnlich sehr pünktlich	1,
(Dozentin S., die Vorlesung von Dozentin S.)	… beginnt … gewöhnlich sehr pünktlich	2.

7. Es gibt wenigstens drei verschiedene Möglichkeiten, Satz 7 zu interpretieren. Erstens besagt er, daß es sinnvoller ist, sich mit schon erreichten maßvollen Zielen zufriedenzugeben, als statt dessen utopische Ziele anzustreben. Zweitens könnte man ihn auch als Aussage über die ortsabhängige Qualität von Vögeln lesen: ‚Für alle Vögel x und y gilt: Wenn x ein Spatz ist und sich in der Hand befindet und y eine Taube ist und sich auf dem Dach befindet, so ist x besser als y.' (Dabei lassen wir offen, in welchem Sinne ‚besser' hier zu verstehen ist und um wessen Hand und welches Dach es geht. Letztere Unsicherheit läßt sich ausräumen, indem man Satz 7 als Aussage über *alle* Hände und Dächer interpretiert.) Und schließlich kann man Satz 7 auch noch als Aussage über zwei konkrete Vögel (und eventuell eine konkrete Hand und ein konkretes Dach) auffassen: ‚Spatz Freddy in der Hand ist besser als Taube Hiltrud auf dem Dach.' – Die erste, sprichwörtliche Interpretation trifft sicher am besten, was man üb-

licherweise mit Satz 7 ausdrücken will. Sie sperrt sich jedoch etwas gegen eine genauere formallogische Analyse, da sie nicht von eigentlichen Gegenständen, sondern von Sachverhalten oder Verhaltensweisen in bestimmten Situationen spricht. Die zweite, „wörtliche" Interpretation gibt als Beispiel (allerdings nicht einer singulären Aussage) im Rahmen der Prädikatenlogik noch am meisten her, wie sich später zeigen wird. Die dritte, sozusagen „wortwörtliche" Interpretation hat zwar mit der üblichen Bedeutung von Satz 7 nur noch wenig zu tun, läßt sich aber dafür mit unserem bisherigen prädikatenlogischen Repertoire einigermaßen einfach wiedergeben, z. B. so (ich benutze zur Abkürzung Junktoren):

Subjekt:	*Prädikat*:	*Stellenzahl*:
(Freddy, Hiltrud)	x ist in der Hand	
	∧ y ist auf dem Dach	
	→ x ist besser als y	2.

8. Dieser Satz vereint in sich die problematischen Eigenschaften der Sätze 5 und 7.

9. Auf den ersten Blick scheint dieser Satz eine äußerst simple Struktur zu haben, nämlich:

Subjekt:	*Prädikat*:	*Stellenzahl*:
es	… regnet	1,

man kommt jedoch in Teufels Küche, wenn man sich die Frage stellt, wer oder was ‚es' eigentlich ist: ein Regentropfen? eine bestimmte Gruppe von Regentropfen? eine Wolke? ein Landstrich? – Man fährt wohl am besten, wenn man Satz 9 als Redewendung interpretiert, die nicht zu wörtlich genommen werden darf, wo also insbesondere die grammatische Form wenig mit der logischen Form zu tun hat. Zwei mögliche Interpretationen wären:

Subjekt:	*Prädikat:*	*Stellenzahl:*
Landstrich soundso	es regnet in …	1,
das Wetter in Landstrich soundso	… ist regnerisch	1.

10. Auch hier bietet sich eine Fehlinterpretation an:

Subjekt:	*Prädikat:*	*Stellenzahl:*
jemand	… sitzt am Tisch	1.

Steht nicht ‚jemand' für eine bestimmte Person, die nur nicht genauer festgelegt (bestimmt) ist? Könnte nicht aus dem jeweiligen Kontext hervorgehen, wer gemeint ist, so wie daraus auch hervorgeht, von welchem Tisch die Rede ist? – Wir stellen ein kompliziertes Gedankenexperiment an: Ich schaue in die Küche meiner Wohngemeinschaft und sehe, daß Angelika am Tisch sitzt. Ich erledige kurz etwas in meinem Zimmer, und als ich wieder herauskomme, begegne ich auf dem Flur Gabi, die gerade auf dem Weg in die Küche ist. Von Mitteilungslust gepackt sage ich zu ihr: ‚Jemand sitzt am Tisch', in der Meinung, Angelika säße noch am selben Ort. Nehmen wir einmal an, in diesem Kontext stünde ‚jemand' für Angelika. Die passende Interpretation von Satz 10 wäre also:

Subjekt:	*Prädikat:*	*Stellenzahl:*
Angelika	… sitzt am Tisch	1.

Nehmen wir jedoch weiter an, Angelika hätte, während ich in meinem Zimmer war, von mir unbemerkt die Küche verlassen und Dietmar hätte sich statt ihrer an den Küchentisch gesetzt. Gabi betritt die Küche, sieht Dietmar am Tisch sitzen und ruft zu mir auf den Flur hinaus: ‚Stimmt!' Man wird Gabi beipflichten, denn offensichtlich *sitzt* jemand am Tisch und damit ist der von mir ihr gegenüber geäußerte Satz 10 wahr. Der Satz ‚Angelika sitzt am Tisch' ist ebenso offensichtlich falsch, obwohl er noch zutraf, als ich in die Küche schaute. Man mag argumentieren, daß sich der Kontext änderte, während ich in meinem Zimmer war, und daß daher auch die Bedeutung von Satz 10 nicht mehr dieselbe sein müsse. Aber hat sich die Bedeutung von Satz 10 wirklich geändert? Nein, denn der Satz spricht auch in einem *bestimmten* Kontext nicht von einer bestimmten Person; er besagt vielmehr: ‚*Irgendwer* sitzt am Tisch.' (Soweit es unser Thema betrifft, bedeutet dabei ‚irgendwer' nicht wirklich etwas anderes als ‚jemand'.) – Ein anderes Beispiel: Ich liege morgens in meinem Bett und versuche zu schlafen. Durch die dünne Wand zur Küche dringt jedoch ein unablässiges Klirren, das mich daran hindert. Ich weiß in dieser Situation mit ziemlicher Sicherheit, daß gerade *jemand* am Küchentisch sitzt und sein Joghurtglas auskratzt, ich weiß jedoch nicht, ob es Hansjörg ist oder Dagmar oder beide gleichzeitig. Wofür steht dann das ‚jemand' in Satz 10? – Angenommen, Dagmar *und* Hansjörg sitzen am Tisch und holen das Letzte aus ihren Joghurtgläsern heraus: Ist dann *Dagmar* ‚jemand' oder *Hansjörg*? Oder irgendwie beide? Das Paar? Die Menge? – Abgesehen von der unbefriedigenden Interpretation

Subjekt:	*Prädikat*:	*Stellenzahl*:
der Tisch	jemand sitzt an …	1

kann also Satz 10 schwerlich als singuläre Aussage aufgefaßt werden.

11. Dieser Satz hat viel mit dem vorigen gemein (die beiden stehen offensichtlich in kontradiktorischem Widerspruch zueinander); es fällt hier jedoch leichter zu sehen, daß das *grammatische* Subjekt nicht das *logische* Subjekt bezeichnen kann. Denn wer ist niemand? Man mag vielleicht von einer Person im übertragenen Sinne sagen, sie sei *ein* Niemand, aber man kann nicht auf sie zeigen und sagen: ‚Das ist nie-

mand!', denn wenn man auf sie zeigen kann, dann *ist* sie offensichtlich jemand. Oder bezeichnet ,niemand' vielleicht einen Gegenstand, der keine Person ist? Vielleicht die leere (Personen-)Menge? Können Mengen sitzen? Wenn ja, dann können sie offenbar gleichzeitig sitzen und stehen, denn Satz 11 und ,Niemand *steht* am Tisch' können gleichzeitig wahr sein. Überhaupt hätte diese Menge geradezu übermenschliche Fähigkeiten, wie man sich leicht überlegt. Man kann allerdings Satz 11 als (singuläre) Aussage über die leere Menge auffassen:

Subjekt:	*Prädikat*:	*Stellenzahl*:
Ø	… = die Menge der am Tisch sitzenden Personen	1,

aber das ist eine neue Analyse des *gesamten* Satzes. Das alte Prädikat ,… sitzt am Tisch' kann sich nicht auf Mengen beziehen.

Übung 3.2

1. $\bigwedge$ x (x ist schön) Bereich: Brücken.
2. $\bigwedge$ x (x ist schön) Bereich: große Brücken;
   $\bigwedge$ x (x ist groß $\rightarrow$ x ist schön) Bereich: Brücken.
3. $\bigwedge$ x (x liebt Hans) Bereich: Menschen.
4. $\bigwedge$ x (Hans liebt x) Bereich: Menschen.
5. $\bigwedge$ x (x liebt Hans) Bereich: Menschen.
6. $\bigwedge$ x (x war damals unglücklich) Bereich: Menschen.
7. *Falsch* ist die naheliegende Formulierung:
   $\bigwedge$ x (x hat den gleichen Abstand vom Kreismittelpunkt)
   Bereich: Punkte auf dem Kreisumfang,

denn die Aussage ,x hat den gleichen Abstand vom Kreismittelpunkt' ergibt mit oder ohne Quantor keinen Sinn: den gleichen Abstand wie *was*? Gemeint ist nicht, daß jeder

Punkt auf dem Kreisumfang *für sich allein* die geheimnisvolle Eigenschaft der Abstandsgleichheit hat, sondern daß alle solchen Punkte hinsichtlich ihres Abstands zum Mittelpunkt *übereinstimmen*. Diese Übereinstimmung ist keine Eigenschaft einzelner Punkte, sondern eine Beziehung zwischen den Punkten auf dem Kreisumfang. Um diese Beziehung auszudrücken, müssen wir keine unendlichstelligen Prädikate einführen; es genügt, über alle *Paare* (d. h. 2-tupel) von Punkten jeweils zu sagen, daß ihre beiden Komponenten hinsichtlich ihres Abstands zum Mittelpunkt übereinstimmen. Wir brauchen also das zweistellige Prädikat ‚… hat den gleichen Abstand zum Kreismittelpunkt wie …':

$\bigwedge$ x $\bigwedge$ y (x hat den gleichen Abstand vom Kreismittelpunkt wie y)
Bereich: Punkte auf dem Kreisumfang.

Oder:

$\bigwedge$ x $\bigwedge$ y (Abstand von x zum Kreismittelpunkt = Abstand von y zum Kreismittelpunkt)
Bereich: Punkte auf dem Kreisumfang.

Hierbei habe ich allerdings das Gleichheitszeichen verwendet; siehe dazu später Abschnitt III.1.1.d.2, S. 182 f.

Übung 3.3

1. $\bigvee$ x (x ist schön) Bereich: Häuser.
2. $\bigvee$ x (x ist schön) Bereich: Gegenstände.
3. $\bigvee$ x (x besteigt das Matterhorn) Bereich: Menschen.
4. $\bigvee$ x (Hans sieht x) Bereich: Menschen.
5. $\bigvee$ x (x sieht Hans) Bereich: Menschen.
6. $\bigvee$ x (Karl-Adam lügt zum Zeitpunkt x)
Bereich: Zeitpunkte.
7. $\neg \bigvee$ x (x ist im Haus) Bereich: Menschen.

8. $\neg \bigvee x$ (x kennt den Räuber) Bereich: Menschen.
9. $\neg \bigvee x \neg$ (x hat Dornen) Bereich: Rosen.
10. $\bigvee x$ (x liegt zwischen dem Nordkap und Sizilien) Bereich: schöne Städte.
11. $\bigvee x$ (x ist ein Hund) $\wedge \bigvee x$ (x ist eine Katze) Bereich: {Hunde} $\cup$ {Katzen}.

Übung 3.4

1. Jeder vertraut y. (x ist vertrauenswürdig.)
2. x ist vertrauensselig. (x vertraut allen.)
3. Alle mißtrauen y.
4. x ist mißtrauisch. (x mißtraut jedem.)
5. Jemand vertraut y.
6. x vertraut jemandem.
7. x schlägt alle. (x ist ein Schläger[typ].)

Übung 3.5

1. $\neg \bigvee y$ (x liebt y) Bereich: Menschen.
2. $\bigwedge y$ (y kennt x) Bereich: Menschen.
3. $\bigwedge y$ (x liebt y) Bereich: Menschen.
4. $\bigwedge y$ (y liebt x) [oder: ‚$\bigwedge y$ (y kennt x)‘?] Bereich: Menschen.
5. $\neg \bigwedge y \neg$ (y liebt x) [oder: ‚$\bigvee y$ (y liebt x)‘] Bereich: Menschen.
6. $\bigwedge y$ (y liebt x) [oder: ‚$\bigwedge y$ (y kennt x)‘?] Bereich: Menschen.
7. $\neg \bigwedge y \neg$ (y kennt x) [oder: ‚$\bigvee y$ (y kennt x)‘] Bereich: Menschen.
8. $\bigwedge y$ (x hilft y) Bereich: Menschen.
9. $\bigwedge y$ (y hilft x) Bereich: Menschen.
10. $\bigvee y$ (x hilft y) Bereich: Menschen.

Übung 3.6

Um zu formulieren, daß es in einem Bereich (mindestens) zwei (verschiedene) Gegenstände (mit einer bestimmten Eigenschaft F) gibt, genügt es nicht, etwas in der folgenden Art zu schreiben: ‚$\bigvee$ x $\bigvee$ y (x ist F ∧ y ist F)‘, denn die Verschiedenheit der Individuenvariablen ‚x‘ und ‚y‘ erzwingt durchaus nicht die Verschiedenheit der *Gegenstände*, die die Aussage wahr machen können. Um deren Verschiedenheit zu erreichen, muß man ausdrücklich dazusagen, daß es sich nicht um denselben Gegenstand handelt. Das Gemeinte wird also erst durch Aussagen wie ‚$\bigvee$ x $\bigvee$ y (x ist F ∧ y ist F ∧ ¬ [x = y])‘ erfaßt, während ‚$\bigvee$ x $\bigvee$ y (x ist F ∧ y ist F)‘ nichts anderes als ‚$\bigvee$ x (x ist F)‘ bedeutet. – Will man hingegen ausdrücken, daß es *nicht mehr* als n Gegenstände (mit der Eigenschaft F) gibt, so muß man etwa Folgendes schreiben: Wann immer man n + 1 (nicht notwendig verschiedene) Gegenstände a_1, a_2, …, a_{n+1} mit der Eigenschaft F vorliegen hat (genauer gesagt: Gegenstände mit n + 1 verschiedenen *Namen*), können nicht alle paarweise verschieden sein, d. h. hinter wenigstens zwei verschiedenen Namen verbirgt sich derselbe Gegenstand, d. h., es gilt: ($a_1 = a_2$, oder $a_1 = a_3$, oder $a_1 = a_4$, oder …, oder $a_1 = a_{n+1}$), oder ($a_2 = a_3$, oder …, oder $a_2 = a_{n+1}$), oder …, oder ($a_{n-1} = a_n$ oder $a_{n-1} = a_{n+1}$), oder ($a_n = a_{n+1}$). Diesen Sachverhalt kann man auch noch anders beschreiben: Wann immer man n (paarweise) *verschiedene* Gegenstände a_1, a_2, …, a_n vorliegen hat, ist jeder weitere Gegenstand a_{n+1} (genauer gesagt: jeder Gegenstand mit einem weiteren *Namen*) schon identisch mit einem der ersten n Gegenstände, d. h. $a_{n+1} = a_1$, oder $a_{n+1} = a_2$, oder …, oder $a_{n+1} = a_n$ (vgl. (b)).

a) $\bigvee$ x $\bigvee$ y $\bigvee$ z
(x ist Demokratie ∧ y ist Demokratie ∧ z ist Demokratie ∧ ¬ (x = y) ∧ ¬ (x = z) ∧ ¬ (y = z)) Bereich: Staaten.

b) $\bigvee x \bigvee y\, [\neg (x = y) \wedge \bigwedge z\, (z = x \vee z = y)]$
Bereich: Geschlechter.

Übung 3.7

Hierbei fassen wir ‚x gefällt y' so auf, daß im grammatischen Sinne ‚x' das Subjekt und ‚y' das Dativ-Objekt ist. Kürzen wir ‚Susi' mit ‚s' ab und ‚Susis Freund' mit ‚f', so bedeutet ‚s gefällt f' also ‚Susi gefällt ihrem Freund', während ‚f gefällt s' für ‚Susis Freund gefällt ihr' steht.

1. a gefällt b $\wedge$ b gefällt a.
2. a gefällt b $\wedge\ \neg$ (b gefällt a).
3. $\neg$ (a gefällt a).
4. $\bigvee x$ (a gefällt x) Bereich: Menschen.
5. $\bigvee x\ \neg$ (a gefällt x) Bereich: Menschen.
6. $\bigwedge x\ \neg$ (a gefällt x) Bereich: Menschen.
7. $\bigwedge x$ (a gefällt x) Bereich: Menschen.
8. $\bigvee x \bigvee y$ (x gefällt y) Bereich: Menschen.
9. $\bigwedge x \bigvee y$ (y gefällt x) Bereich: Menschen.
10. $\bigvee x \bigwedge y$ (x gefällt y) [*evtl.* auch wie (9)]
    Bereich: Menschen.
11. $\neg \bigvee x \bigwedge y$ (y gefällt x) [oder: ‚$\bigwedge x \neg \bigwedge y$ (y gefällt x)'] Bereich: Menschen.
12. $\bigvee x \neg \bigvee y$ (x gefällt y) [oder: ‚$\bigvee x \bigwedge y \neg$ (x gefällt y)']
    Bereich: Menschen.
13. $\bigwedge x$ (x gefällt x) Bereich: Menschen.

Übung 3.8

1. $\bigwedge x$ (Hans liebt x) Bereich: Tiere.
   oder:
   $\bigwedge x$ (x ist ein Tier $\rightarrow$ Hans liebt x) Bereich: Lebewesen.
2. $\bigvee x$ [x ist ein Berg $\wedge \bigwedge y$ (y ist ein Mensch $\rightarrow$ y liebt x)]
   Bereich: {Berge} $\cup$ {Menschen}.

3. $\neg \bigwedge x$ [x ist ein Mensch $\rightarrow \bigvee y$ (y Tier $\wedge$ x liebt y)]
Bereich: Lebewesen.
4. $\bigwedge x$ [x ist ein Mensch $\wedge \bigwedge y$ (y ist ein Auto $\rightarrow$ x liebt y)
$\rightarrow$ x liebt x $\wedge$
$\bigwedge y$ (y ist ein Auto $\wedge$ y gehört x $\rightarrow$ x liebt y)]
Bereich: {Autos} $\cup$ {Menschen}.

Damit haben wir erst ausgedrückt: ‚Jeder Autoliebhaber liebt außer sich selbst auch sein*e* Auto*s*.' Wollen wir zusätzlich behaupten, daß jeder Autoliebhaber genau *ein* Auto hat, so müssen wir uns an das in Übung 3.6 Gesagte erinnern. Aussagen der Gestalt: ‚Es gibt genau ein A, und dieses A hat die Eigenschaft B' können wir dann durch

$$\bigvee y\,(Ay \wedge \bigwedge z\,[Az \rightarrow z = y] \wedge By)$$

wiedergeben oder kürzer durch:

$$\bigvee y\,(\bigwedge z\,[Az \leftrightarrow z = y] \wedge By)$$

(man mache sich die Äquivalenz der beiden Formulierungen klar!). Die Aussage erhält dann folgende Gestalt:

$\bigwedge x$ [x ist ein Mensch $\wedge \bigwedge y$ (y ist ein Auto $\rightarrow$ x liebt y) $\rightarrow$
x liebt x $\wedge \bigvee y$ ($\bigwedge$ z {z ist ein Auto $\wedge$ z gehört x $\leftrightarrow$
z = y} $\wedge$ x liebt y)]
Bereich: {Autos} $\cup$ {Menschen}.

Übung 3.9

Dies ist eine schwierige Aufgabe mit viel Interpretationsspielraum. Wie bei Aufgabe 3.1.7 muß man sich überlegen, wie man die Aussagen interpretieren will. Ich versuche Interpretationen zu wählen, die prädikatenlogisch möglichst ergiebig sind, d. h. sehr weit aufgeschlüsselt werden können. Meistens nehme ich dazu die Aussagen ziemlich wörtlich. Es gibt in jedem Fall viele akzeptable Interpretationsmöglichkeiten. Meine Lösungen sind also keineswegs die einzig wahren, aber hoffentlich solche, denen möglichst viele korrekte Lösungen ähneln. Bei einigen Sätzen fiel es mir schwer, überhaupt eine schön formalisierbare Interpretation zu finden, so daß die Übersetzungen in diesen Fällen recht unbefriedigend sind. Ich benutze stillschweigend die Klammerkonventionen.

1. Versuchen wir diesen Satz in Etappen umzuformulieren. Ein erster Schritt wäre die folgende Umformulierung:
Für alle Bauern x gilt: Wenn x einer der dümmsten Bauern ist, dann erntet x die dicksten Kartoffeln.
Oder unter Verwendung von Junktoren und Quantoren:

$\bigwedge$ x {x ist einer der dümmsten Bauern
→ x erntet die dicksten Kartoffeln}
Bereich: Bauern.

Daß ein Bauer einer der dümmsten Bauern ist, können wir mit Hilfe der Relation ‚x ist dümmer als y' ausdrücken. Dabei gibt es zwei denkbare Arten von „Dümmstheit": daß man dümmer als alle anderen ist und daß es keinen Dümmeren gibt. Im ersten Fall gibt es höchstens einen Dümmsten, im zweiten Fall können es auch mehrere Gleichdumme sein. Da in Satz (1) von *den* dümmsten Bauern die Rede ist, wählen wir die zweite Möglichkeit. ‚x ist einer der dümmsten Bauern' heißt dann: ‚kein Bauer ist dümmer als x'. Oder mit Quantoren und Junktoren:

$\bigwedge y \neg Dyx$ Bereich: Bauern,

wobei ‚Dyx' für ‚y ist dümmer als x' steht. Bei der Umformulierung von ‚x erntet die dicksten Kartoffeln' stellt sich wieder die Frage, ob von Kartoffeln die Rede ist, die dicker als alle anderen sind, oder von solchen, die an Dicke nicht übertroffen werden. Wir wählen letzteres. Außerdem ist offen, ob gemeint ist, (a) daß *alle* von x geernteten Kartoffeln maximal dick sind, oder nur, (b) daß sich unter den von x geernteten Kartoffeln solche von maximaler Dicke befinden, und weiterhin, ob (c) die dicksten Kartoffeln sämtlich von x geerntet werden oder (d) x nur einige davon erntet. Nehmen wir jeweils die zweite Möglichkeit an (also (b) und (d), die übrigens gleichbedeutend sind), dann können wir für ‚x erntet die dicksten Kartoffeln' schreiben:

$\bigvee y\, [Exy \wedge \bigwedge z \neg Szy]$
$Bereich_{y,z}$: Kartoffeln ($Bereich_{x}$: Bauern),

wobei ‚Exy' für ‚x erntet y' und ‚Szy' für ‚z ist dicker als y' steht (der Buchstabe ‚D' ist leider schon vergeben, darum wähle ich statt dessen ‚S' wie ‚schwerer'). Würden wir die beiden Formeln so in unsere letzte Version von Satz (1) einsetzen, so käme die Variable ‚y' einmal als Bauern- und einmal als Kartoffelbuchstabe vor. Um Klarheit über unsere Bereiche zu behalten, müssen wir ‚y' also in einer Formel durch eine andere Variable ersetzen:

$\bigvee w\, [Exw \wedge \bigwedge z \neg Szw]$
$Bereich_{w,z}$: Kartoffeln ($Bereich_{x}$: Bauern).

Damit erhalten wir insgesamt:

$\bigwedge x\, \{\bigwedge y \neg Dyx \rightarrow \bigvee w\, [Exw \wedge \bigwedge z \neg Szw]\}$
$Bereich_{x,y}$: Bauern; $Bereich_{w,z}$: Kartoffeln.

In den folgenden Schritten formen wir dies in eine Aussage der einsortigen Prädikatenlogik um. Dabei soll M = {Bauern} ∪ {Kartoffeln} sein, B das Prädikat ‚Bauer' und K das Prädikat ‚Kartoffel'. Wir behandeln zunächst die Variable ‚z':

$\bigwedge x\, \{\bigwedge y \neg Dyx \rightarrow \bigvee w\, [Exw \wedge \bigwedge z\, (Kz \rightarrow \neg Szw)]\}$
$Bereich_{x,y}$: Bauern; $Bereich_{w}$: Kartoffeln; $Bereich_{z}$: M.

Wir bearbeiten ‚y' und ‚w' parallel:

$\bigwedge x \{\bigwedge y [By \rightarrow \neg Dyx] \rightarrow$
$\bigvee w [Kw \wedge Exw \wedge \bigwedge z (Kz \rightarrow \neg Szw)]\}$
Bereich_x: Bauern; $\text{Bereich}_{w,y,z}$: M.

Und schließlich ‚x':

$\bigwedge x \{Bx \rightarrow \langle \bigwedge y [By \rightarrow \neg Dyx] \rightarrow$
$\bigvee w [Kw \wedge Exw \wedge \bigwedge z (Kz \rightarrow \neg Szw)]\rangle\}$
Bereich: M.

Eine aussagenlogische Form von {...} ist ‚$p \rightarrow (q \rightarrow r)$'. Man zeigt leicht, daß $p \rightarrow (q \rightarrow r) \equiv p \wedge q \rightarrow r$.

Wir benutzen diese Äquivalenz noch, um Klammern zu sparen:

$\bigwedge x \{Bx \wedge \bigwedge y [By \rightarrow \neg Dyx] \rightarrow$
$\bigvee w [Kw \wedge Exw \wedge \bigwedge z (Kz \rightarrow \neg Szw)]\}$
Bereich: M.

2. $\bigwedge x [Mx \wedge \bigvee y (Wy \wedge Hxy) \rightarrow \neg \bigvee z (Sz \wedge Fxz)]$
Bereich: {Menschen} ∪ {Wagen} ∪ {kaputte Gegenstände},

wobei ‚Mx' für ‚x ist ein Mensch' steht, ‚Wy' für ‚y ist ein Wagen', ‚Hxy' für ‚x hat y', ‚Sz' für ‚z ist Schrott' und ‚Fxz' für ‚x muß sorgen für z'.

3. Unter der optimistischen Interpretation, daß *jedes* blinde Huhn irgendwann einmal ein Korn findet:

$\bigwedge x [Hx \wedge Bx \rightarrow \bigvee y (Ky \wedge Fxy)]$
Bereich: {Hühner} ∪ {Körner},

wobei ‚Hx' steht für ‚x ist ein Huhn', ‚Bx' für ‚x ist blind', ‚Ky' für ‚y ist ein Korn' und ‚Fxy' für ‚x findet y'.

4. $\bigwedge x [Zx \wedge Nx \rightarrow \bigwedge y (Ky \rightarrow Gyx)]$
Bereich: {Katzen} ∪ {Zeitpunkte},

wobei ‚Zx' steht für ‚x ist ein Zeitpunkt', ‚Nx' für ‚x ist nächtlich', ‚Ky' für ‚y ist eine Katze' und ‚Gyx' für ‚y ist grau zum Zeitpunkt x'.

5. $\bigwedge x \{Mx \rightarrow \bigwedge y [Zy \wedge Jxy \wedge Fxy \rightarrow$
$\bigwedge z (Zz \wedge (y < z) \rightarrow \neg Rxz)]\}$
Bereich: {Menschen} ∪ {Zeitpunkte},

wobei ‚Mx' steht für ‚x ist ein Mensch', ‚Zy' für ‚y ist ein Zeitpunkt', ‚Jxy' für ‚x ist jung zu(m Zeitpunkt) y', ‚Fxy' für ‚x freit zu y', ‚y < z' für ‚y ist früher als z' und ‚Rxz' für ‚x bereut zu z'.

Damit haben wir aber nur ausgedrückt, daß jemand, der jung freit, später nie *irgendetwas* bereut; es ist nicht gesagt, was ggf. bereut werden würde. Die Versuchung ist groß, statt Rxz ein dreistelliges Prädikat zu schreiben wie Rxz(Fxy) mit der Bedeutung ‚x bereut zum Zeitpunkt z den Sachverhalt Fxy'. Dieser Versuchung müssen wir in der Prädikatenlogik jedoch (leider) widerstehen. Zwar sind auch Sachverhalte Gegenstände im Sinne der Logik, so daß wir auch sie in die Individuenbereiche aufnehmen können. Aber dann können wir sie nur mittels Individuenkonstanten und -variablen zu logischen Subjekten von Aussagen machen. In Rxz(Fxy) jedoch würden wir den Sachverhalt des Gefreithabens mit dem Ausdruck ‚Fxy' zum Teil des logischen Subjekts machen, was nach den syntaktischen Regeln der Prädikatenlogik nicht erlaubt ist (syntaktische Regeln sind Regeln, die bestimmen, welche Ausdrücke zugelassen sind und welche nicht; näheres in Abschnitt IV.2). Wir können die sinnige Volksweisheit mit den Mitteln der Prädikatenlogik also nicht wirklich ausdrücken.

6. $\bigwedge x \bigwedge y [Mx \wedge My \wedge \neg (x = y) \rightarrow \bigwedge z (Lz \wedge Gxzy \rightarrow Fxz)]$
Bereich: {Menschen} ∪ {Gruben},

wobei ‚Mx' steht für ‚x ist ein Mensch', ‚Lz' für ‚z ist eine Grube' (damit auch ein Loch!), ‚Gxzy' für ‚x gräbt z für y' und ‚Fxz' für ‚x fällt in z'.

7. $\bigwedge x \{Mx \rightarrow \bigwedge y\, [Ty \rightarrow \bigwedge z\, (Zz \wedge Izy \wedge \neg Az \rightarrow Lxyz)]\}$
Bereich: {Menschen} ∪ {Tage} ∪ {Zeitpunkte},

wobei ‚Mx' steht für ‚x ist ein Mensch', ‚Ty' für ‚y ist ein Tag', ‚Zz' für ‚z ist ein Zeitpunkt', ‚Izy' für ‚z ist in y', ‚Az' für ‚z ist abendlich' und ‚Lxyz' für ‚x soll nicht y zu z loben'.

8. $\bigwedge x \{Mx \rightarrow \bigwedge y\, [Wy \rightarrow \bigwedge z\, (Az \wedge Rxzy \rightarrow \bigwedge w \langle Kw \wedge Swy \rightarrow Äwz \rangle)]\}$
Bereich: {Menschen} ∪ {Wälder} ∪ {Ausrufe} ∪ {Klänge},

wobei ‚Mx' steht für ‚x ist ein Mensch', ‚Wy' für ‚y ist ein Wald', ‚Az' für ‚z ist ein Ausruf', ‚Rxzy' für ‚x ruft z in y hinein', ‚Kw' für ‚w ist ein Klang', ‚Swy' für ‚w schallt aus y heraus' und ‚Äwz' für ‚w klingt ähnlich wie z'.

9. $\bigwedge x \bigwedge y\, (Rx \wedge Gx \wedge Ay \wedge Ky \rightarrow Zxy)$
Bereich: Menschen,

wobei ‚Rx' steht für ‚x ist reich', ‚Gx' für ‚x ist gesund', ‚Ay' für ‚y ist arm', ‚Ky' für ‚y ist krank' und ‚Zxy' für ‚x ist zufriedener als y'.

10. $\bigwedge x \bigwedge y\, (Rx \wedge Sy \rightarrow Gx \wedge Byx)$
Bereich: Menschen,

wobei ‚Rx' steht für ‚x redet', ‚Sy' für ‚y schweigt', ‚Gx' für ‚das Verhalten von x ist gut' und ‚Byx' für ‚das Verhalten von y ist besser als das von x'.

11. $\bigwedge x\, (Ux \rightarrow \neg Gx)$ Bereich: Güter,

wobei ‚Ux' steht für ‚x ist auf unrechte Weise erworben' und ‚Gx' für ‚x gedeiht'.

12. $\bigwedge x \{Mx \rightarrow \bigwedge y\, [Zy \wedge Jxy \rightarrow \bigwedge z\, (\langle Fz \vee Iz \rangle \wedge \neg\, Lxzy$
$\rightarrow \bigwedge w\, \langle Zw \wedge (y < w) \rightarrow \neg\, Lxzw \rangle)]\}$
Bereich: {Menschen} ∪ {Zeitpunkte} ∪ {Fähigkeiten} ∪ {Informationen},

wobei ‚Mx' steht für ‚x ist ein Mensch', ‚Zy' für ‚y ist ein Zeitpunkt', ‚Jxy' für ‚x ist jung zu y', ‚Fz' für ‚z ist eine Fähigkeit', ‚Iz' für ‚z ist eine Information', ‚Lxzy' für ‚x lernt z zu y' und ‚$y < w$' für ‚y ist früher als w'.

13. In diesem Satz ist eine Fallgrube verborgen: Man neigt vielleicht dazu, ‚wenn das Wörtchen „wenn" nicht wär, …' durch so etwas wie ‚$\neg \bigvee w \rightarrow$ …' auszudrücken, wo ‚w' für ‚das Wörtchen „wenn"' stehen soll. In natürlicher Sprache ist es üblich, ‚… ist', ‚… existiert' und ‚… gibt es' wie andere Prädikate auf Gegenstände anzuwenden, z. B. in: ‚Ich denke, also bin ich'. Vom grammatischen Standpunkt aus bleibt gar nichts anderes übrig, als diese Prädikate auf Nomina anzuwenden. Vom logischen Standpunkt aus betrachtet ist jedoch die durch ‚$\bigvee$' symbolisierte Existenz mitnichten ein gewöhnliches Prädikat wie ‚blau' oder ‚Pferd' (siehe auch Bsp. 1.5). Was wäre nämlich der Sinn eines Prädikates, dessen Zutreffen auf einen konkreten Gegenstand man zwar bejahen, nicht aber verneinen kann? Denn was sollte es heißen, von einem konkreten Gegenstand, z. B. mir, dem Bodensee oder der Zahl p, zu sagen, er existiere *nicht*? In der Logik wird das Prädikat Existenz gewissermaßen nur in bezug auf *Prädikate* gebraucht, nur daß man von einem Prädikat P nicht sagt: ‚$\bigvee P$', sondern: ‚$\bigvee x\, Px$'. Letzteres ist keine Aussage über ‚x'; das ‚x' an sich ist völlig unwichtig, jede andere Individuenvariable könnte an seine Stelle treten. ‚$\bigvee x\, Px$' ist vielmehr eine Aussage über P, nämlich daß (in einem bestimmten Bereich) Gegenstände mit der Eigenschaft P existieren. Existenz, aufgefaßt als das Prädikat ‚$\bigvee x\, Fx$', wo ‚F' der Platzhalter für ein Prädikat erster Stufe ist, ist also ein *Prädikat zweiter Stufe*.

Aussagen der Gestalt ‚$\bigvee$ a …‘, wo ‚a‘ eine Individuen*konstante* ist, also für einen konkreten Gegenstand steht, sind unsinnig.

Kann man das Vorderglied von Satz (13) dennoch irgendwie formal wiedergeben? Es gibt zwei unschöne Möglichkeiten, dies zu tun, ohne groben Unsinn zu produzieren. Zum einen kann man über den Bereich, der als einziges Element das Wörtchen ‚wenn‘ enthält, sagen, daß in ihm kein Gegenstand (mit irgendeiner trivialen Eigenschaft) existiert:

a) $\neg \bigvee x\,(x = x)$ Bereich: {‚wenn‘}.

Zum anderen kann man z. B. über den Bereich der Worte aussagen, daß kein Gegenstand in ihm mit dem Wort ‚wenn‘ identisch ist:

b) $\neg \bigvee x\,(x =$ ‚wenn‘) Bereich: Worte.

Dennoch sind beide Aussagen (wenn auch nicht offensichtlich) Unsinn in dem Sinne, daß sie logisch falsch sind. (a) besagt, daß es kein Element der Menge {‚wenn‘} gibt, das mit sich selbst identisch wäre; d. h., daß gilt: ‚wenn‘ $\neq$ ‚wenn‘. (b) besagt, daß kein Wort mit dem Wort ‚wenn‘ identisch ist, d. h. insbesondere wiederum: ‚wenn‘ $\neq$ ‚wenn‘. Andererseits paßt vielleicht gerade die Tatsache, daß beide Formulierungen logisch falsch sind, zu dem in (13) impliziten Hintergedanken, daß das Wörtchen ‚wenn‘ eben doch existiert, allen erträumten Millionen zum Trotz. Wir erhalten schließlich:

$\neg \bigvee x\,(x =$ ‚wenn‘) $\rightarrow$ Mv Bereich: Worte,

wobei ‚My‘ für ‚y ist ein Millionär‘ steht und ‚v‘ für meinen Vater. – Dieses Konditional ist wahr, weil sein Vorderglied falsch ist. Irreale Konditionalsätze, also Sätze der Gestalt: ‚Wenn X der Fall wäre, dann wäre auch Y der Fall‘, wo X („zufällig“ oder aus logischen Gründen) nicht der Fall ist, können mit Hilfe des Konditionals ‚$\rightarrow$‘ nicht wiedergegeben werden, weil die entsprechende Formalisierung stets wahr ist. – Man kann sich durchaus die Frage stellen, was denn nun wäre, wenn das Wörtchen ‚wenn' tatsächlich nicht in unserem Sprachschatz vorhanden wäre, so wie man sich fragen kann, was wäre, wenn das Rad nie erfunden worden oder John F. Kennedy nicht erschossen worden wäre. Dies sind sinnvolle Fragen, und Aussagen wie ‚Wenn du mir den Stuhl nicht weggezogen hättest, wäre ich nicht hingefallen' sind durchaus vernünftig. Um die logische Form solcher Aussagen zu analysieren, reicht jedoch die klassische formale Logik nicht aus; dazu muß man sie um die Operatoren ‚$\Box$' (‚es ist notwendig, daß ...') und ‚$\Diamond$' (‚es ist möglich, daß ...') zur sogenannten *Modallogik* erweitern.

14. $\bigwedge x\, [Mx \rightarrow \bigwedge y\, (Sy \wedge Gyx \rightarrow Hxy)]$
Bereich: {Menschen} $\cup$ {Schicksale},

wobei ‚Mx' steht für ‚x ist ein Mensch', ‚Sy' für ‚y ist ein Schicksal', ‚Gyx' für ‚y gehört x' und ‚Hxy' für ‚x hat y in der Hand'. Ich habe ‚das Schicksal von x hat die Eigenschaft F' dabei wiedergegeben durch: ‚alle Schicksale, die x gehören, haben die Eigenschaft F', unter der Annahme, daß jeder Mensch genau ein Schicksal hat.

Übung 3.10

1. $\bigwedge z\, (Pz \vee \neg Pz)$.

Wir verfahren analog wie im Beweis der Allgemeingültigkeit von Beispiel 3.28, S. 223: Sei für die obige Formel eine extensionale Interpretation auf einem Bereich B gegeben. Damit ist insbesondere dem Prädikatbuchstaben P eine extensionale Interpretation als das Prädikat P_I gegeben, dessen Extension die Teilmenge E_P von B ist. Die Menge E_P enthält also genau diejenigen Elemente z von B, auf die P_I zutrifft, d. h. für die P_Iz wahr ist. (Diese Präliminarien sehen bei allen Beweisen zu dieser Übung fast gleich aus, daher werden wir sie in den übrigen Beweisen sehr knapp fassen.)

Wir wollen die Wahrheit der universellen Aussage $\bigwedge z\,(P_I z \vee \neg P_I z)$ beweisen. Dies tun wir, indem wir (gewissermaßen schematisch) für ein beliebiges Element b des betrachteten Bereichs B die Wahrheit der Aussage $P_I b \vee \neg P_I b$ zeigen. Indem wir für ein beliebiges, d.h. nicht näher spezifiziertes Element b argumentieren, ist sichergestellt, daß unsere Argumentation für *jedes* Element funktioniert, womit wir dann die Gültigkeit von $P_I b \vee \neg P_I b$ für alle b und damit die Wahrheit von $\bigwedge z\,(P_I z \vee \neg P_I z)$ bewiesen haben.

Sei also $b \in B$. Es sind zwei Fälle möglich:

I) $b \in E_P$. Das bedeutet: $P_I b$ ist wahr und daher ist auch $P_I b \vee \neg P_I b$ wahr.

II) $b \notin E_P$. Das bedeutet: $P_I b$ ist falsch, also ist $\neg P_I b$ wahr und daher ist wiederum $P_I b \vee \neg P_I b$ wahr.

Für ein beliebiges $b \in B$ ist also $P_I b \vee \neg P_I b$ wahr, woraus folgt, daß auch die Allaussage $\bigwedge z\,(P_I z \vee \neg P_I z)$ wahr ist. Nun wissen wir, daß unter unserer (beliebig!) gewählten extensionalen Interpretation die Formel $\bigwedge z\,(Pz \vee \neg Pz)$ wahr wird. Das heißt aber, daß die Formel unter *allen* extensionalen Interpretationen wahr wird: Sie ist also allgemeingültig.
qed.

2. $\bigwedge x\, Fx \rightarrow \bigvee y\, Fy$.

Sei eine Interpretation in einem nicht-leeren Bereich B gegeben; E_F sei die Extension von F_I.

Fallunterscheidung:

I) $E_F = B$. Dann ist auch E_F nicht leer. Sei $a \in E_F$, d.h. $F_I a$ ist wahr, somit ist $\bigvee y\, F_I y$ wahr und $\bigwedge x\, F_I x \rightarrow \bigvee y\, F_I y$ wahr.

II) $E_F \neq B$. Da E_F eine Teilmenge von B ist, muß es ein $b \in B$ geben, das nicht in E_F liegt. Für dieses ist $F_I b$ falsch, also ist $\bigwedge x\, F_I x$ falsch und $\bigwedge x\, F_I x \rightarrow \bigvee y\, F_I y$ wiederum wahr.

Unsere Formel ist unter der beliebig gewählten Interpretation also wahr. Damit ist gezeigt, daß sie unter *allen* extensionalen Interpretationen wahr, also allgemeingültig ist. qed.

3. $\bigwedge x\,(Dx \rightarrow Hx) \wedge Dm \rightarrow Hm$.

Sei in der üblichen Art eine Interpretation gegeben.

Fallunterscheidung:

I) $E_D \subset E_H$. Wir betrachten $m_I \in B$, das dem Individuenbuchstaben m bei dieser Interpretation zugeordnete Element. Wieder sind zwei Fälle möglich:

a) $m_I \in E_D$. Da hier vorausgesetzt ist, daß E_D eine Teilmenge von E_H ist, gilt auch $m_I \in E_H$. Daher ist $H_I m_I$ wahr und somit auch $\bigwedge x\,(D_I x \rightarrow H_I x) \wedge D_I m_I \rightarrow H_I m_I$.

b) $m_I \notin E_D$. Das bedeutet, daß $D_I m_I$ falsch ist; also ist $\bigwedge x\,(D_I x \rightarrow H_I x) \wedge D_I m_I$ falsch und damit $\bigwedge x\,(D_I x \rightarrow H_I x) \wedge D_I m_I \rightarrow H_I m_I$ wahr.

II) $E_D \not\subset E_H$. Das heißt, es gibt (mindestens) ein $d \in B$, das zwar in E_D, aber nicht in E_H enthalten ist. Für dieses ist $D_I d$ wahr und $H_I d$ falsch, also $D_I d \rightarrow H_I d$ falsch. Damit ist $\bigwedge x\,(D_I x \rightarrow H_I x)$ falsch und $\bigwedge x\,(D_I x \rightarrow H_I x) \wedge D_I m_I \rightarrow H_I m_I$ wiederum wahr.

Wie üblich folgt aus all dem, daß die betrachtete Formel allgemeingültig ist. qed.

4. $\neg \bigwedge x\, Sx \leftrightarrow \bigvee x \neg Sx$.

Sei in der üblichen Art eine Interpretation gegeben.

Fallunterscheidung:

I) $E_S \neq B$. Es gibt also ein $b \in B$, das nicht Element von E_S ist; das heißt, daß $S_I b$ falsch ist. Dann ist $\bigwedge x\, S_I x$ falsch und $\neg S_I b$ wahr, folglich sind sowohl $\neg \bigwedge x\, S_I x$ als auch $\bigvee x \neg S_I x$ wahr.

II) $E_S = B$. Sei ein beliebiges $a \in B$ gegeben. Nach Voraussetzung gilt auch $a \in E_S$, daher ist $S_I a$ wahr, $\neg S_I a$ falsch und, weil a ein beliebiges Element von B ist, auch $\bigvee x \neg S_I x$

falsch. Wegen der Identität von E_S mit B gilt für das beliebig gewählte a, daß S_Ia wahr ist, damit ist auch $\bigwedge x\, S_Ix$ wahr und somit $\neg \bigwedge x\, S_Ix$ falsch.

In beiden Fällen stimmt der Wahrheitswert von $\bigvee x \neg S_Ix$ mit dem von $\neg \bigwedge x\, S_Ix$ überein, also ist $\neg \bigwedge x\, S_Ix \leftrightarrow \bigvee x \neg S_Ix$ wahr, woraus die Behauptung folgt. qed.

Übung 3.11

1. A und B stehen in *konträrem prädikatenlogischen Widerspruch* genau dann, wenn $A \wedge B$ prädikatenlogisch falsch ist.
2. A und B stehen in *kontradiktorischem prädikatenlogischen Widerspruch* genau dann, wenn $A \leftrightarrow B$ prädikatenlogisch falsch ist.
3. A und B sind *prädikatenlogisch konsistent* genau dann, wenn $A \wedge B$ nicht prädikatenlogisch falsch ist.
4. A und B sind *prädikatenlogisch abhängig* genau dann, wenn $A \models B$ oder $B \models A$ oder $A \models \neg B$ oder $\neg B \models A$ gilt.
5. A ist *prädikatenlogisch notwendig* für B genau dann, wenn $B \models A$ gilt.
6. A ist *prädikatenlogisch hinreichend* für B genau dann, wenn $A \models B$ gilt.

Literaturhinweise

Es bedarf fast keiner Erwähnung, daß die folgende kommentierte Literaturliste nur eine Auswahl darstellt. Logik-Lehrbücher gibt es wie Sand am Meer, geschrieben aus den unterschiedlichsten Blickwinkeln und mit sehr unterschiedlichem didaktischen Geschick. Ich habe hier vor allem Werke genannt, die dazu dienen können, einen schnellen Einstieg in hier nicht behandelte Gebiete der Logik oder eine Vertiefung bestimmter Themen zu gewinnen. Den Autoren, die in diesem Buch als erstes das Literaturverzeichnis aufschlagen, um nachzusehen, ob ihr eigenes Werk auch zitiert ist, es aber nicht finden, kann ich ob dieses Umstands nur mein Bedauern ausdrücken; der Kauf des sich in Ihren Händen befindlichen Buches lohnt sich aber dennoch.

Blau, U., 1978: Die dreiwertige Logik der Sprache. Ihre Syntax, Semantik und Anwendung in der Sprachanalyse. Berlin: de Gruyter.
Entwickelt die These, daß die Logik unserer Umgangssprache am besten durch eine dreiwertige Logik beschrieben wird, die neben den Wahrheitswerten ‚wahr' und ‚falsch' noch den Wahrheitswert ‚unbestimmt' enthält.

Edwards, P., 1967 (ed.): The Encyclopedia of Philosophy. New York: Macmillan.
Die philosophische Standard-Enzyklopädie des englischen Sprachraums. Enthält auch viele nützliche Artikel über Logik und verwandte Gebiete; siehe z.B. die Artikel „Definition", „Logic, History of", „Logic, modal" (zur strikten Implikation).

Eley, L., 1985: Philosophie der Logik. Darmstadt: Wissenschaftliche Buchgesellschaft.
Diskutiert die philosophischen Probleme der Logik vor allem im Kontext der klassischen Philosophie.

Haack, S., 1978: Philosophy of Logics. Cambridge: Cambridge University Press.
Repräsentativ für die angelsächsische Diskussion der Philosophie der Logik.

Hilbert, D. / Ackermann, W., 1972: Grundzüge der theoretischen Logik. 5. Aufl. Berlin: Springer.
Eine Einführung in die mathematische Logik; ein Standardwerk in deutscher Sprache.

Hughes, R. I. G. (ed.), 1993: A Philosophical Companion to First-Order Logic. Indianapolis: Hacking.

Eine Sammlung von Aufsätzen, die zur Einführung in die philosophischen Probleme der Logik dienen kann.

Kneale, W. / Kneale, M., 1962: The Development of Logic. Oxford: Clarendon.

Ein Standardwerk über die Geschichte der Logik, das auch als Einführung in die moderne Logik dienen kann.

Kutschera, F. v. / Breitkopf, A., 1979: Einführung in die moderne Logik. 4. Aufl. Freiburg: Alber.

Eine knappe, gut lesbare Einführung in die mathematische Behandlung der klassischen Aussagen- und Prädikatenlogik.

Mittelstraß, J. (Hg.), 1980–1996: Enzyklopädie Philosophie und Wissenschaftstheorie. 4 Bde. Mannheim: Bibliographisches Institut; Stuttgart: Metzler.

Enthält eine große Anzahl kurzer und präziser Artikel zur Logik und ihrem Umfeld, zusammen mit hilfreichen Literaturangaben, z. B. Artikel „Definition", „Explikation", „Implikation, strikte" u. a.

Patzig, G., 1969: Die aristotelische Syllogistik. 3. Aufl. Göttingen: Vandenhoeck & Ruprecht.

Das Standardwerk in deutscher Sprache hinsichtlich der detaillierten Untersuchung des historischen Fundaments der klassischen Logik.

Read, S., 1988: Relevant Logic: A Philosophical Examination of Inference. Oxford: Basil Blackwell.

Führt in die Versuche ein, mittels einer Relevanzlogik die Schwächen der klassischen Aussagenlogik zu überwinden, die sich aus der Verwendung des Konditionals für die Explikation der logischen Folgerung ergeben.

–, 1994: Thinking About Logic: An Introduction to the Philosophy of Logic. Oxford: Oxford University Press.

Ritter, J. / Gründer, K. (Hg.), 1971 ff.: Historisches Wörterbuch der Philosophie. Basel: Schwabe.

Das Standard-Lexikon zur historischen Entwicklung philosophischer Begriffe. Enthält viele in unserem Kontext relevante Artikel, z. B. „Definition", „Logik" und „Logik, philosophische, in der Neuzeit"; die beiden letzteren enthalten in gedrängter Form Information über die Geschichte der Logik.

Scholz, H., 1959: Abriß der Geschichte der Logik. 3. Aufl. Freiburg: Alber.

Eine kurze Geschichte der Logik, erstmals 1931 erschienen.

Skirbekk, G. (Hg.), 1977: Wahrheitstheorien. Eine Auswahl aus den Diskussionen über Wahrheit im 20. Jahrhundert. Frankfurt a. M.: Suhrkamp.

Der Untertitel des Bandes erübrigt weitere Kommentare.

Strawson, P. F., 1952: Introduction to logical theory. London: Methuen.

Ein Klassiker der Philosophie der Logik.

Tugendhat, E. / Wolf, U., 1983: Logisch-semantische Propädeutik. Stuttgart: Reclam.

Ein sehr lesenswertes und gut lesbares Buch, das in die Grundfragen der Logik einführt; mit sehr nützlichen Literaturhinweisen.

Wolfram, S., 1989: Philosophical Logic: An Introduction. London: Routledge.

Eine Einführung in wesentliche philosophische Probleme der Logik.